TERAPIA COGNITIVO-COMPORTAMENTAL NO CONTEXTO DA PÓS-GRADUAÇÃO
TEORIA E TÉCNICA APLICADA A CASOS CLÍNICOS
Volume I

Editora Appris Ltda.
1.ª Edição - Copyright© 2024 dos autores
Direitos de Edição Reservados à Editora Appris Ltda.

Nenhuma parte desta obra poderá ser utilizada indevidamente, sem estar de acordo com a Lei nº 9.610/98. Se incorreções forem encontradas, serão de exclusiva responsabilidade de seus organizadores. Foi realizado o Depósito Legal na Fundação Biblioteca Nacional, de acordo com as Leis nos 10.994, de 14/12/2004, e 12.192, de 14/01/2010.

Catalogação na Fonte
Elaborado por: Josefina A. S. Guedes
Bibliotecária CRB 9/870

T315t 2024	Terapia cognitivo-comportamental no contexto da pós-graduação: teoria e técnica aplicada a casos clínicos; volume I / Mauricio Wisniewski, Solange Regina Signori Iamin (orgs.). – 1. ed. – Curitiba: Appris, 2024. 293 p. ; 23 cm. Inclui referências. ISBN: 978-65-250-5525-1 1. Terapia cognitiva. 2. Psicopatologia. 3. Transtorno da ansiedade. I. Wisniewski, Mauricio. II. Iamin, Solange Regina Signori. III. Título CDD – 616.89

Livro de acordo com a normalização técnica da ABNT

Appris editora

Editora e Livraria Appris Ltda.
Av. Manoel Ribas, 2265 – Mercês
Curitiba/PR – CEP: 80810-002
Tel. (41) 3156 - 4731
www.editoraappris.com.br

Printed in Brazil
Impresso no Brasil

Mauricio Wisniewski
Solange Regina Signori Iamin
Organizadores

TERAPIA COGNITIVO-COMPORTAMENTAL NO CONTEXTO DA PÓS-GRADUAÇÃO

TEORIA E TÉCNICA APLICADA A CASOS CLÍNICOS

VOLUME I

FICHA TÉCNICA

EDITORIAL	Augusto V. de A. Coelho
	Sara C. de Andrade Coelho
COMITÊ EDITORIAL	Andréa Barbosa Gouveia (UFPR)
	Jacques de Lima Ferreira (UP)
	Marilda Aparecida Behrens (PUCPR)
	Ana El Achkar (UNIVERSO/RJ)
	Conrado Moreira Mendes (PUC-MG)
	Eliete Correia dos Santos (UEPB)
	Fabiano Santos (UERJ/IESP)
	Francinete Fernandes de Sousa (UEPB)
	Francisco Carlos Duarte (PUCPR)
	Francisco de Assis (Fiam-Faam, SP, Brasil)
	Juliana Reichert Assunção Tonelli (UEL)
	Maria Aparecida Barbosa (USP)
	Maria Helena Zamora (PUC-Rio)
	Maria Margarida de Andrade (Umack)
	Roque Ismael da Costa Güllich (UFFS)
	Toni Reis (UFPR)
	Valdomiro de Oliveira (UFPR)
	Valério Brusamolin (IFPR)
SUPERVISOR DA PRODUÇÃO	Renata Cristina Lopes Miccelli
ASSESSORIA EDITORIAL	Angela Cristina Ramos
REVISÃO	Solange Regina Signori Iamin
	Mauricio Wisniewski
PRODUÇÃO EDITORIAL	Danielle Paulino
DIAGRAMAÇÃO E CAPA	Danielle Paulino
COMUNICAÇÃO	Carlos Eduardo Pereira
	Karla Pipolo Olegário
	Kananda Maria Costa Ferreira
	Cristiane Santos Gomes
LANÇAMENTOS E EVENTOS	Sara B. Santos Ribeiro Alves
LIVRARIAS	Estevão Misael
	Mateus Mariano Bandeira
GERÊNCIA DE FINANÇAS	Selma Maria Fernandes do Valle

AGRADECIMENTOS

Se faz necessário ao começarmos este livro, agradecer. Foram muitas as pessoas que contribuíram para a realização desta obra.

Inicialmente é preciso ressaltar que se trata de um compilado de capítulos escritos por alunos de pós-graduação em Psicologia Clínica, na abordagem da Terapia Cognitivo-Comportamental. E, por consequência, iniciamos agradecendo à Rvma Irmã Maria Aluísia Rhoden, diretora da Faculdade Sant'Ana, em Ponta Grossa, instituição de ensino superior mantida pela Associação Missionária de Beneficência das Irmãs Servas do Espírito Santo. É pelo olhar vanguardista destas religiosas que a instituição vem se mantendo como referência em Educação na região dos Campos Gerais há mais de 115 anos.

Em seguida, é imprescindível salientar o trabalho brilhante, detalhado e extremamente competente na organização deste livro feito pela Prof. Solange Regina Signori Iamin. Sem ela, este projeto jamais teria sido sequer iniciado. Com sua habilidade de escritora experiente na arte de divulgar seu trabalho, a Prof. Solange acompanhou alguns dos autores, do início ao final de todo o caminho.

Agradecemos também a Prof. Kelly de Lara Soczek que também acompanhou e orientou um grupo de alunos no desenvolvimento de suas escritas e que compõe esta obra.

Agradecemos a todos os professores que, com suas contribuições, indiretamente, também estão presentes nas linhas que compõem cada tema, técnica, descrição contida aqui.

Agradecemos também todas e todos os autores de cada capítulo, que na sua inexperiência em autoria, construíram escritas consistentes, claras, estruturadas e, principalmente, direcionadas ao fim que a obra se propõe: a de servir como referencial na aplicação das teorias e técnicas da TCC.

Finalmente é preciso agradecer aos pacientes/clientes, cujas histórias de vida nos são tão preciosas por conterem as idiossincrasias que nos ensinam cada vez mais sobre o comportamento humano e nos trazem reflexões sobre o nosso papel na ciência da Psicologia.

Desejamos a todos uma ótima leitura!

Prof. Dr. Maurício Wisniewski

Esta obra é dedicada a todos os alunos e professores de Psicologia, que buscam através do conhecimento científico e da produção bibliográfica, demarcar cada vez mais solidamente o espaço e o lugar da ciência psicológica na sociedade.

APRESENTAÇÃO

Este livro surgiu a partir do trabalho desenvolvido pelos alunos do curso de pós-graduação em Terapia Cognitivo-comportamental (TCC) da Faculdade Sant'Ana em Ponta Grossa, no estado do Paraná.

São muitos os caminhos para o tratamento clínico na abordagem da TCC e cada aluno, a sua maneira, contribuiu para ampliar o conhecimento dos aspectos relacionados ao tratamento dos mais diversos transtornos que compõe a gama de conhecimento ofertados no contexto desta pós graduação, proporcionando a compreensão, o entendimento e a transformação da vida dos pacientes que conseguiram, juntamente com estes profissionais, identificar as melhores técnicas para cada caso, bem como aceder a um tratamento que tem sido efetivo para tantas pessoas.

Uma das características desta obra, e ao mesmo tempo um diferencial, é o fato de ser o primeiro livro lançado no contexto de uma pós--graduação, onde os alunos fazem os estágios clínicos na TCC e a partir desse estágio, relatam suas experiências e pratica clínica (todos os casos aqui relatados passaram pelo comitê de ética e foi coletado o Termo de consentimento livre e esclarecido-TCLE), as quais vem a compor cada um destes capítulos, elaborados por eles com muita maestria. Foi um trabalho intenso, de longas horas de estudo, dedicação ao estágio e à escrita e que resultou nesta belíssima obra. A Terapia Cognitivo-comportamental, por ser breve, estruturada, direcionada à solução do problema e focada na mudança dos pensamentos e dos comportamentos disfuncionais que trazem o sofrimento também proporcionou que os tratamentos pudessem ser realizados dentro de no máximo 20 sessões, o que também contribui para corroborar o já preconizado pela TCC de que alguns transtornos se solucionam a curto prazo, além de atender à exigência de ser baseada em evidências.

Neste livro, o leitor encontrará programas de tratamento específicos para alguns transtornos o que pode colaborar no ensino-aprendizagem de outros alunos bem como de profissionais que tenham interesse em acercar-se da TCC.

Desejo a todos que esta obra sirva de inspiração para que outros livros no contexto das pós-graduações possam ser escritos, brindando-nos com o conhecimento que os alunos adquirem nesta abordagem tão eficaz nos tratamentos de uma ampla variedade de transtornos mentais.

Boa leitura!!

Maurício Wisniewski e Solange Regina Signori Iamin

SUMÁRIO

PARTE 1 - TRANSTORNOS DE ANSIEDADE

CAPÍTULO 1
CONTRIBUIÇÕES DA ABORDAGEM COGNITIVA-COMPORTAMENTAL EM UM CASO DE FOBIA ESPECÍFICA........... 17
Bianca Keibre Auer, Solange Regina Signori Iamin e Maurício Wisniewski

CAPÍTULO 2
A EVOLUÇÃO DE UM PACIENTE COM TRANSTORNO DE ANSIEDADE GENERALIZADA BASEADA NAS INTERVENÇÕES DA TERAPIA COGNITIVO-COMPORTAMENTAL............................. 31
Jocerlei Fátima Ribeiro Mendes, Solange Regina Signori Iamin e Maurício Wisniewski

CAPÍTULO 3
TERAPIA COGNITIVO-COMPORTAMENTAL NO TRATAMENTO DO TRANSTORNO DE ANSIEDADE GENERALIZADA.................. 45
Kristy E. Augustynczk Samways, Solange Regina Signori Iamin e Maurício Wisniewski

CAPÍTULO 4
INTERVENÇÃO COGNITIVO-COMPORTAMENTAL EM ESTRESSE PÓS-TRAUMÁTICO 61
Vilma Aparecida Prestes Soares, Maurício Wisniewski e Solange Regina Signori Iamin

CAPÍTULO 5
A VOZ DO SILÊNCIO: UMA APROXIMAÇÃO DA TERAPIA COGNITIVO-COMPORTAMENTAL AO MUTISMO SELETIVO......... 75
Lílian Yara de Oliveira Gomes, Solange Regina Signori Iamin e Maurício Wisniewski

CAPÍTULO 6
MUTISMO SELETIVO: INTERVENÇÃO COGNITIVO COMPORTAMENTAL ATRAVÉS DE ESTUDO DE CASO................. 87
Andressa Maliski, Solange Regina Signori Iamin e Maurício Wisniewski

CAPÍTULO 7
ABORDAGEM COGNITIVO-COMPORTAMENTAL
NO TRATAMENTO DE MUTISMO SELETIVO NA INFÂNCIA:
UM RELATO DE EXPERIÊNCIA INTERDISCIPLINAR.................. 101
Taline Ienk e Maurício Wisniewski

CAPÍTULO 8
APLICAÇÃO DE UM PROGRAMA DE MINDFULNESS
PARA REDUÇÃO DA ANSIEDADE EM ALUNOS QUINTANISTAS
DE UM CURSO DE PSICOLOGIA DE FACULDADE PRIVADA 113
Jessica Regean Garcia da Luz e Kelly de Lara Soczek

CAPÍTULO 9
CONTRIBUIÇÕES DA TERAPIA COGNITIVO-COMPORTAMENTAL
EM UM CASO DE ANSIEDADE INFANTIL 127
Mireily de Freitas Colman e Kelly de Lara Soczek

CAPÍTULO 10
EFICÁCIA DA TERAPIA COGNITIVO-COMPORTAMENTAL
NA REDUÇÃO DA ANSIEDADE RELACIONADA A IDENTIDADE
DE GÊNERO 139
Nicole Lemos dos Santos e Kelly de Lara Soczek

PARTE 2 - TRANSTORNOS DE HUMOR

CAPÍTULO 11
CONTRIBUIÇÕES DA TERAPIA COGNITIVO COMPORTAMENTAL
NOS ESTADOS DEPRESSIVOS EM TEMPOS DE PANDEMIA 153
Léia da Rosa dos Santos, Solange Regina Signori Iamin e Maurício Wisniewski

CAPÍTULO 12
TERAPIA COGNITIVO COMPORTAMENTAL NO TRATAMENTO DO
TRANSTORNO DEPRESSIVO MAIOR 167
Lucas Henrique Bueno Grandini, Solange Regina Signori Iamin e Mauricio Wisniewski

CAPÍTULO 13
INTERVENÇÃO DA TERAPIA COGNITIVO-COMPORTAMENTAL
EM UM CASO DE DEPRESSÃO NA ADOLESCÊNCIA 179
Milena Raquel Dombrowski, Solange Regina Signori Iamin e Mauricio Wisniewski

CAPÍTULO 14
A TERAPIA COGNITIVO-COMPORTAMENTAL E O MANEJO DA IDEAÇÃO SUICIDA EM PESSOAS COM DEPRESSÃO..............193
Andréa do Carmo Bueno e Kelly de Lara Soczek

PARTE 3 - OUTROS TRANSTORNOS

CAPÍTULO 15
A TERAPIA COGNITIVO-COMPORTAMENTAL COMO INTERVENÇÃO NO TRANSTORNO POR USO DE ÁLCOOL 209
Edivaldo Cordeiro dos Santos, Maurício Wisniewski e Solange Regina Signori Iamin

CAPÍTULO 16
INTERVENÇÕES COGNITIVO-COMPORTAMENTAIS EM COMUNIDADE TERAPÊUTICA COM PACIENTES DEPENDENTES QUÍMICOS..225
Alberto Luiz Chemin e Solange Regina Signori Iamin

CAPÍTULO 17
INTERVENÇÃO DA TERAPIA COGNITIVA COMPORTAMENTAL EM UM CASO DE DISTORÇÃO DA IMAGEM CORPORAL NA BULIMIA NERVOSA 243
Jeniffer Gomes do Valle, Solange Regina Signori Iamin e Mauricio Wisniewski

CAPÍTULO 18
INTERVENÇÃO COGNITIVO-COMPORTAMENTAL EM TRANSTORNO ESQUIZOFRÊNICO: ESTUDO DE CASO 255
Simone Eurich e Kelly de Lara Soczek

CAPÍTULO 19
MINDFULNESS E SUA RELAÇÃO COM AS EMOÇÕES NA PRÁTICA CLÍNICA...265
Paola Colleone Costa e Kelly de Lara Soczek

ÍNDICE REMISSIVO 285

ORGANIZADORES..289

PARTE 1
TRANSTORNOS DE ANSIEDADE

CAPÍTULO 1

CONTRIBUIÇÕES DA ABORDAGEM COGNITIVA-COMPORTAMENTAL EM UM CASO DE FOBIA ESPECÍFICA

Bianca Keibre Auer
Solange Regina Signori Iamin
Maurício Wisniewski

Introdução

A terapia cognitivo-comportamental (TCC), como definem Wright, Basco e Thase (2008), baseia-se em dois princípios que são: nossos pensamentos influenciam nossas emoções e comportamentos e, por sua vez, nossos comportamentos afetam nossos pensamentos e emoções. Os autores descrevem ainda que nos transtornos ansiosos pode haver disfunção no processamento de informações, que diz sobre a forma como pensamos, sentimos e agimos, podendo assim elevar a atenção no que representa perigo, interpretar como uma ameaça e duvidar de suas capacidades de enfrentamento.

Para Dobson e Dobson (2011), a TCC, enquanto uma abordagem baseada em evidências, precisa criar uma ponte ligando a ciência à prática clínica, da qual conta com cliente, terapeuta e relação das técnicas como influência sobre os desfechos produzidos.

A terapia cognitivo-comportamental tem se mostrado eficaz no tratamento dos transtornos de ansiedade e por este motivo tem sido o tratamento escolhido para tratar as fobias específicas, como sugerem D'el Rey e Montiel (2001), principalmente devido as suas técnicas, obtendo alta eficácia no tratamento da fobia sangue-injeção-ferimentos. Segundo Straube et al. (2006), citado por Bakos e Rudniki (2011, p. 105):

[...] a TCC produz mudanças efetivas na amenização dos sintomas fóbicos, diminuindo significativamente a hiperatividade da insulina e do córtex cingulado anterior – atrelado aos sintomas de fobia – sendo considerada, portanto, como efetiva intervenção para o tratamento de fobia específica.

Estas fobias específicas atingem a população mundial, sendo que nos EUA a prevalência é de 7 a 9%, na Europa é de cerca de 6% e nos países latino-americanos varia de 2 a 4%. Foi encontrado um estudo (GUIMARÃES; et al, 2015, p.122) realizado com 100 estudantes brasileiros a respeito das fobias específicas. Os resultados foram os seguintes:

Tabela 1 – Distribuição de algumas fobias específicas.

Fobia	Percentagem
Altura	18%
Animais	12,5%
Escuridão	11,3%
Lugares fechados	9,4%
Doenças	8,8%
Aviões	6,2%
Tempestade	5,0%
Sangue-injeção-ferimentos	**5,0%**
Elevadores	5,0%
Ruídos altos	4,4%
Água	3,7%
Engasgar	3,7%
Lugares abertos	0,6%
Vômitos	1,2%
Outros medos	4,4%

Fonte: GUIMARÃES, et al., 2015 (grifo nosso).

De acordo com o DSM-5 (APA, 2014), uma pessoa poderá apresentar múltiplas fobias, sendo que quem sofre de fobia específica geralmente tem medo de três objetos ou situações. Este temor leva a um aumento da ansiedade, seja pela antecipação ou pelo encontro com o objeto do medo. As reações, de acordo com Iamin (2015), variam desde sintomas físicos (taquicardia, sudorese, tremores, tontura, visão borrosa), sintomas psíquicos (irritabilidade, medo, inquietação, pensamentos catastróficos, sensação de descontrole) e comportamentais (evitação, fuga, choro).

O organismo produz reações físicas e psicológicas de luta/fuga/congelamento como forma de adaptação ao meio. O medo e a ansiedade são duas emoções que geram estas reações, que podem surgir de forma a se proteger do perigo (real ou imaginário) (BRANDÃO; et al, 2003).

A fobia específica apresenta como principais sintomas o medo e/ou a ansiedade acentuados acerca de um objeto ou situação, traz sofrimento persistente e prejudica o funcionamento do indivíduo. Quando o estímulo fóbico é apresentado, geralmente manifesta-se medo desproporcional, diferente de outros medos comuns, auxiliando na caracterização do transtorno (APA, 2014). Os critérios diagnósticos apresentados pelo DSM-5 (op. cit., p. 197-198) são:

a. Medo e/ou ansiedade evidentes em relação ao objeto ou situação;

b. O medo e/ou ansiedade se apresenta de forma imediata quando da apresentação do objeto ou situação;

c. O objeto ou situação é fortemente evitado ou resistido com intenso sofrimento;

d. O medo e/ou ansiedade é desproporcional com relação ao estímulo apresentado;

e. O medo e/ou ansiedade acontece de forma insistente, com a duração de pelo menos 6 meses;

f. O medo e/ou ansiedade causa intenso sofrimento, trazendo prejuízos funcionais para a vida do indivíduo;

g. O sofrimento não é mais bem explicado por outro transtorno psicológico.

Nas fobias, o grau do medo e ansiedade pode variar de acordo com a aproximação ou ocasião (presença de terceiros, duração ou outros elementos de ameaça) do estímulo fóbico, podendo percorrer desde a ansiedade antecipatória até um ataque de pânico (APA, 2014, p.198).

Outra importante característica das fobias é o caráter de evitação que o indivíduo desenvolve, descrito como esquiva ativa, da qual se busca com grande esforço se precaver ou impossibilitar qualquer contato com o estímulo fóbico, contribuindo para prejuízos funcionais nos âmbitos social, profissional e outros (APA, 2014, p.198-199).

Andretta e Oliveira (2011) afirmam que, assim como outros transtornos ansiosos, a fobia específica é um transtorno crônico e raramente apresenta melhora natural. As autoras apresentam também a resistência (evitação) por parte de clientes, do qual reconhecem a própria fobia como algo "intratável" (p. 355), diminuindo sua procura por tratamento.

De acordo com o DSM-5 (APA, 2014), na fobia específica sangue-injeção-ferimentos o indivíduo apresenta "resposta de desmaio ou quase desmaio vasovagal que é marcada por breve aceleração inicial do ritmo cardíaco e queda na pressão arterial" (p. 199), diferente de outras fobias da qual a resposta fisiológica mais comum é a excitabilidade perante o estímulo fóbico.

De acordo com Leahy (2011, p.48-49), "cerca de 60% da população adulta tem algum tipo de medo e 11% se encaixa no diagnóstico de fobia específica". O autor cita também que este medo pode ser aprendido através de experiências anteriores, ou pode ser inato. Fyer et al. (1990), sugere que a fobia sangue-injeção-ferimentos está relacionado ao contexto familiar, pois mais da metade das pessoas com esta condição possui algum parente de primeiro grau com o mesmo tipo de fobia (*apud* D'EL REY; MONTIEL, 2001, p. 162).

Este capítulo visa apresentar um estudo de caso realizado sobre a fobia específica de sangue-injeção-ferimentos, do qual se utilizou do instrumental teórico produzido pela terapia cognitivo-comportamental para descrever e realizar intervenções no caso.

Apresentação do caso clínico

G., 29 anos, engenheira, solteira, buscou psicoterapia descrevendo ter "pavor de exame de sangue". Realiza exames de rotina anualmente, mas sempre desmaia durante a retirada de sangue. Relata que só em falar sobre o assunto, durante a sessão, já sente uma fraqueza no corpo. Seus sintomas incluem nervosismo, sensação de desmaio, medo, evitação, fraqueza, tensão, pânico, tremores, dormência, náusea e inquietação.

A paciente refere que ela desmaiou em todos os exames de sangue que precisou realizar ao longo da vida. Em um deles teve uma crise de pânico, a qual foi diagnosticada pelo médico que estava de plantão no local. O que G. pensa é: "Só quero que acabe logo" (sic). Todas as vezes que precisou, foi acompanhada para realizar o exame, sempre evitando ao máximo, até o ponto em que se sente obrigada por questões de saúde. Sente vergonha e medo do julgamento e esconde isso de algumas pessoas (noivo, por exemplo). Ao assistir filmes, sente-se agoniada ao ver cenas em que há cortes ou perfurações.

Também relata que devido aos prejuízos que tem em sua vida pessoal e profissional resolveu procurar ajuda psicológica. No seu último trabalho, como pesquisadora, precisava acompanhar crianças durante o exame de sangue, pensou em desistir do trabalho, mas prosseguiu. Relata ter sido difícil no início, e depois de algum tempo mais 'natural', mas sente que sua ansiedade fóbica se intensificou após isso. No treinamento para a execução da pesquisa, passaram alguns vídeos de exame de sangue, mas virou o rosto para não olhar.

Esta fobia vem de longa data e embora G. não lembre exatamente quando ela iniciou, lembra-se de uma situação por volta de seus cinco anos, em que sua mãe e outros profissionais a seguraram para a coleta de sangue à força. Após este episódio, começou a ter pesadelos de estar fugindo do hospital e isso durou até por volta dos seus 12 anos. Até os dias de hoje evita passar próximo ao local em que fizeram o exame à força.

Interessante notar que, de acordo com o relato de G., tomar injeção é tranquilo, ficar no soro incomoda bastante, mas nada comparado a exames. Tem agonia em limpar ferimentos em si mesma. Aos 25 anos, em um posto de saúde, descobriu que tinha vacinas atrasadas desde os dois anos. A mãe disse que G. não queria ir tomar, então deixou de dar. Aos poucos colocou as vacinas em dia.

Métodos de avaliação

Nas sessões iniciais foi realizada a Anamnese. Para avaliação dos sintomas foi realizado o diagnóstico através do DSM-5 e foi levantada a hipótese de Fobia específica de sangue-injeção-ferimentos. Também foi realizada uma lista dos sintomas referidos pela paciente pelo grau de intensidade que ela sentia e colocado numa escala de 0 (nada), 1 (pouco), 2 (moderado), 3 (muito) a 4 (extremamente) pontos.

Gráfico 1 – Avaliação dos sintomas iniciais.

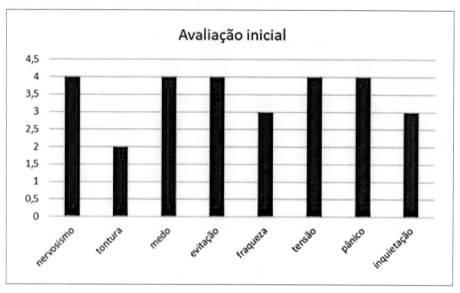

Fonte: os autores, 2020.

De acordo com o gráfico percebe-se que G. apresentava uma ansiedade elevada, onde os sintomas de nervosismo, medo, evitação, tensão e pânico eram mais acentuados, com valor 4 (extremamente). Isso trazia um sofrimento emocional que a fazia evitar qualquer situação relacionada a tirar sangue.

Intervenção clínica e técnicas utilizadas

Após a coleta de informações por meio da anamnese e do diagnóstico realizado a partir dos critérios do DSM-5, foi realizada a intervenção clínica em 17 sessões, com duração de 50 minutos cada. Também se buscou investigar mais sobre a fobia sangue-injeção-ferimentos, principalmente com relação a pensamentos, emoções e comportamentos ligados a ela. Durante a sessão, surgiram frases como: *"Só de ouvir falar em tirar sangue as sensações do meu corpo mudam", "Já estou ruim só de escutar", "Acho que desmaio para fugir da realidade"* (sic).

O tratamento foi realizado utilizando como base teórica a terapia cognitivo-comportamental, utilizando as seguintes técnicas:

Psicoeducação: de acordo com Dobson e Dobson (2010, p. 71), a psicoeducação pode ser definida como "o ensino de princípios e conhecimentos psicológicos relevantes para o cliente". Sendo assim, a psicoeducação foi realizada acerca do transtorno de fobia específica, explicando sobre os sintomas, os estilos de enfrentamento diante da situação fóbica, ou seja, de como as pessoas reagem frente ao medo. Em relação ao tratamento através da terapia cognitivo-comportamental, foi informado que seria realizada uma reestruturação cognitiva (identificação e modificação de pensamentos e crenças disfuncionais), treino de respiração e relaxamento (para o controle dos sintomas físicos da ansiedade) e dessensibilização sistemática (exposição gradual ao estímulo fóbico).

Análise das distorções cognitivas: as distorções cognitivas podem ser entendidas como "interpretações disfuncionais" (KNAPP; et al, 2004, p. 32-34). Foram identificadas as distorções cognitivas e realizada a reestruturação cognitiva.

Quadro 1 – Registro das distorções cognitivas e reestruturação.

Distorções cognitivas	Pensamentos distorcidos	Pensamentos reestruturados
Imperativos	"Eu tenho que conseguir fazer o exame"; "Eu deveria ser corajosa"; "Eu tenho que ser capaz" "Eu deveria dominar essa situação".	"Eu vou tentar ser corajosa e vou dar o meu melhor para dar certo".
Personalização	"É minha culpa eu ter medo"; "Sou medrosa para isso"; "Só eu sou culpada por não conseguir fazer o exame com tranquilidade".	"Eu vou fazer a minha parte, mas preciso que as outras pessoas façam sua parte também".
Vitimização	"Ninguém entende o tamanho do meu medo"; "Ele é muito maior do que você possa imaginar".	"As pessoas têm empatia e respeitam o meu medo, assim como eu respeito o medo delas".
Leitura Mental	"Estão me achando exagerada, medrosa, mimada e infantil".	"Eu não tenho certeza do que estão pensando de mim até que eu pergunte. Sem perguntar não dá pra adivinhar".

Distorções cognitivas	Pensamentos distorcidos	Pensamentos reestruturados
Catastrofização	*"Óbvio que eu vou ficar com muito medo"*; *"Vou passar mal e passar vergonha".*	*"Não tenho certeza que vai dar certo, mas pode ser que dê".*
Raciocínio emocional	*"Eu sinto que vou sofrer"*; *"Sinto que as pessoas vão me julgar".*	*"Não posso ter certeza de que vou sofrer até que aconteça".*
Adivinhação	*"Vai ser um fiasco"*; *"Vou ficar nervosa e sofrer".*	*"Como posso saber? Ainda não aconteceu. É uma experiência nova!"*

Fonte: os autores, 2020.

Reestruturação cognitiva (uso do questionamento socrático): oportunizou a análise do padrão de funcionamento mental (o que pensava, que erros de interpretações ela fazia, quais eram seus maiores medos ao tirar sangue, entre outros) de G. Esta análise foi realizada a partir do monitoramento e identificação dos pensamentos automáticos utilizando o registro dos pensamentos disfuncionais (RPD).

Tabela 2 – Registro de pensamentos disfuncionais

Situação	PAs* disfuncional	Emoção	Resposta fisiológica	Comportamento	PAs* funcional
agendar um exame de sangue.	*"Não vou conseguir"*; *"Vou passar vexame".*	Nervosismo, ansiedade, insegurança, medo, desespero, angústia.	Coração acelerado, suor frio, tremor nas mãos, corpo retraído, pressão baixa, sensação de desmaio.	Postergar ao máximo o agendamento do exame.	*"Vou dar conta"*; *"As outras pessoas vão ter empatia por mim e vão me ajudar".*

Fonte: os autores, 2020. * Pensamentos automáticos

Além do levantamento das distorções cognitivas e dos pensamentos automáticos, também foram identificadas as crenças relacionadas à visão que G. tinha de si mesma, do mundo, das outras pessoas e do futuro. Assim, após a reestruturação cognitiva, a crença de *"sou incapaz"* mudou para *"sou capaz, eu consigo"*, de *"vão me julgar"*; para *"não tem porque as pessoas me julgarem"*.

A crença de que, *"será tão ruim que não serei capaz de suportar"*, modificou para *"agora eu sei como me manter calma, então eu posso enfrentar a coleta de sangue"*. Estas crenças foram trabalhadas ao longo da terapia, com o objetivo de modificar o padrão de funcionamento mental referente à forma como G. percebia e interpretava a situação do exame de sangue.

Treino de respiração, relaxamento e mindfulness: são técnicas utilizadas com o objetivo de que o cliente "aprenda a ter um maior controle das suas respostas fisiológicas, psíquicas e comportamentais" (RANGÉ; et al, 2011, p. 306-307). Os treinos foram realizados em consultório e foi feita a indicação para que os continuasse em casa, ao menos três vezes por semana. A cliente fez disso um hábito, diminuindo consideravelmente suas respostas ansiógenas frente a estímulos externos, aumentando sua capacidade de enfrentamento.

Treino de habilidades de enfrentamento: nos transtornos ansiosos, como apresentado por Clark e Beck (2012), há uma noção de vulnerabilidade instaurada, onde o indivíduo subestima sua capacidade de enfrentamento. O enfrentamento de uma situação estressante requer um esforço cognitivo e comportamental, onde o indivíduo coloca em prática estratégias que visam o controle de respostas disfuncionais que a pessoa vem utilizando para dar conta das dificuldades.

Assim, enfrentar uma situação requer o manejo ou a modificação da situação estressora. No caso aqui apresentado, buscou-se modificar a resposta comportamental de G, visando fornecer as habilidades necessárias para que a cliente pudesse se sentir segura ao realizar o enfrentamento da situação temida. Outra maneira de enfrentamento diz respeito ao controle das emoções negativas. G. fez o treino de controle da ansiedade por meio da respiração, relaxamento, mindfulness e reestruturação cognitiva.

Dessensibilização sistemática: foi realizada por meio da imaginação guiada e com o uso de vídeos, que mostravam cenas de agulha e de pessoas tirando sangue. Antes do início da dessensibilização, foi realizada uma escala de ansiedade onde a paciente descreveu as situações e os níveis de ansiedade de menor a maior intensidade, que vão desde alguém contar que fez/vai fazer exame de sangue, ver imagens/vídeos que envolvem exames com agulhas, esticar ou tocar a parte do braço em que seria realizado o exame, até se imaginar fazendo o exame de sangue ou já ter agendado o exame.

Levando em consideração que G. tinha agonia de olhar/tocar na parte do braço em que era feito a coleta de sangue, ou de que fizessem isso com ela, bem como a dificuldade em relaxar quando esta parte estava esticada e virada para cima, decidimos inicialmente utilizar imagens mentais e exposição de vídeos mostrando a coleta de sangue, bem como realizar a simulação da coleta de sangue através do manuseio de seringa, algodão com soro fisiológico gelado para passar no local da coleta, bem como colocação de band-aid no local. Todas as práticas acompanhadas de reestruturação cognitiva e práticas de respiração, relaxamento e mindfulness.

Cartão de enfrentamento: foram utilizados como forma de lembretes dos pensamentos funcionais, auxiliando no enfrentamento da situação estressora. Rangé et al. (2011, p. 203) compara os cartões de enfrentamento ao "efeito de um comprimido calmante". Os cartões produzidos continham frases como: *"Eu vou ser corajosa e vou dar o meu melhor para dar certo"*; *"As pessoas têm empatia e respeitam o meu medo, assim como eu respeito o medo delas"*; *"Eu não tenho certeza do que estão pensando de mim até que eu pergunte. Sem perguntar não dá para adivinhar"*; *"Não tenho certeza que vai dar certo, mas pode ser que dê"*; *"Como posso saber? Ainda não aconteceu, é uma experiência nova!"*; *"Relaxa! Não é nada demais! Fica tranquila! Quando você ver, já acabou. E se você não conseguir, na próxima você consegue! Você é forte! Coragem! "*; *"Eu vou tentar ser corajosa e vou dar o meu melhor para dar certo!"*

Resultados

Os resultados mostram uma redução dos níveis de ansiedade que foram acontecendo ao longo do processo terapêutico. G. adquiriu maior controle dos sintomas físicos (tensão, nervosismo, tontura), cognitivos (pensava que daria vexame, que não conseguiria vencer o medo) e comportamentais (fuga do local do exame), que faziam parte do seu quadro clínico de medo de tirar sangue.

Para o acompanhamento dos níveis dos principais sintomas de ansiedade de G, foi realizada uma tabela ao longo das práticas de dessensibilização sistemática (CABALLO, 1996, p.37-39), com grau de intensidade que variavam de 0 (nada), 1 (pouco), 2 (moderado), 3 (muito) a 4 (extremamente). A exposição foi realizada por meio de vídeos sobre o local da realização da coleta, onde se podiam ver os materiais médicos (agulha, seringa, band-aid, elástico para o braço, frascos para guardar o sangue) bem como visualizar a cena de como a enfermeira fazia o procedimento de coleta de sangue.

Gráfico 2 – Dessensibilização sistemática.

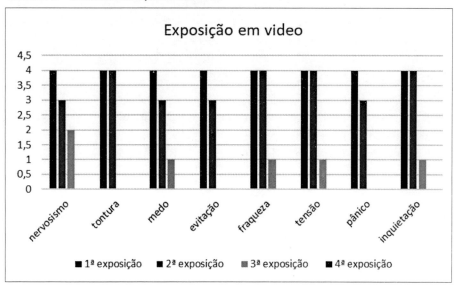

Fonte: os autores, 2020.

A partir do gráfico de dessensibilização sistemática se pode observar a variação que vai ocorrendo à medida que a exposição vai acontecendo. Na primeira exposição todos os sintomas relatados pela paciente atingiram o nível máximo de ansiedade. Na segunda exposição, o nervosismo, o medo, a evitação e o pânico baixaram de extremamente (4) para muito (3), sendo que a tontura, a fraqueza, a tensão e a inquietação se mantiveram no nível extremamente (4). Na terceira exposição, percebe-se uma queda maior nos índices, sendo que o nervosismo baixou para moderado (2), o medo, a fraqueza, a tensão e a inquietação baixaram para pouco (1) e a tontura, evitação e pânico desapareceram. Na quarta exposição todos os índices zeraram. O que evidenciou que G. estava pronta para realizar a coleta de sangue.

Outra forma de dessensibilização foi realizada por meio de simulação de retirada de sangue, com manipulação de uma seringa. Esta simulação foi realizada durante quatro encontros em consultório, bem como realizada como tarefa de casa. A terapeuta pediu para que a paciente mostrasse o braço, esticasse o braço como se fosse retirar o sangue. Foi passado soro fisiológico gelado, simulado a coleta e colocado um band-aid.

Nesta simulação os níveis de ansiedade variaram numa escala de 0 a 4 pontos no início e à medida que foi criando a habituação os níveis de intensidade variaram de 0 a 1 ponto. Todas as exposições e simulações foram acompanhadas pelo levantamento dos níveis de intensidade da ansiedade, e foi realizado o treino respiratório para seu controle.

Após a finalização das 17 sessões, G. passou por uma bateria de exames admissionais para trabalhar em uma empresa, dos quais havia a necessidade da realização de exame de sangue. Ao concluir, enviou feedback positivo para a terapeuta, evidenciando que conseguiu realizar o exame, utilizando as técnicas trabalhadas em sessão, e principalmente que foi a primeira vez que não desmaiou ao realizar um exame de sangue.

Antes do processo terapêutico, relatava que tinha vergonha de contar para outras pessoas sobre sua fobia, e após o sucesso da realização do exame, diz que compartilhou com várias pessoas, sem medo do julgamento.

Relata ainda pensamentos como *"estou orgulhosa de mim"*, e reconhece o quanto o processo terapêutico foi importante para o sucesso no enfrentamento desta situação.

Considerações finais

No decorrer deste estudo, foi identificado que G. apresentava todos os sintomas físicos, cognitivos e comportamentais compatíveis com o transtorno de fobia específica de sangue-injeção-ferimentos. Apresentava respostas fisiológicas de ansiedade, noção de vulnerabilidade aumentada, comportamentos de evitação, entre outros. A partir destas informações, durante o processo terapêutico foram utilizadas várias técnicas da terapia cognitivo-comportamental, compatíveis com o que preconiza a literatura sobre o tratamento das fobias. Estas técnicas demonstraram uma visível diminuição dos sintomas, mudanças de pensamento e maior capacidade de enfrentamento, revelando o desfecho positivo do caso.

Assim, os resultados evidenciaram a eficácia da terapia cognitivo-comportamental no tratamento da fobia específica de sangue-injeção-ferimentos, bem como reforçaram a importância da construção de um trabalho focado na comprovação científica, visto que a TCC possui planejamento e sessões previamente estruturadas, construídas juntamente com o cliente. O passo a passo desse tratamento fez com que a paciente aprendesse a lidar com seu medo e encontrasse estratégias para responder a situação de exposição, deixando de usar a evitação como estilo de enfrentamento.

Referências

AMERICAN PSYCHIATRIC ASSOCIATION (APA). **Manual Diagnóstico e Estatístico de Transtornos Mentais**: DSM 5. Porto Alegre: Artmed, 2014.

BAKOS, D. S.; RUDNICKI, T. Modelo cognitivo-comportamental das fobias específicas. In: Andretta, I.; Oliveira, M. S. **Manual prático de terapia cognitivo-comportamental**. São Paulo: Casa do Psicólogo, p. 355-372, 2011.

BRANDÃO, M. Z. S.; CONTE, F. C. S.; MEZZAROBA, S. M. B. **Comportamento Humano II** - Tudo (ou quase tudo) que você precisa saber para viver melhor. Santo André, SP: ESETec Editores Associados, 2003.

CABALLO, V. E. **Manual de Técnicas de Terapia e Modificação do Comportamento**. São Paulo, SP: Livraria Santos Editora, 1996.

CARVALHO, M. R.; MALAGRIS, L. E. N.; RANGÉ, B. P. **Psicoeducação em Terapia Cognitivo-Comportamental**. Novo Hamburgo: Sinopsys, 2019.

CLARK, D. A.; BECK, A. T. O modelo cognitivo da ansiedade. *In*: Clark, D. A.; Beck, A. T. **Terapia Cognitiva para os Transtornos de Ansiedade**. Porto Alegre: Artmed, p. 42-66, 2012.

D'EL REY, G. J. F.; MONTIEL J. M. Fobia de Sangue-Injeção-Ferimentos: Revisão Bibliográfica. **Arq. Ciênc. Saúde Unipar**, 5 (2): 161-163, 2001.

DOBSON, D.; DOBSON, K. S. A. **Terapia Cognitivo-comportamental baseada em evidências**. Porto Alegre: Artmed, 2011.

GUIMARÃES, A. M. V.; et al. Transtornos de ansiedade: um estudo de prevalência sobre as fobias específicas e a importância da ajuda psicológica. **Ciências Biológicas e da Saúde:** Maceió (v. 3 n.1 p. 115-128), 2015.

IAMIN, S.R.S. **Mudando o caminho da ansiedade**. Curitiba: Appris, 2015.

KNAPP, P. **Terapia Cognitivo-Comportamental na Prática Psiquiátrica**. Porto Alegre: Artmed, 2004. p. 32-34.

RANGÉ, B. **Psicoterapias cognitivo-comportamentais: um diálogo com a psiquiatria**. Porto Alegre: Artmed, p. 203, 306-307, 2011.

LEAHY, R. L. **Livre de Ansiedade**. Porto Alegre: Artmed, 2011.

WRIGHT, J. H.; BASCO, M. R.; THASE, M. E. **Aprendendo a terapia cognitivo-comportamental: Um guia ilustrado.** Porto Alegre: Artmed, 2008.

CAPÍTULO 2

A EVOLUÇÃO DE UM PACIENTE COM TRANSTORNO DE ANSIEDADE GENERALIZADA BASEADA NAS INTERVENÇÕES DA TERAPIA COGNITIVO-COMPORTAMENTAL

Jocerlei Fátima Ribeiro Mendes
Solange Regina Signori Iamin
Mauricio Wisniewski

Introdução

O transtorno de ansiedade generalizada (TAG) de acordo com o DSM-5 (APA, 2014), se caracteriza por meio de comportamentos de ansiedade e múltiplas preocupações que se apresentam de forma persistente e excessiva, e são desencadeados por fatores emocionais, sociais, familiares, de trabalho, acadêmicos, entre outros, trazendo dificuldade no controle dos sintomas.

Para diagnosticar um sujeito com TAG é necessário que se apresente sintomas como, ansiedade e preocupação excessivas, ocorrendo na maioria dos dias por pelo menos seis meses, interferindo no desempenho escolar ou profissional. Dificuldade em controlar a preocupação. Sentimento de inquietação ou sensação de estar com os nervos à flor da pele, dificuldade em concentrar-se ou sensações de "branco" na mente, irritabilidade, tensão muscular, dificuldade de conciliar o sono. Estes sintomas causam sofrimento clinicamente significativo ou prejuízo no funcionamento social, profissional ou em outras áreas importantes da vida do indivíduo (APA, 2014, p.222)

Segundo Marques e Borba (2016, p. 83), "a ansiedade e o medo são inerentes ao homem e ambos fazem parte de um sistema complexo que visa, sobretudo, a sobrevivência da espécie humana". Sendo que a ansiedade exagerada, consome a qualidade de vida do sujeito, prejudicando em todos os âmbitos juntamente com sintomas físicos. Essa ansiedade, ao longo do tempo, poderá se tornar patológica no momento em que alcança níveis elevados de sintomas, e começa a interferir no desempenho de uma pessoa onde o medo e a preocupação se apresentam de forma exagerada, sendo acompanhada de desequilíbrio emocional e reações fisiológicas. (STALLARD, 2010)

Uma pessoa com ansiedade geralmente antecipa fatos que ela considera perigosos. Muitas vezes apresenta um pensamento mais negativo e catastrófico, e esse modo de funcionar, leva a sintomas físicos como taquicardia, sudorese, tremores e a sintomas comportamentais de evitar situações nas quais se sente em perigo.

Quem sofre do transtorno de ansiedade generalizada precisa de um tratamento integrado por intermédio de acompanhamento psiquiátrico (fármacos) e terapêutico (psicológico). No âmbito da psicologia, um dos tratamentos mais indicados para o TAG é o da terapia cognitivo-comportamental e neste sentido estudos vêm demonstrando a eficácia dessa abordagem em casos que apresentam essa patologia (MADALENA; MORAIS, 2019)

A terapia cognitiva foi desenvolvida na década de 1960 por Aaron Beck com o objetivo de entender os processos psicológicos vinculados a depressão, e como poderia ser realizado um tratamento que fosse efetivo para este transtorno. O modelo de Beck está focado nas cognições ou interpretações desadaptativas, diante das situações de conflito vivenciadas pela pessoa. Aaron Beck concebeu uma "psicoterapia estruturada, de curta duração, voltada para o presente, direcionada para a solução de problemas disfuncionais." (BECK, 2013, p. 22)

Em suma, a terapia cognitivo-comportamental é uma psicoterapia breve, organizada, estruturada e sistemática, que ajudará o sujeito a monitorar e entender seus modos de pensar sobre si, sobre o mundo e sobre como as pessoas o veem, modificando a forma de pensar, suas crenças. "A ideia básica na terapia cognitiva é que o modo como pensamos influencia o modo como sentimos: mudar o modo de pensar pode mudar como nos sentimos" (BECK; CLARCK, 2012, p.15).

O objetivo deste estudo de caso é apresentar a redução dos sintomas de ansiedade generalizada com intervenção cognitivo-comportamental, sem o uso de medicação. Visando desenvolver assertividade, possibilitando ao paciente o enfrentamento, autonomia e a reestruturação cognitiva com o uso das técnicas da TCC bem como com o uso do *biofeedback cardioemotion* para o controle dos sintomas físicos da ansiedade.

Apresentação do caso clínico

José do Rio (pseudônimo para manter o sigilo), 31 anos, sexo masculino, filho único, professor de educação física, solteiro. Apresentou queixa de crises de ansiedade, provocadas pelo medo de morrer devido as sensações físicas causadas pela pressão arterial alta. Relata que foi por três vezes na emergência de um hospital na cidade onde mora, sendo que em um único dia teve sete crises de ansiedade. Ele apresentava preocupações excessivas em relação a várias áreas de sua vida, como trabalho, relação amorosa e conhecer o pai, o que trazia inquietação, irritabilidade e tensão muscular.

Filho único de uma mãe solteira, professora. Ele se coloca como uma pessoa tímida, de poucas palavras e poucos amigos. Teve uma infância boa com a família materna, sendo que nunca teve a presença do pai. Menciona que havia uma vaga ideia de que o pai morava no Rio de Janeiro. Sua mãe nunca falava do pai e cresceu sem nenhuma informação, nem motivo pelo qual foi abandonado. José do Rio relatava que se sentia inferiorizado perante seus amigos por não ter orientação paterna. Alega que foi uma criança que teve tudo dentro do possível, sem extravagância. Na adolescência sofreu *bullying* devido à sua cor negra, isso reforçou o seu comportamento de timidez. Tudo o que teve na vida foi com muito esforço e dificuldade, nunca ganhado de um pai (sempre trazia essa fala).

Sempre soube que tinha um pai, mas nunca se interessou em conhecê-lo, pois não sabia o que era ter um pai e "o que não temos não sabemos como sentir' (sic). Estudou muito e se formou em Educação Física. Concluiu uma pós-graduação em Neuropsicopedagogia. Trabalha atualmente em uma escola municipal com crianças e em uma escola particular com adolescentes. Namora uma jovem há 4 anos. Sua religião é o Budismo, o qual está em conflito, pois não consegue buscar o equilíbrio devido aos sintomas de ansiedade. Submisso e sem voz com amigos, sentindo-se inferior e incapaz de tomar decisões.

Foi trabalhar em uma escola, mas não conseguia conviver com seus colegas, pois achava que havia muito falatório (fofoca). Por muitas vezes chegava atrasado, para ficar o menor tempo na escola. O fato de não se sentir valorizado financeiramente, na profissão de professor de Educação Física, o levou a questionar várias vezes se havia realizado a escolha certa da profissão.

Seus colegas conseguiram fazer o mestrado e doutorado. Isso o fez sentir incapaz, desistindo do sonho de mestrado, com o argumento que queria primeiro vivenciar a pratica do seu trabalho. Relata que sempre teve medo do julgamento dos outros e sentia-se inferiorizado e com baixa autoestima, e que essas questões se acentuaram com o tempo. Teve algumas namoradas, porém sempre com um sentimento de inferioridade e desmerecimento em relação a elas. Comenta que teve depressão logo que saiu da faculdade, ficava muito tempo na cama, não quis realizar tratamento medicamentoso. Ao fazer alguns exames, descobriu que era hipertenso e foi medicado. Essa informação desencadeou mais crises de ansiedade.

As crises começaram a se tornar frequentes, e em uma das consultas o médico diagnosticou o TAG. Ele apresentava sintomas como palpitações, dores no peito, sudorese, tremores e tonturas. Quando iniciou o tratamento psicológico, não acreditava que o tratamento poderia ajudá-lo, mas não queria tomar nenhuma medicação e não tinha outra opção (sic). Apesar da resistência às técnicas utilizadas, foi aos poucos acreditando no tratamento e reestruturando seus pensamentos e comportamentos.

Métodos de avaliação

Foi realizada a anamnese para a coleta dos dados pessoais, familiares, de trabalho, escolares, bem como questões relacionadas à saúde. Para as demais avaliações e diagnóstico foram utilizados os critérios do DSM-5 (APA, 2014). Foi aplicado o Inventário breve de sintomas (BSI) de Derogatis (2019), para fazer a avaliação global do estado psicopatológico do paciente. Também foi utilizado o questionário das distorções cognitivas (CD-Quest) de Oliveira e Landero (2014) para identificar os erros de pensamento que pudessem estar relacionados às emoções e aos comportamentos disfuncionais, e que pudessem estar associados à TAG.

Dos critérios do DSM-5 (APA, 2014), o paciente José do Rio apresentou ansiedade e preocupações excessivas, por período superior a seis meses; inquietação ou sensação de estar com os nervos à flor da pele; dificuldade em concentrar-se ou sensações de "branco" na mente: irritabilidade; tensão muscular; perturbação do sono.

O resultado do BSI dentro da primeira avaliação apresentou os valores "muito altos" em todas as dimensões do inventario (depressão, somatização, hostilidade, sensibilidade interpessoal, ansiedade, ideação paranoide, obsessão-compulsão, ansiedade fóbica e psicotismo).

O CD-Quest mostrou que das 15 distorções cognitivas que fazem parte do questionário o paciente apresentou 13 distorções com valor acima de 70%

de intensidade. Os valores do CD-Quest variam de 0% a mais de 70%. As distorções cognitivas mais proeminentes foram o pensamento dicotômico, previsão de futuro, desqualificação dos aspectos positivos, minimização do positivo, abstração seletiva, leitura mental, supergeneralização, personalização, afirmações do tipo "deveria" "devo", conclusões precipitadas, culpar os outros ou a si mesmo, e se...? e comparações injustas.

Intervenção clínica e técnicas utilizadas

A intervenção clinica foi realizada em 28 sessões de atendimento individual com frequência de uma vez na semana e duração de 50 minutos. O José do Rio apresentava sintomas de ansiedade, preocupação e medos em relação aos vários âmbitos de sua vida, o que o deixava tenso a maior parte do tempo. A partir do diagnóstico do TAG ficou decidido que se trabalhariam questões relacionadas ao medo de morrer e de doenças, ao ambiente de trabalho, as relações sociais e familiares e ao encontro com o pai que ele não conhecia. Para esse trabalho foram utilizadas as seguintes técnicas:

Psicoeducação: foi explicado ao paciente sobre o modelo da terapia cognitivo comportamental, ou seja, sobre a relação entre pensamentos, emoções e comportamentos, e como isso influenciava em seu estado de ansiedade ("quanto mais pensa em perigos, mais ansioso e inquieto fica"; "o excesso de vigilância aumenta os sintomas").

Foi explicado a respeito dos sintomas do TAG e como seria realizado o tratamento. Que seria estabelecido o uso da agenda, verificação do humor, uso de técnicas de relaxamento e de controle da ansiedade. Foi ensinado ao paciente como observar e monitorar os sintomas físicos, os pensamentos, as emoções e os comportamentos, e como deveria agir para modifica-los.

Treino de respiração e relaxamento: foi realizado com uso do *biofeedback cardioemotion*, (NPT, 2013), que possibilitou a diminuição dos sintomas de ansiedade como palpitação, sudorese, inquietação e concentração, por meio do treino da variabilidade da frequência cardíaca. O *cardioemotion* é um aparelho conectado no lóbulo da orelha, que envia ao monitor informações a respeito da fisiologia, e possibilita ao paciente a visualização da sua coerência cardíaca. O equilíbrio se dá por meio do ritmo respiratório. Quando atingido o estado da coerência o corpo promove o equilíbrio emocional de forma natural.

Nos gráficos 1 e 2 se pode observar a mudança que ocorreu ao longo do treinamento, onde as ondas sinusais mostram um estado de coerência da frequência cardíaca.

Gráfico 1. Início do tratamento com o cardioemotion: falta de coerência cardíaca

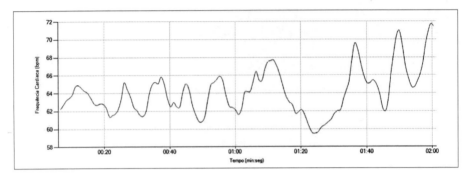

Fonte: NPT (2013).

Gráfico 2. Final do tratamento com cardioemotion: com coerência cardíaca

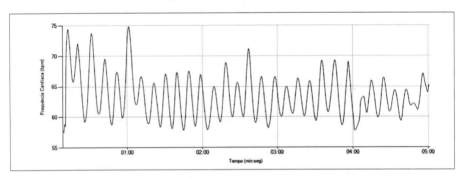

Fonte: NPT (2013).

Verificação do humor: o monitoramento do humor foi realizado no início das sessões. O paciente avaliava numa escala de 0-10 ("0" baixa ansiedade e "10" alta ansiedade) o seu estado afetivo. Esse monitoramento foi feito por meio de perguntas: "Numa escala de 0 a 10 como você está se sentindo hoje? Resposta do paciente: ansioso, nota 06. Como você passou a semana? Fiquei com medo de morrer, fiquei triste, nota 04" (sic). Nas primeiras sessões o paciente relatava que tinha um humor alterado, sentindo medo, raiva, tristeza, ansiedade que variavam na escala entre 8 e 10. Na metade do tratamento passou de 6 a 8 e no final apresentava de 2 a 4.

Imagens mentais positivas: Para tratar transtorno de ansiedade utilizam-se técnicas de imagens combinadas com métodos da TCC, como relaxamento progressivo, terapia de exposição e treinamento de respiração (WRIGHT; et al, 2012). Foi orientado ao paciente que ao identificar pensamentos distorcidos e que estivessem produzindo ansiedade, procurasse escutar 05 sons diferentes, ou contar 05 objetos mentalmente diferentes, ou usar uma imagem mental que trouxesse serenidade, ou escutar uma música de modo a desviar a atenção dos pensamentos distorcidos angustiantes, para reduzir a ativação fisiológica, diminuindo a ansiedade. Foi indicado que ele utilizasse essa estratégia em todos os momentos em que sentisse a ansiedade aumentar.

Análise das distorções cognitivas: a partir do levantamento das distorções foi trabalhado cada uma delas com o objetivo de promover a reflexão e a mudança dos pensamentos distorcidos, que estavam ligados ao aumento dos níveis de ansiedade.

O que antes era um pensamento dicotômico de "Sou incompetente no que faço", se transformou em um pensamento equilibrado de "Não preciso ser cem por cento bom em tudo o que faço"; em relação à previsão de futuro: "Se eu não tiver controle, tudo dará errado no futuro" se transformou em "Vou fazer o melhor que posso hoje e assim estarei construindo meu futuro"; em relação à desqualificação dos aspectos positivos: "Ser professor de educação física não tem valor" foi resignificado "Sou um bom professor de educação física e gosto do que faço, eu escolhi essa profissão".

A minimização do positivo "Sou incapaz de ser bom" ganhou um novo sentido "Sou um bom professor, meus alunos gostam do meu trabalho"; a abstração seletiva "Fui chamado atenção pela diretora, logo não gosta de mim" foi modificado por "Ser chamado a atenção não tem a ver com não gostar de alguém, tem a ver com tentar melhorar um comportamento"; quanto a leitura mental "Me acham um bobo", surgiu um pensamento de "Eu estou querendo ler o que os outros pensam".

Na supergeneralização, "Para mim da tudo errado", foi modificado para "Algumas coisas às vezes dão erradas, mas na maioria das vezes dão certo"; e o culpar (outros ou a si mesmo) como "Tudo acontece por minha culpa" foi transformado em "Não existem culpados ou inocentes, cada situação é única"; com isso ele também parou com a catastrofização do tipo "Tenho pressão alta, vou morrer", por "Tenho crises de ansiedade que me levam a pensar que vou morrer".

Questionamento socrático: é uma técnica que proporciona ao paciente analisar seus pensamentos e crenças distorcidas, tendo como objetivo a estimulação da indagação na resolução dos problemas, avaliando e buscando soluções (NEUFELD, 2017, p.35). Após a identificação e o levantamento dos pensamentos automáticos, e das distorções cognitivas, José do Rio buscou evidencias que corroborassem ou refutassem esses pensamentos, e realizada uma análise dos pensamentos mais funcionais para diminuir a ansiedade em relação ao medo de morrer e a ter doenças.

Tabela 1. Registro dos pensamentos disfuncionais

Situação	Pens. disfuncional	Emoção	Comportamento	Pens. funcional
Em casa.	Minha pressão está alta. Vou morrer.	Medo, Tristeza esgotamento.	Ir ao hospital urgente.	Estou medicado, minha pressão está controlada.
Trabalho: conversa na sala dos professores sobre morte e cemitério.	Vou morrer, tenho medo de morrer, meu peito está apertado.	Raiva, tristeza, medo, aflição.	Sentiu desconforto e saiu do local.	Meu peito está apertado porque fiquei ansioso com a conversa dos colegas.

Fonte: os autores (2020)

Após várias sessões de questionamento socrático, José do Rio relatou que estava encarando o ano de 2020 com vitória na questão da saúde, mesmo precisando fazer uma cirurgia de adenoide. Também estava conseguido trabalhar com a ansiedade sem depender de ansiolítico, "Isso me faz sentir orgulhoso" (sic). Uma questão relevante que foi trabalhada com esse paciente foi o encontro com o pai, o qual não conhecia. José do Rio narra que estava ansioso, pela busca de seu pai, tinha medo que o pai estivesse morto e isso produzia ansiedade.

Ele conseguiu o contato do pai, e foi conhece-lo em março de 2020. Foi ao encontro do pai, e enquanto o aguardava em um barzinho sentiu medo, teve sensação de ataque cardíaco, tremores e falta de concentração. Nesse momento fez o exercício de questionamento socrático e controle da ansiedade e se acalmou. Encontrou o pai, percebeu o quanto eram parecidos. Ficou mais tranquilo e todas as dúvidas sobre a sua história de vida em relação ao pai foram dissipadas.

Outra questão que trazia muita ansiedade eram situações relacionadas à conflitos com a namorada, o que fez com que passasse o natal e o ano novo longe dela. Essas questões foram resolvidas.

Treino do controle das emoções: a partir da manifestação do paciente sobre "eu fico muitas vezes com raiva e paralisado" (sic), foi utilizado o baralho das emoções e trabalhado a importância da manifestação dos sentimentos e a validade das emoções para alcançar o equilíbrio emocional. Foram explicadas sobre as cinco principais emoções: o medo, a alegria, a tristeza, a raiva, e o nojo. O baralho das emoções é um dos instrumentos que facilita a compreensão das emoções ajudando na observação do paciente com relação ao seu sintoma (CAMINHA, 2011).

Tarefa de casa: O uso das tarefas é considerado muito importante, pois reforça o aprendizado além do setting terapêutico, e estimula a autoajuda no processo terapêutico (WRIGHT, et al, 2012, pg. 21). Ao longo do tratamento foram pedidas várias tarefas, tais como: fazer o RPD, observar as coisas boas que acontecem em sua vida e fazer o registro, usar a técnica "PARE", para a parada dos pensamentos e a análise dos fatos. Identificar eventos positivos para diminuir os eventos negativos que geram ansiedade.

Também foi trabalhado o uso da gratidão, para que ele tomasse a consciência de que durante sua rotina aconteciam situações positivas, e que ele não percebia, pois focava na ansiedade. Foi indicado que fizesse todos os dias o treino de respiração e relaxamento, o qual José do Rio tomou como hábito para o controle dos sintomas.

Prevenção a recaída: Tem como objetivo ajudar o paciente a compreender e observar os gatilhos e pensamentos distorcidos que levam para ansiedade, reduzindo assim os sintomas (WRIGHT; et al, 2013 p.164). Foi trabalhado a prevenção à recaída por meio do treino do controle da ansiedade e ensaio de respostas de enfrentamento.

Treino do controle da ansiedade: ter a consciência de estar com ansiedade, identificar os sintomas, usar o treino de respiração e relaxamento de Jacobson, bem como por meio de algum aplicativo de celular, ou por meio da atenção plena. Identificar, monitorar e modificar os pensamentos negativos, bem como as emoções e comportamentos associados à ansiedade. Identificar projetos de vida que tragam satisfação e bem-estar subjetivo. Seguir trabalhando a autoestima por meio da valorização pessoal e do uso da gratidão.

Também foi enfatizado a importância de ensaiar novas habilidades de enfrentamento à ansiedade, como fazer atividade física diariamente, encontrar novas formas de se comportar frente aos problemas que a vida apresenta.

Resultados

Os resultados apontam para uma melhora significativa nas crises de ansiedade generalizada. Um fator contribuinte foi o vínculo estabelecido entre paciente e terapeuta, de uma forte confiança e a aderência as técnicas da TCC como treino do controle das emoções, parada de pensamento, o questionamento socrático, o registro dos pensamentos distorcidos, e o uso da agenda no qual se empenhava em realizar (KNAPP, 2004).

Ao longo do processo terapêutico aconteceram muitas decisões e mudanças por parte de José do Rio. Em dezembro de 2019 decidiu procurar pelo pai. Em março de 2020 conseguiu contato e foi visitá-lo. Foi um encontro muito especial, pois soube, naquele momento, que seu pai não sabia da gravidez e do seu nascimento. Aproveitou as férias de janeiro, para fazer a cirurgia de adenoide, não apresentou ansiedade nesse momento e se percebeu mais fortalecido emocionalmente. Fez uma *live* para a comunidade Budista com um testemunho de toda a sua trajetória e felicidade, não sentindo mais medo e receio do que iriam pensar.

José do Rio realizou o sonho de casar. Foi morar em um apartamento onde pode receber seus amigos, sentindo-se independente e feliz. Atualmente trabalha em três escolas, e para complementar a renda faz UBER nos intervalos das aulas. Hoje, percebe que está realizado, feliz e com metas para o futuro, controlando a ansiedade, através do relaxamento, parada de pensamento e análise de seus pensamentos (BECK, 2013).

O paciente conseguiu ao longo do processo terapêutico ter mais controle das situações que produziam ansiedade bem como adquirir controle dos sintomas físicos, cognitivos e comportamentais que faziam parte do seu quadro clínico. Isso pode ser observado nos resultados do BSI, que pontuam uma redução importante em todos os seus fatores.

Gráfico 2. Resultado do BSI

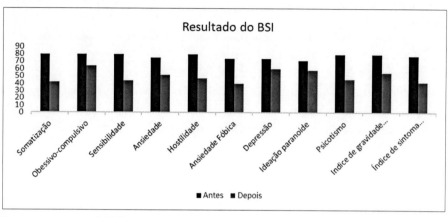

Fonte: os autores (2020)

No fator de somatização, houve um decréscimo no que tange às queixas cardiovasculares e respiratórias. No início da terapia, o paciente acreditava que teria um ataque cardíaco devido aos sintomas de palpitação, aperto no peito e hiperventilação, os quais foram reduzindo, conforme aponta o resultado acima. Outro fator de decréscimo foi de sensibilidade interpessoal, o que antes se apresentava como comparação com outras pessoas e trazia sentimento de inferioridade (ex: o paciente abandonou o mestrado pois achava que os colegas eram melhores do que ele) foi sendo desconstruído. O fator ansiedade e ansiedade fóbica também apresentaram uma redução após a terapia, tendo diminuído a ansiedade, a tensão, a sensação de pânico e os pensamentos catastróficos em relação ao medo de morrer, os quais eram recorrentes na vida do José do Rio, e o levaram tantas vezes ao pronto socorro, pois pensava que estava morrendo. O fator hostilidade teve um declínio importante, pois o paciente, ao longo do processo terapêutico, foi reduzindo a raiva que sentia, aprendeu as técnicas de autocontrole diminuindo a frustração frente as situações que não conseguia controlar bem como reduziu o afeto negativo.

Enfim, após as 28 sessões foi possível observar uma diminuição em todos os sintomas da ansiedade, sendo que o mesmo começou a valorizar seu enfrentamento ao TAG, melhorou seu desempenho nas atividades da vida cotidiana, bem como em seu trabalho nas escolas, melhorando o relacionamento entre pares e aumentando sua qualidade de vida a nível físico e interpessoal.

Considerações finais

A ansiedade é importante para a sobrevivência humana, pois possui a função motivadora de almejar e realizar sonhos. Porém, quando a ansiedade passa a ser patológica, ou seja, há expectativa exagerada pelo que vai acontecer no dia de amanhã, dificuldade em enfrentar um emprego, falar em público, de realizar provas, exames de saúde e afins, isso leva a um medo exagerado que gera um grande sofrimento psíquico e impede a pessoa de crescer pessoal e profissionalmente.

O estudo de caso de Jose do Rio nos mostra que as queixas iniciais de ansiedade obtiveram uma melhora significativa em sua vida, e também no trabalho, na vida financeira, nos relacionamentos sociais e no afetivo.

Com base na teoria e técnicas da terapia cognitiva-comportamental, ele foi auxiliado a identificar e avaliar os pensamentos distorcidos e a utilizar as técnicas cognitivas e comportamentais para a redução do TAG.

Ao final do tratamento foi aplicado o BSI para a comprovação dos resultados, no qual foi possível comparar a redução da ansiedade e a evolução do tratamento psicológico. Observou-se que o jovem ainda tem pensamentos distorcidos, sendo muitas vezes negativos, mas hoje consegue perceber e trabalhar a reestruturação desses pensamentos e utilizar as técnicas aprendidas para diminuir os sintomas.

Uma das dificuldades encontradas no tratamento foi a rejeição do uso da medicação psiquiátrica, o que levou a escolha de aumentar o número de sessões psicoterápicas. Isso se mostrou eficaz. Conclui-se que diante de um bom acolhimento, uma boa psicoeducação da TCC, o uso das técnicas e a confiança estabelecida entre paciente e psicólogo obteve-se um excelente resultado.

Referencias

AMERICAN PYSCHIATRIC ASSOCIATION. **Manual diagnóstico e estatístico de transtornos mentais**: DSM-V. 5.ed. Porto Alegre: Artmed, 2014.

BECK, J. S. **Terapia Cognitivo-Comportamental**: teoria e prática. 2º. ed. São Paulo: Artmed, 2013.

CAMINHA, R.; CAMINHA G. **Acessando a criança no trabalho clinico**. Porto Alegre: 4º ed. Sinopsys, 2011.

CLARK, D. A.; BECK, A. T. **Vencendo a ansiedade e a preocupação com a terapia cognitivo-comportamental.** 1º ed. Porto Alegre: Artemd, 2012.

DEROGATIS, L. R. **Inventário breve de sintomas** (BSI): manual de aplicação e correção. São Paulo: Pearson, 2019.

IAMIN, S. R. S. **Mudando o caminho da ansiedade.** Curitiba: Appris, 2015.

KNAPP, P. **Terapia cognitivo-comportamental na prática psiquiatra.** Porto Alegre: Artmed, 2004.

MARQUES, E. L. L.; BORBA, S. Como lidar com o transtorno de ansiedade generalizada na perspectiva da terapia cognitivo-comportamental. Synthesis: **Revistal Digital FAPAM,** Pará de Minas, v. 7, n. 7, p. 82-97, dez. 2016.

MORAIS, G. H.; MADALENA, T. S. Associação da psicofarmacologia e psicoterapia cognitivo-comportamental no tratamento do transtorno de ansiedade generalizada. **Cadernos de psicologia** – CESJF - jun.2019 v.1 n.1 p.149-165.

NEUFELD, C. B. **Terapia cognitivo-comportamental para adolescentes:** uma perspectiva transdiagnóstica e desenvolvimental. Porto Alegre. Artemed. 2017

NPT. Neuropsicotronics. **Manual de treinamento.** Exemplar do facilitador. Versão maio de 2013.

OLIVEIRA, I. R. de.; LANDEIRO, F. Terapia processual. IN. Melo, et al. **Estratégias psicoterápicas e a terceira onda em terapia cognitiva.** Novo Hamburgo: Sinopsys, 2014.

STALLARD, P. **Ansiedade: terapia cognitivo-comportamental para crianças e jovens.** Porto Alegre: Artmed, 2010.

WRIGHT, J. H.; SUDAK, D. M.; TURKINGTON, D.; THASE, M. **Terapia cognitiva-comportamental de alto rendimento para sessões breves.** Porto Alegre: Artmed, 2012.

CAPÍTULO 3

TERAPIA COGNITIVO-COMPORTAMENTAL NO TRATAMENTO DO TRANSTORNO DE ANSIEDADE GENERALIZADA

Kristy E. Augustynczk Samways
Solange Regina Signori Iamin
Mauricio Wisniewski

Introdução

A Terapia cognitivo-comportamental (TCC) tem sido desde os anos de 1960, uma das abordagens mais utilizadas para o tratamento dos transtornos mentais. Beck (1982), delineou os fundamentos da abordagem cognitiva-comportamental referindo que a mesma se baseia no pressuposto racional teórico de que o afeto e o comportamento do indivíduo são determinados pela maneira como ele estrutura o mundo, sendo que as cognições estão baseadas em esquemas previamente desenvolvidos, a partir de experiências anteriores.

Três proposições fundamentais definem as características que estão no núcleo da abordagem cognitiva-comportamental (DOBSON, 2000, p.220);

1. A atividade cognitiva influencia o comportamento.

2. A atividade cognitiva pode ser monitorada e alterada.

3. O comportamento desejado pode ser influenciado mediante a mudança cognitiva.

A partir destas pressuposições entende-se que, independente da patologia apresentada pelo paciente, ao aplicar a TCC a pessoa irá identificar e monitorar seus pensamentos e suas crenças e a partir da tomada de consciência de seu padrão de funcionamento mental, a mesma poderá então modificar seu comportamento e suas emoções.

Estudos comprovam os resultados eficazes da TCC no tratamento não só da depressão, mas também dos transtornos de ansiedade, entre eles o transtorno de ansiedade generalizada (MORAIS; MADALENA, 2019; MOURA; et al, 2018; VIEIRA; LUDWING, 2009).

Quando uma pessoa sofre do TAG, ela apresenta uma diversidade de dificuldades que estão relacionadas a uma preocupação constante, uma dificuldade de controlar os sintomas de ansiedade o que leva ao longo do tempo a um agravo no desempenho das atividades, em sua qualidade de vida (HUNOT, et al, 2008), bem como traz irritabilidade, tensão, causa dificuldade de concentração, a pessoa apresenta uma preocupação constante e pode manifestar sintomas como dor de cabeça, sudorese, palpitação entre outros sintomas (DALGARRONDO, 2019).

O transtorno de ansiedade generalizada (TAG), segundo o DSM-5 (APA, 2014, p.263), apresentam os seguintes critérios diagnósticos:

a. Ansiedade e preocupação excessivas (expectativa apreensiva), ocorrendo na maioria dos dias por pelo menos seis meses, com diversos eventos ou atividades (tais como desempenho escolar ou profissional).

b. O indivíduo considera difícil controlar a preocupação.

c. A ansiedade e a preocupação estão associadas com três (ou mais) dos seguintes seis sintomas (com pelo menos alguns deles presentes na maioria dos dias nos últimos seis meses).

1. Inquietação ou sensação de estar com os nervos a flor da pele.

2. Fatigabilidade.

3. Dificuldade em concentrar-se ou sensações de "branco" na mente.

4. Irritabilidade.

5. Tensão muscular.

6. Perturbação do sono (dificuldade em conciliar ou manter o sono, ou sono insatisfatório e inquieto).

a. A ansiedade a preocupação ou os sintomas físicos causam sofrimento clinicamente significativo ou prejuízo no funcionamento social, profissional ou em outras áreas.

b. A perturbação não se deve aos efeitos fisiológicos de uma substância (p. ex., droga de abuso, medicamento) ou outra condição médica (p. ex., hipertireoidismo).

c. A perturbação não é mais bem explicada por outro transtorno mental (p.ex., ansiedade ou preocupação quanto a ter ataques de pânico).

A preocupação excessiva que o sujeito com TAG apresenta foi descrita por Wells no ano de 2005 em seu "modelo metacognitivo" (p.108). Ele refere que existem dois tipos diferentes de preocupação, um relacionado a metapreocupação que emerge de crenças metacognitivas (conhecimento sobre suas próprias cognições, avaliação dos pensamentos e memórias) negativas e outra que consiste em uma avaliação negativa da preocupação e onde o sujeito utiliza como estratégia de enfrentamento tentativas de controlar a preocupação (WELLS, 1995).

Identifica-se nos atendimentos clínicos que pessoas com TAG tem pensamentos ansiosos, que exageram os riscos do que poderia vir a acontecer levando a um sofrimento que desencadeia inúmeros problemas tantos pessoais, quanto familiares e laborais.

Pessoas que apresentam o transtorno de ansiedade generalizada estão constantemente atentos a possíveis situações de ameaça. Geralmente eles apresentam distorções da percepção que são voltadas para uma excessiva preocupação com o futuro e tentativas de prevenir que catástrofes venham a acontecer (BORKOVEC; CASTONGUAY; NEWMAN, 2003).

Pesquisas também documentam uma associação entre TAG e intolerância à incerteza (KUSEC; TALLON; KOERNER, 2016; GENTES; RUSCIO,2011), e uma "tendência a responder negativamente a eventos e situações incertas" (BUHR; DUGAS, 2009, P. 216), sendo então a intolerância a incerteza uma das variáveis relacionadas a preocupação e que influenciam no desenvolvimento do TAG (LAUDOUCER; GOSSELIN; DUGAS, 2000).

Brown, et al (1999), propõem um protocolo de tratamento para TAG, onde são oferecidos diferentes componentes que se dirigem a cada um dos três sistemas de ansiedade: a nível cognitivo- reestruturação cognitiva, comportamental- prevenção do comportamento de preocupação, solução de problemas e manejo do tempo e fisiológico- treinamento em relaxamento muscular progressivo.

Levando estes aspectos em consideração a TCC utiliza para o tratamento da TAG técnicas como o treino em relaxamento, auto monitoramento dos sintomas físicos, emocionais e comportamentais, a identificação de pensamentos e crenças sobre si mesmo, sobre o futuro e sobre o mundo bem como a avaliação das evidencias dos fatos que desencadeiam a TAG e suas possíveis modificações visando a redução da ansiedade (BORKOVEC; CASTONGUAY; NEWMAN, 2003).

Este trabalho tem como objetivo analisar a eficácia da terapia cognitivo-comportamental mediante o acompanhamento em terapêutico da jovem portadora do TAG durante 15 sessões de uma hora.

Apresentação do caso clínico

M. 21anos, sexo feminino, solteira, ensino superior incompleto, trabalha como assistente financeira na empresa do seu pai, faz curso de massoterapia, e muito comprometida com sua religião. M. relata que se sente muito irritada e preocupada na maior parte do tempo, como se não pudesse controlar sua intolerância a qualquer situação que ela interprete estar ambígua, errada ou fora de seu controle, e assim age por impulso sendo regida pela ansiedade e pelo medo da ameaça futura. Queixa-se de apagões na memória apresentando considerável esquecimento, devido ao fluxo intenso de pensamentos e também se queixa de ter baixa concentração no aprendizado, " eu esqueço demais as coisas", "sinto que não consigo ser eficaz", " sinto que não avanço devido ao meu cansaço ".

M. desistiu da faculdade de direito e conta que evitou continuar porque cada exame do curso demandava um imenso desgaste emocional acompanhado de reações fisiológicas como ânsia de vômito, tensão no pescoço, dores de cabeça, sudorese, insônia e choro, bem como pressupostos negativos(erro de pensamento previsão negativa do futuro) de que não conseguiria dar conta do curso, mesmo tirando notas suficientes nos exames, os pensamentos catastróficos e (erro de pensamento abstração seletiva) eram incontroláveis. Atualmente está impaciente com seu curso de massoterapeuta, devido às suas dores no corpo, principalmente no quadril (as vezes a dor se torna tão intensa que acaba sendo hospitalizada), está pensando em iniciar um curso marketing, revela estar muito insatisfeita em trabalhar na empresa de seu pai, onde cuida da contabilidade, então sem perceber está dando início a um novo ciclo de preocupações paralisantes, ela apresenta incerteza sobre si mesma, sua saúde, suas dores, e sobre os outros.

Aos 14 anos teve uma primeira crise de ansiedade quando seus pais descobriram que ela estava ficando com um rapaz, chegou a desmaiar, ficar sem ar, sentiu muita culpa e vergonha. Depois disso ficou com vários rapazes, mas quando realmente gostou de um, ele terminou com ela. Após um serviço voluntário religioso em outro estado (do qual voltou antes devido a bursite e está a 1 ano em tratamento), teve um namoro que durou 4 meses onde terminou porque sentiu que não gostava do rapaz. Suas questões atuais, são medo de relacionamento medo de não gostar de alguém, medo de errar, queixa de ansiedade (dor de cabeça, dores no corpo, irritabilidade excessiva, enxaqueca, raiva) e preocupação excessivas (ficar sozinha, não gostar de alguém, de amar e de não ser amada).

Aos 15 anos descobriu ter cisto no ovário, já teve apendicite, tem dores no corpo (faz yoga há um ano), bruxismo (que faz desde os 7 anos, desde então usa placa dentária), faz tratamento para a bursite.

M. sente que tem muitos problemas como dificuldade de lidar com suas dores- sempre que fica mais agitada tem por exemplo enxaqueca. Procura fugir das suas emoções, mas não consegue se distrair. Não gosta de dirigir, fica extremamente irritada com os outros motoristas, prefere não usar o carro, somente em situações emergenciais. Não consegue escolher, leva uma hora e meia para decidir um filme, então prefere não escolher o filme. Diante de uma situação problema, chora e fica com raiva. Quer estudar, mas por pensar muito, sente-se procrastinando. Ser autocrítica consigo e também com os outros.

Também relata que identificou que os fatores precipitantes e situações ativadoras de seu problema estão relacionados a que seus primos e amigos a cobram sobre não estar e um relacionamento. Seus primos e amigos estão casando. Ela se percebe indecisa para escolher coisas do cotidiano. Pensa que não conseguirá gostar de ninguém. Não aceitar seus erros e o das outras pessoas. Pensar e se preocupar muito com o futuro.

Métodos de avaliação

Na avaliação de M. foi realizada a anamnese, para a coleta e sintetização dos dados mais importantes da história da queixa, sua abrangência bem como das situações atuais. Foram utilizados os critérios do DSM- 5 (APA, 2014) para realizar o diagnóstico do TAG. Para verificação da ansiedade foi utilizada a escala de Depressão, ansiedade e stress-Dass-21(VIGNOLA; TUCCI, 2013), sendo que o resultado apontou uma ansiedade grave.

Também foi aplicado o CD-Quest (questionário de distorções cognitivas) de Oliveira e Landero (2014). As distorções mais frequentes foram a previsão do futuro (31 a 70%), abstração seletiva (31 a 70%), leitura mental (31 a 70%) que tiveram uma frequência média de uso e a distorção "e se..."que teve intensidade acima de 70%.

Intervenções clínicas e técnicas utilizadas

Após a realização das avaliações, foram escolhidas as técnicas de intervenção que compuseram o tratamento.

Psicoeducação: foi apresentado um pequeno vídeo de psicoeducação apresentando o conjunto das emoções e a tríade cognitiva, bem como foi explicado sobre a relação entre sentimentos, pensamentos e comportamentos com ênfase na ansiedade, medo e preocupação. Foi realizado um treino para identificar e compreender as respostas físicas, comportamentais e cognitivas usando os exemplos trazidos pelos pensamentos da paciente. A partir desta prática M.C. concluiu que quando pensa que não conseguirá gostar de ninguém, sente mais ansiosa e frustrada e acaba tendo comportamentos impulsivos de esquiva e rejeição.

A psicoeducacao também foi utilizada para ajudá-la a compreender o ciclo do estresse e os critérios do TAG. Para o estresse foi apresentado seu funcionamento, pensamentos que o produzem e imagens cerebrais da amigdala liberando cortisol. Para a TAG, foi apresentado os critérios do DSM-5 e utilizada a base da tríade cognitiva para explanar como o excesso de preocupações, reação emocional, fisiológica e comportamental podem influenciar o transtorno.

Biblioterapia: devido ao nível de auto exigência da paciente foi acordado que ela assistiria o vídeo e leria o livro "A coragem de ser imperfeito" (Brown, 2013), como tarefa de casa. M.C. referiu que foi muito reveladora a leitura e que começou a perceber o quanto teme ser insuficiente e vulnerável. Também foi compartilhado e utilizado alguns capítulos em sessões do livro "o estresse está dentro de você" (Lipp,2000). Após algumas pontuações sobre essa leitura ela relatou que fez muito sentido observar a quantidade de estresse que escolhe aceitar diariamente.

Solução de Problemas: através desta técnica M.C. foi treinada para possíveis manejos em situações problemáticas, exercitando reconhecer respostas mais eficazes de acordo com a situação e tomada de decisões. Por exemplo, primeiro foi identificado e definido o problema alvo. 1- encontro com um rapaz que gostava e sentia muita ansiedade de que não desse certo e ela ficasse sozinha. 2- levantamento de possíveis soluções: escutar o que o rapaz tinha a dizer, manejar sua ansiedade para poder se perceber e se valorizar, assim poderia separar seu medo de ficar sozinha do interesse real pelo rapaz, aceitar ficar com ele ou rejeitá-lo. 3- avaliar as consequências de cada possível escolha, não precisaria estar com ele se percebesse que não era consistente e se ficasse com o rapaz poderia se permitir a experiência. 4- escolha e colocação em prática da solução escolhida para ser testada. 5- avaliação dos resultados. M.C. revela que pela primeira vez consegue ouvir claramente uma proposta e perceber que não seria vantajoso para ela, rejeita sem culpa e sem temor, sente- se leve e em paz com sua autoestima.

Parada do pensamento: foi realizado o treinamento com a paciente para que ela aprendesse a interromper os pensamentos excessivos e desgastantes de preocupação, medo ou ansiedade. Assim que ela se percebesse ansiosa e preocupada ou com as reações fisiológicas da ansiedade deveria emitir o comando em voz alta "PARE" ! Na sequência deveria fazer a respiração lenta e profunda para relaxamento e depois criar uma imagem prazerosa em sua mente. Tal treinamento a ajudou a perceber seus pensamentos automáticos, paralisa-los e buscar por relaxamento.

Reestruturação Cognitiva: foi realizado o treino para fazer a modificação no seu pensamento disfuncional, um exemplo foi sobre o seu pensamento " Tenho que fazer tudo perfeitamente ou melhor não fazer ". Ao identificar este pensamento lhe foi perguntado sobre o significado atribuído a esse pensamento. Ela responde que poderia ser uma auto exigência e preocupação com os outros. O passo seguinte foi descobrir se esse pensamento estava sendo favorável? ela responde que não, pois ativa sua ansiedade e preocupação, finalmente lhe foi perguntado se ela poderia pensar de outra forma sobre isso e ela reestrutura o pensamento dizendo, "errar faz parte, melhor tentar e fazer aos poucos do que não fazer". Assim ela encontra asilo numa frase dita por Leahy (2000), "melhor é trabalhar uma imperfeição bem-sucedida".

Avaliação do humor: foi feita a verificação do humor lhe apresentando uma escala de zero a dez desenhada em um quadro. A cada início da sessão seu humor e a intensidade do mesmo eram checados também pelo afetivograma do aplicativo cognitivo Cogni. Nas sessões iniciais chegou a nota 09 para o medo e nota 10 para as preocupações. Com o passar das sessões as notas foram melhorando, chegando a 05 para o medo e 06 para as preocupações. Aos poucos ela mesma se percebia cometendo alguma distorção e se auto corrigia.

Tarefa de casa: a tarefa de casa é mais um valioso instrumento cognitivo para ajudar o paciente a testar seus pensamentos negativos e fortalecer novos padrões. Muitas tarefas foram solicitadas durante as sessões, leituras, reflexões, observações e o preenchimento diário do aplicativo cogni, (www.cogniapp.com). Nele a paciente registrava como estava se sentindo, o que pensou e o que fez, fornecendo conteúdos ricos da vivência da paciente para a sessão, ao longo dos registros o aplicativo fornece um afetivograma, que seguem abaixo:

Gráfico 1. Afetivograma   Gráfico 2. Afetivograma

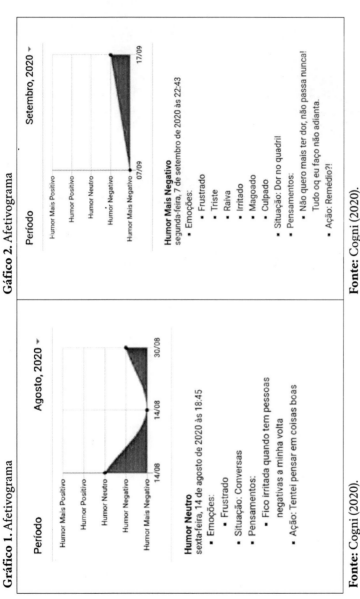

Fonte: Cogni (2020).

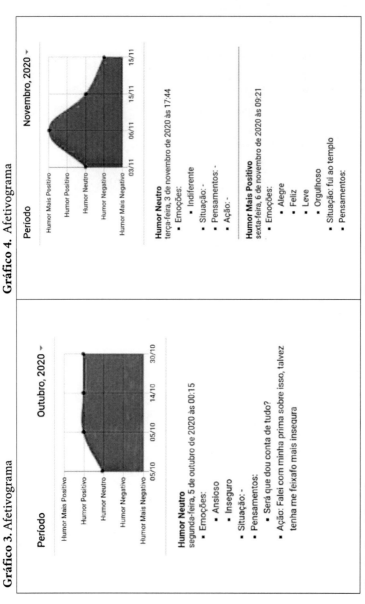

Gráfico 3. Afetivograma

Gráfico 4. Afetivograma

Humor Neutro
segunda-feira, 5 de outubro de 2020 às 00:15
- Emoções:
  - Ansioso
  - Inseguro
- Situação: -
- Pensamentos:
  - Será que dou conta de tudo?
- Ação: Falei com minha prima sobre isso, talvez tenha me feixafo mais insegura

Humor Neutro
terça-feira, 3 de novembro de 2020 às 17:44
- Emoções:
  - Indiferente
- Situação: -
- Pensamentos: -
- Ação: -

Humor Mais Positivo
sexta-feira, 6 de novembro de 2020 às 09:21
- Emoções:
  - Alegre
  - Feliz
  - Leve
  - Orgulhoso
- Situação: fui ao templo
- Pensamentos:

Fonte: Cogni (2020).

Fonte: Cogni (2020).

Observa-se ao longo dos quatro gráficos do afetivograma que em agosto e setembro o humor variou de neutro a negativo e no mês de outubro passou de neutro para humor positivo e em novembro houve uma grande melhora, passando para um humor positivo e mais positivo. Sendo que as emoções relatadas por ela variaram de frustração, irritabilidade, raiva, tristeza, mágoa e culpa para alegre, feliz, leve e orgulhosa. No final do tratamento foi realizado um feedback resumido para saber se ela estava se sentindo compreendida em seu sofrimento. M. retorna o feedback relatando que se sentiu feliz por ser compreendida, pois acredita que normalmente não consegue expressar o que sente e não a compreendem.

Ao rever as tarefas demonstrou que teve prontidão ao executar a tarefa e trouxe muitos dados importantes de como era perfeccionista, exigente consigo e com os outros. Reforçamos o quanto a prática das distorções estava contribuindo para tais comportamentos.

Treino em respiração e relaxamento: foram trabalhados, seus relatórios semanais do cogni, revisão do conceito cognitivo da ansiedade, restruturação cognitiva, treinos de respiração e relaxamento e o questionário de distorções cognitivas.

Foi apresentado para a paciente a eficácia comprovada da respiração e através dela o relaxamento muscular, e atenção plena (mindfulness) com alguns exercícios feitos em conjunto com a terapeuta. Foi sugerido um aplicativo de meditação guiada, que segundo ela foi uma chave importante no seu processo de melhora, pratica todos os dias, e tem atingido um bom nível de relaxamento.

Treino do controle da raiva: o treino consistiu em reconhecer as etapas da raiva: 1- identificar as situações que levavam a raiva, o sentimento que acompanhava, que normalmente era a tristeza, porque brigava com seu pai no trabalho por ficar com raiva dele. 2- entender que o que acontecia não era uma afronta, seu pai não refazia perguntas com intenção de provocar. 3- perceber as reações fisiológicas da raiva, sentia seu corpo se agitar e uma ansiedade que dominava e 4- deixar de agir agressivamente como resposta a situação mal interpretada. M.C. é muito inteligente e foi compreendendo que poderia filtrar palavras, escolher não ficar com raiva, escolher não agir no momento e controlar melhor algumas situações (LIPP; MALAGRIS, 2005).

Análise das distorções cognitivas: Neste questionário de distorções as principais usadas por ela foram, pensamento polarizado, previsão do futuro, abstração seletiva, leitura mental e "e se..."a partir deles foram usadas técnicas de intervenções e perguntas para examinar e contestar cada distorção. Para trabalhar as distorções cognitivas foi utilizada a técnica de exame e contestação das distorções cognitivas (Leahy, 2006).

Foi utilizado o **Questionamento socrático**, que são perguntas feitas para gerar reflexão análise e avaliação das distorções mais utilizadas, questões como: você acha que praticar leitura mental lhe proporciona informações valiosas? qual é a qualidade da evidencia que confirma sua leitura mental? M.C. compreendeu os fatores que precediam seu comportamento de esquiva e paralização. Iniciou um enfrentamento em algumas situações, como dirigir, começou a interpretar diferente essa ação, pensando: "eu nunca bati o carro", "quanto mais tranquila eu ficar mais poderei resolver qualquer imprevisto", " não preciso ter pressa", " os motoristas da pista não são uma ameaça". Percebeu que quando pensava de forma negativa, reforçava a dúvida e as sensações corporais desconfortáveis. Ainda sobre a distorção abstração seletiva dos aspectos negativos foi lhe dada a tarefa de escrever cinco previsões positivas para seu futuro, a qual ela concluiu prontamente e eram diretamente proporcionais as suas crenças centrais.

A partir deste trabalho ainda foi sugerido a construção de **cartões de enfrentamento**, lembretes de algumas correções de seus pensamentos disfuncionais que foram colocados na capa do celular e em vários lugares de seu quarto.

Exame de custo benefício: foi realizada a indicação para a avaliação psiquiátrica a qual foi recebida com muita resistência. A partir do exame de custo benefício do uso de medicação, M.C. se demonstrou mais propensa a aceitar a recomendação, no tempo dela e depois da crise de estresse de sua mãe, agendou uma consulta médica psiquiátrica.

Tabela 1. Vantagens e desvantagens de fazer uso de medicação

Vantagens	Desvantagens
Me sentirei menos agitada	Terei que usar remédios
Poderei sentir menos angústia	Medo que não façam efeito
Vou controlar melhor a ansiedade	
Vou me estressar menos	

Fonte: os autores (2020).

Prevenção a recaída: foi realizada uma revisão das estratégias aprendidas e utilizadas na terapia, assim como um incentivo a monitorar pensamentos, comportamentos e emoções. Identificando seus gatilhos emocionais (carência, medo de ficar sozinha, tendência a se preocupar antecipadamente) e toda sua rede de apoio, amigos e familiares.

Resultados

Após quinze (15) sessões de psicoterapia baseada nos princípios e técnicas da Terapia Cognitivo-Comportamental (KNAPP, 2004), foi possível observar uma melhora nos sintomas de ansiedade de M. C. o que se evidencia também nos resultados da escala DASS-21 (VIGNOLA; TUCCI, 2013).

Gráfico 1. Resultado do DASS-21

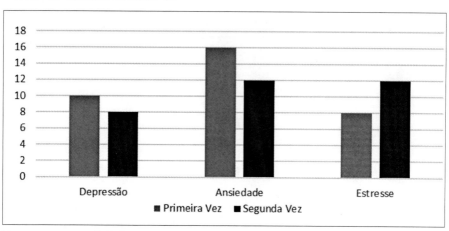

Fonte: os autores (2020).

De acordo com o gráfico se pode observar que na primeira aplicação do DASS-21 o escore apresentado para depressão foi de 10 pontos, o que é considerado um grau mínimo de depressão. O escore de ansiedade foi de 16 pontos indicando um estado grave e o escore de stress foi de 08 pontos, estando no rango de normal/ leve.

Na segunda aplicação, o escore de depressão baixou para 08, indicando normalidade, o escore de ansiedade baixou para 12, representando um nível moderado e o stress embora tenha aumentado para 12, ainda continua nos níveis da normalidade.

Fazendo uma análise qualitativa, M.C. respondeu satisfatoriamente ao tratamento em terapia Cognitivo Comportamental. Pode se observar ao longo do processo terapêutico algumas mudanças em sua vida, como a que sua mãe ficou doente e agora ela dirige por ela, diante desta necessidade assumiu o controle do volante de maneira tranquila, e com constante auto monitoramento.

Começou a fazer quadros de caligrafias e a pintar. Está surpresa com seu desempenho. Pratica meditação há três meses. Pratica natação regularmente. Tem um sono mais reparador. Sente-se menos estressada, por isso consegue resolver com mais assertividade os problemas do dia-dia, seu trabalho que sentia ser tão desgastante já não é mais. Tem mais tolerância com seu pai e com a família. Come menos, perdeu peso. Na sua consulta com o ortopedista teve uma resposta de melhora de 80% no seu quadril. Tem menos dores de cabeça. Está se relacionando com menos ansiedade e menos auto cobrança com os rapazes. Diz perceber que precisa ser mais assertiva nos relacionamentos e expressar mais os seus sentimentos.

Considerações finais

A Terapia Cognitivo-Comportamental possibilitou a terapeuta e a paciente o entendimento da forma como ela interpretava os acontecimentos de sua vida e como a afetava no desenvolvimento da ansiedade generalizada. As intervenções fizeram com que ela modificasse a maneira como percebia e interpretava as situações e o desconforto que causavam como raiva, irritabilidade, tristeza ou qualquer outra sensação ruim.

Assim, por meio das variadas técnicas utilizadas foi possível reduzir as distorções cognitivas, modificar os pensamentos disfuncionais, os padrões comportamentais e estabelecer formas de enfrentamento das situações que desencadeavam o TAG. M. C. aprendeu durante o processo terapêutico a monitorar e acompanhar suas emoções, conscientizando-se dos mesmos e melhorando seu desempenho nas atividades da vida cotidiana,

Enfim, o fato de ressignificar seu modo de funcionamento mental deu um novo sentido as situações vivenciadas, às relações familiares e amorosas, o que aumentou a autoestima e a autoconfiança em si mesma, levando-a a enfrentar desafios antes impensáveis.

Referências

BORKOVEC, T. D.; NEWMAN, M. G.; CASTONGUAY, L. G. Cognitive-Behavioral Therapy for Generalized Anxiety Disorder With Integrations From Interpersonal and Experiential Therapies. **CNS Spectrums**, Vol. 8 (5), 2003.

BUHR, K.; DUGAS, M. J. The role of fear of anxiety and intolerance of uncertainty in worry: An experimental manipulation. **Behaviour Research and Therapy**, 47, 215–223, 2009.

DALGALARRONDO, P. **Psicopatologia e semiologia dos transtornos mentais**. Porto Alegre: Artmed, 2019.

DE OLIVEIRA, I. R.; SEIXAS, C.; OSORIO, F.L. et al. Evaluation of the psychometric properties of the Cognitive Distortions Questionnaire (CD-Quest) in a sample of undergraduate students. **Innov Clin Neurosci**, 12(7–8):20–27, 2015.

GENTES, E. L.; RUSCIO, A. M. A meta-analysis of the relation of intolerance of uncertainty to symptoms of generalized anxiety disorder, major depressive disorder, and obsessive-compulsive disorder. **Clin Psychol Rev.** 31(6):923-33, 2011.

HUNOT. V.; et al. **Terapias psicológicas para el trastorno de ansiedad generalizada (Revisión Cochrane traducida)**. IN: La Biblioteca Cochrane Plus, 2008 Número 1. Oxford: Update Software Ltd. Disponible en: http://www.update-software.com. (Traducida de The Cochrane Library, 2008 Issue 1. Chichester, UK: John Wiley & Sons, Ltd.).

KNAPP, P. **Terapia cognitivo-comportamental na prática psiquiatra**. Porto Alegre: Artmed, 2004.

KUSEC, A.; TALLON, K.; KOERNER, N. Intolerance of uncertainty, causal uncertainty, causal importance, self-concept clarity and their relations to generalized anxiety disorder. Cognitive Behaviour Therapy, 2016.

LADOUCEUR, R.; GOSSELINA, P.; DUGAS, M. J. Experimental manipulation of intolerance of uncertainty: a study of a theoretical model of worry. **Behaviour Research and Therapy** (38): 933- 41, 2000.

LEAHY, R. L. **Técnicas de terapia cognitiva: manual do terapeuta**. Porto Alegre: Artmed, 2006.

LIPP, M. E.N.; MALAGRIS, L. E. N. **O Treino Cognitivo De Controle Da Raiva** - O Passo A Passo Do Treinamento. Editora Cognitiva.

MORAIS, G. H.; MADALENA, T. S. Associação da psicofarmacologia e psicoterapia cognitivo-comportamental no tratamento do transtorno de ansiedade generalizada. **Cadernos de psicologia** – CESJF - jun. v.1 n.1 p.149-165, 2019.

MOURA, I. M., et al. A terapia cognitivo-comportamental no tratamento do transtorno de ansiedade generalizada. Revista **Científica da Faculdade de Educação e Meio Ambiente**. Ariquemes: FAEMA, v. 9, n. 1, jan./jun. ISSN: 2179-4200, 2018.

VIGNOLA, R. C. B.; TUCCI, A. M. **Depression, Anxiety and Stress Scales** (DASS). Adaptation and Validation to Portuguese of Brazil – Dissertação Mestrado – Universidade Federal de São Paulo, 2013.

VIEIRA, M. G.; LUDWING, M. W. B. **A importância da terapia cognitivo-comportamental no tratamento da ansiedade generalizada**. Disponível em: psicologia.com.pt, 2009.

WELLS, A. Meta-cognition and Worry: A cognitive Model of Generalised Anxiety Disorder. **Behavioral and Cognitive Psychotherapy**, 23, 301-320, 1995.

WELLS, A. The metacognitive model of GAD: Assessment of Meta-Worry and Relationship with DSM-IV Generalized Anxiety Disorder. **Cognitive Therapy and Research**, 29 (1), 107-121, 2005.

WILLIAMS, M.; PENMAN, D. **Atenção plena: Mindfulness, como encontrar a paz em um mundo frenético.** Rio de Janeiro: Sextante, 2015.

COGNI. Aplicativo online. Disponível em: www.cogni.app

CAPÍTULO 4

INTERVENÇÃO COGNITIVO-COMPORTAMENTAL EM ESTRESSE PÓS-TRAUMÁTICO

Vilma Aparecida Prestes Soares
Maurício Wisniewski
Solange Regina Signori Iamin

Introdução

O transtorno de estresse pós-traumático (TEPT) se desenvolve em algumas pessoas que passaram por um evento impactante, assustador ou perigoso, e que sentiram que sua vida corria perigo. Espera-se que diante de uma situação traumática ou na lembrança da mesma o indivíduo sinta medo. O medo é uma emoção que prepara o corpo para lutar ou fugir de uma situação em que a pessoa se sinta em perigo. Essa resposta de "lutar ou fugir" é uma reação típica destinada à proteção. Quem passa por um trauma irá experimentar reações em maior ou menor grau. Porém, aqueles que não conseguem esquecer o evento traumático e o revivem constantemente, mostrando-se estressadas ou assustadas, mesmo não estando em perigo, podem ser diagnosticadas com TEPT.

De acordo com a OMS (2014), eventos traumáticos e perdas são comuns na vida humana e relata que de acordo com um estudo feito em 21 países 21,8% das pessoas sofreram algum tipo de violência. Mais de 16% tiveram experiências com guerras e 12% sofreram com a perda de uma pessoa querida.

De acordo com Breslau, et.al (1998), em torno de 60% a 90% da população ao longo de sua existência, será exposta a eventos que são potencialmente traumáticos, e apenas uma pequena parte, cerca de 8% a 9% desses indivíduos irão desenvolver estresse pós-traumático. A exposição a eventos traumáticos pode acontecer por experiência direta, presenciando o evento com outra pessoa, ou ainda, tomando conhecimento de trauma ocorrido com pessoa próxima ou como o que acontece com profissionais de salvamento que são expostos de forma repetida a eventos aversivos.

Segundo apontam Monson, Resick e Rizvi (2016), em um estudo sobre TEPT, realizado com veteranos de guerra, que haviam retornado do Vietnã, indicou que aqueles que atendiam aos critérios para TEPT, ainda apresentavam os sintomas, quando avaliados, onze anos após o retorno para sua vida civil.

Atualmente, está sendo realizado um estudo com o mesmo grupo para verificar e produzir informações sobre os efeitos do TEPT em longo prazo (MONSON; RESICK; RIZVI, 2016).

No mundo atual é comum que muitas pessoas usem de forma recorrente e até banal o termo "estresse" para expressar seu estado de cansaço e irritação. No entanto, quando se busca compreender a evolução do conceito de estresse, entende-se que, mais que uma irritação, o estresse submete corpo e mente a um estado de exaustão física, psíquica e mental. Segundo Bianchi (2001), desde o homem pré-histórico há o reconhecimento do sofrimento por estresse devido às condições de trabalho exaustivo, exposição ao frio ou calor, o medo, a sede e fome, ou ainda, as doenças e a perda de sangue.

Para Menzani (2006), a reação do organismo (respostas autonômicas) ao confronto com o fator estressor é imediata e classificada em três fases: fase de alarme, fase de resistência e fase de exaustão. Na fase de alarme, o corpo reage no sentido de defender o organismo das ameaças à sua integridade. Os principais sintomas dessa fase são: taquicardia, sudorese, cefaleia, irritabilidade e tensão muscular. Na fase de resistência o objetivo é a adaptação aos estressores e os sintomas característicos são menos intensos: ansiedade, isolamento social, nervosismo, medo e falta ou excesso de apetite. A fase de exaustão é quando os estressores permanecem e tornam-se crônicos. Nesse estágio os mecanismos de adaptação falham e os sintomas se intensificam, provocando mudanças biológicas.

Ballone (2015), afirma que na fase de exaustão podem surgir doenças como cardiopatias, problemas respiratórios, gastrointestinais e depressão, de forma mais intensa, devido a incapacidade do organismo em equilibrar-se, sobrevindo então a falência adaptativa, podendo, até mesmo, provocar a morte.

No contexto atual, o estresse continua despertando interesse, havendo vasto material de estudo a respeito, permitindo, assim, a construção e ampliação do conhecimento em relação a esse fenômeno. Segundo Talarico (2009), os estudos sobre os transtornos emocionais do TEPT intensificaram-se na década de 1960, no sentido de investigar as reações ou respostas psicológicas ao estresse no pós-guerra. Lazarus e Folkman (1984), entenderam que algumas funções cognitivas, emocionais e comportamentais podem influenciar na intensidade de alterações biológicas nas fases do estresse.

Quanto ao Transtorno de Estresse Pós-traumático, foco desse trabalho, diferentemente da maioria dos transtornos psiquiátricos, para que seja diagnosticado, é necessário que tenha ocorrido em evento estressor em que houve risco para a vida e do qual o indivíduo não se recupera (DSM-5, 2014). Quando a tragédia representada pelo TEPT acontece no contexto da desumanidade do homem para com o homem, fica muito mais visível o impacto devastador deixado no indivíduo (MONSON, RESICK e RIZVI, 2016).

O DSM-5 (APA, 2014,) descreve como critérios diagnóstico do TEPT.

a. Exposição real a um evento traumático (experiência direta ou presenciando o evento com pessoa próxima: familiar, amigo);

b. Presença de sintomas intrusivos, recorrentes (pesadelos, reações dissociativas, flashbacks);

c. Evitação persistente de estímulos associados ao trauma (memórias, pensamentos, pessoas, lugares, situações);

d. Alterações negativas na cognição e humor (crenças negativas sobre si mesma e em relação aos outros, inabilidade em experienciar emoções positivas);

e. Alterações marcantes na reatividade fisiológica (hipervigilância, resposta exagerada de sobressalto, problemas de concentração e distúrbios do sono).

A apresentação clínica do TEPT varia de indivíduo para indivíduo, os quais poderão apresentar sintomas emocionais e comportamentais como, revivência do medo, por exemplo, que predominam em uns, enquanto em outros podem estar mais presentes uma combinação dos sintomas de hipervigilância, cognição negativa e humor disfórico, como também, a hiperexcitabilidade ou sintomas dissociativos, conforme afirmam De Paula, Alarcon e Martins (2019).

Todas estas sintomatologias poderão ser trabalhadas por meio da Terapia Cognitivo-comportamental (TCC), que tem se destacado por sua eficácia no tratamento do TEPT (GOMES, 2012).

A terapia cognitiva começou com Aaron T. Beck, no início dos anos 1960 para tratamento da depressão. Beck constatou que a visão negativa que as pessoas tinham sobre si mesmos, sobre o mundo e o futuro seria responsável pelos sintomas. As estratégias propostas por Beck para corrigir tais distorções, se revelaram efetivas no tratamento dos quadros depressivos. Mais tarde, a terapia cognitiva foi ampliada a outros transtornos com as devidas adaptações (BECK, 2013).

Rangé e cols, (2011), enfatizam que não são os eventos que afetam o indivíduo, mas sim, a forma como cada indivíduo interpreta o fato e, consequentemente, tal interpretação influência nos seus sentimentos (emoções) e comportamentos, o que pode explicar o fato de que nem todas as pessoas que passaram pelo mesmo evento traumático, desenvolveram o TEPT.

Assim a terapia cognitivo-comportamental vem para auxiliar o indivíduo na mudança do padrão de funcionamento mental, fazendo com que o mesmo, a partir da identificação dos pensamentos automáticos negativos ou catastróficos, bem como das de suas crenças disfuncionais possa entender que suas próprias avaliações e interpretações distorcidas têm como consequências: alterações do humor, sintomas físicos e mudanças de comportamento (CORDIOLI; GREVET, 2019).

O objetivo deste estudo de caso é focar nas intervenções cognitivas-comportamentais e ajudar a propor pensamentos mais funcionais, elevando a percepção do paciente em relação a sua capacidade de enfrentamento.

Apresentação do caso clínico

Neste estudo de caso, a tragédia vivenciada envolveu morte real, lesão grave e violência. G., 39 anos, união estável, mãe de dois filhos, procurou ajuda psicológica três anos após vivenciar dois eventos traumáticos. O primeiro aconteceu na semana do natal. A sua cachorra matou a sua gata, dentro de casa. Ela relembra que entrando em casa se deparou com a gatinha caída, "o sangue vermelho manchando o pelo branco", disse ter ficado em choque, desesperada. O segundo fato, o qual ela denomina de tragédia, ocorreu na noite do dia 30 de dezembro de 2016, por volta das 23h00.

G. e o marido tinham, há dez anos, uma casa noturna. Naquela noite haviam acabado de abrir a casa, os funcionários e os seguranças, aguardavam do lado de fora, conversando, próximo à porta. G. estava do lado de dentro próximo a porta também. De repente, parou um carro e saíram dois homens encapuzados atirando em todos que estavam conversando. G. só ouvia os tiros e via seus funcionários caindo. Ela relembra que, ao se virar, tropeçou em um corpo, de um funcionário muito jovem, e em uma fração de segundos imaginou a dor da mãe dele e no mesmo instante sentiu culpa por ela não ter conseguido evitar aquela tragédia. Outro segurança ao ser atingido por tiros entrou na casa empurrando G. para dentro, ela caiu e ele caiu também morrendo em seu colo. Em minutos, tudo virou um pesadelo, gritos, choro e sangue espalhado, sirene dos carros de polícia e do Samu chegando, um após outro. G. relata que não consegue esquecer essa cena.

Ao final, foram contabilizados dois mortos e três feridos. G. ficou imediatamente abalada. O marido a levou ao posto de saúde. G. começou a ter medo, sentia como se ouvisse tiros, o tempo todo. Sentia sua barriga doer, como se tivesse sido atingida por tiros e ficava levantando a blusa e se olhando no espelho para conferir. Tinha medo quando carros paravam na frente de sua casa, passou a ficar com as janelas e cortinas fechadas, porque tinha a impressão de que os estavam vigiando.

Os primeiros meses que se seguiram após o evento traumático, foram os mais intensos. Para que ela dormisse à noite, o marido tinha que ficar de guarda na cozinha monitorando as câmeras e vigiando a rua. Ela tinha medo de que entrassem em sua casa e ela morresse dormindo. Por inúmeras vezes acordava de sobressalto e pulava da cama gritando pelo marido.

Foi encaminhada ao Caps (Centro de Assistência Psicossocial), após consulta no posto de saúde. Era acompanhada por psiquiatra, com diagnóstico de TEPT e foi medicada, porém abandonou o tratamento no Caps, segundo ela, porque alguns estagiários faziam muitas perguntas que a irritavam e ela não queria falar sobre o seu sofrimento. Continuou apenas pegando suas receitas no posto de saúde. G. não teve mais condições de voltar ao trabalho e ressalta que passou dormindo o ano de 2017, porque se dopava de dia e de noite. Quando percebia que o medicamento estava diminuindo o efeito, tomava novamente, "queria apagar" acrescentou.

Atualmente, G. ainda sente os resquícios das crises mais agudas, não dorme bem à noite, é martirizada pela culpa, ainda pensa que por ela ser a dona da casa noturna, devia ter evitado a tragédia e que as pessoas morreram por sua causa. Acrescenta que é insuportável saber que tem duas mães em sofrimento pela morte dos filhos. Relata que ainda hoje, ao ouvir o som da sirene do Samu, polícia ou bombeiro, passa mal, precisa tapar os ouvidos com as mãos, pois começa a reviver tudo novamente, e afirma que enquanto não fica sabendo onde foi a ocorrência que o Samu foi atender, fica angustiada, pois pensa que estão vindo recolher os corpos novamente.

Afirmou que quando fecha os olhos, sente o "cheiro da morte", o mesmo cheiro que sentiu naquela noite fatídica. Seus pensamentos ficam o tempo todo "martelando" o ocorrido, e ela sente como se fosse ontem, mesmo tendo passado quase quatro anos. Relata que pensa nisso todos os dias. Após o ocorrido, G. e o marido decidiram fechar a casa noturna, e hoje têm como renda principal, o aluguel que recebem pelo espaço. Alugaram o imóvel para uma igreja, no sentido de evitar problemas no local, pois moram em cima do salão. G. está trabalhando, atualmente, com vendas online. Segundo ela, se não ocupar a cabeça o dia todo, fica muito mal.

Métodos de avaliação

Para avaliação foram utilizados: entrevista semidirigida, elaborada pela psicoterapeuta, observação, anamnese para a coleta de dados de identificação e sóciodemográficos da família, motivos da consulta e história de vida. Foi aplicada a Escala PCL-C (Post-Traumatic Stress Disorder Checklist - Civilian Version (PCL-C) (RUGGIERO, 2003) a escala DASS-21 (Depression, Anxiety, and Stress Scale) (VIGNOLA; TUCCI, 2013), e utilizado os critérios diagnósticos do DSM-5 para o diagnóstico do TEPT (APA, 2013). As sessões foram individuais, realizadas duas vezes na semana, sendo intercaladas de forma presencial e online, usando aplicativo com chamada de vídeo. Cada sessão teve a duração de 60 minutos aproximadamente, totalizando 18 sessões, fundamentadas no modelo cognitivo-comportamental.

Intervenção clínica e técnicas utilizadas

Psicoeducação: é fundamental neste caso, para que o paciente entenda que a melhor maneira de enfrentar o TEPT é se expondo a situação traumática (FALCONE; OLIVEIRA, 2013). O objetivo de psicoeducar o paciente é no sentido de aumentar o seu conhecimento a respeito do transtorno mental que está apresentando. A psicoeducação fez parte de todo processo de tratamento de G. A paciente não tinha conhecimento de como o TEPT se desenvolvia e nem da origem dos sintomas que lhe traziam sofrimento. Aprendeu sobre a ansiedade, que é um mecanismo de defesa do nosso organismo diante de uma ameaça real ou imaginária, para que se enfrente ou lute, no sentido de preservar a vida. Entendeu que as reações fisiológicas aconteciam quando ela tentava evitar as lembranças, sons, odores, lugares e pessoas, que a remetiam ao evento traumático. Foi psicoeducada no modelo cognitivo e aprendeu a identificar os pensamentos disfuncionais que geravam emoções ruins e consequentemente comportamentos disfuncionais. Compreendeu que ao longo do tratamento haveria a exposição à situação traumática, se mostrando colaborativa.

Autoregulação emocional: por meio do treino de respiração e relaxamento. Na respiração profunda, ou diafragmática, o paciente treina o aumento da utilização do músculo diafragma, consequentemente, desfrutando dos benefícios da respiração (NEVES, 2011). O fluxo respiratório deve ser considerado, pois respirar de forma rápida e superficial são estimulantes, já a respiração lenta e profunda, funciona como calmante, pois acessam as principais estruturas anatômicas e vias neurais envolvidas na regulação da emoção, atenção, percepção e solução de problemas (BROWN; et al, 2012).

Esta técnica foi utilizada com a paciente G. para diminuir a ansiedade que sentia a partir dos estímulos aversivos do TEPT, como lembranças ou flashbacks do ocorrido, revivência do trauma (imagens, sons, odores, sensações físicas, emoções disfuncionais). G. ao aprender e praticar diariamente o treino de respiração profunda e relaxamento, percebeu que tinha recursos próprios para se autorregular emocionalmente, se tornando cada vez mais participativa do seu processo de tratamento e remissão dos sintomas de TEPT. Paciente referiu mais calma e menos irritabilidade, após os treinos.

Reestruturação cognitiva: A função do terapeuta é auxiliar o paciente a usar os próprios recursos para identificar pensamentos e crenças errôneas ou disfuncionais, e posteriormente corrigi-los mediante exames de evidências dos pensamentos disfuncionais que são registrados pelo paciente (RPD). G. apresentou pensamentos de que poderia morrer dormindo, se invadissem sua casa à noite e sempre pensava que o evento traumático poderia acontecer de novo, porque sentia isso quando ouvia as sirenes do Samu.

Questionamento socrático: a respeito desses pensamentos disfuncionais a terapeuta questionou G. "você tem inimigos? Quem teria motivos para te matar? Sua casa tem boa segurança? Os atiradores da chacina estavam atrás de você? Quantas vezes você pensou ou sentiu que algo ruim iria acontecer e não aconteceu?" Ao avaliar que não tinha veracidade nem evidência alguma nesses pensamentos, G. percebeu que não condiziam com a realidade e passou a refutá-los. A paciente foi psicoeducada a se propor a ter pensamentos mais funcionais e mais adaptativos (LEAHY, 2006).

Quadro 1. Registro dos pensamentos automáticos (RPD)

Situação	PA disfuncional	Sentimento	Comportamento	PA funcional
Hora de dormir	Vão invadir a casa, vou morrer dormindo	Medo, angústia, ansiedade, desespero	Não deixava o marido dormir, tinha que vigiar as câmeras	Pensamentos são só pensamentos, não vai acontecer
Ouviu sirene do SAMU	Aconteceu de novo, vão vir aqui recolher os corpos	Ansiedade, angústia, e tristeza	Tapava os ouvidos para não ouvir mais; Choro.	Já ouvi outras vezes, não tem a ver comigo
Carro parou na frente da casa	Vai acontecer outra vez, vão matar toda família	Medo, angústia, pânico, desespero	Fechava as cortinas, se trancava, choro, rangia os dentes, tremor	Carros da vizinhança sempre param na frente de casa

Fonte: os autores (2020).

Exposição com prevenção de respostas: permanecer em situação causadora de ansiedade na ausência de perigo real, em ambiente seguro, com acompanhamento terapêutico. O tempo da exposição deve ser suficiente para permitir o aumento da ansiedade e sua redução posterior. Essas repetições viabilizam o processo de extinção do comportamento ansioso (CORDIOLI; GREVET, 2019).

G. primeiramente fez o relato escrito do evento traumático, e leu em voz alta por quatro vezes, até que sua voz se normalizasse e o tremor das mãos parasse (exposição imaginária). Em outra sessão, G. ouviu som de sirene do SAMU, e som de tiros pelo celular (exposição virtual) por algum tempo, causando ansiedade, aceleração cardíaca e respiração ofegante.

G. se permitiu sentir ansiedade, tirou as mãos que tapavam o ouvido e foi aos poucos voltando ao normal, sendo conduzida a fazer o treino de respiração e relaxamento. Ao final de cada exposição, foi realizado treino de respiração e relaxamento, para autorregulação emocional. A paciente referiu estar bem.

Em outra sessão, foi decidido que G. desceria as escadas do sobrado onde mora e ficaria em frente a porta do salão onde aconteceu a chacina, onde hoje é uma igreja. G. na companhia da terapeuta relatou com detalhes o evento novamente, apontando os lugares onde seus funcionários caíram. Não demonstrou o mesmo abalo emocional, do início da terapia, ou reação fisiológica ao relatar o ocorrido, in loco (exposição ao vivo). G. concluiu que ao tentar evitar os sintomas ficava pior e causava mais sofrimento. Enfrentando a situação aversiva percebeu que a ansiedade aconteceu, mas passou, e ela permaneceu bem com o treino de respiração e relaxamento.

Resultados

A partir de cinco semanas de intervenção a paciente referiu melhora gradativa dos sintomas de TEPT. Com o conhecimento de que havia recurso psicoterápico, a paciente melhorou no sentido de ter esperança, já que os medicamentos que fez uso por mais de um ano, não proporcionaram remissão completa dos sintomas, servindo apenas para manter a paciente adormecida, porém, ao acordar, após o efeito, os sintomas ainda estavam presentes.

A cada sessão a paciente aprendia a regulação emocional com o treino de respiração e relaxamento, desfrutando de mais equilíbrio emocional e condições mais favoráveis de raciocínio e percepção. As respostas e manifestações fisiológicas de medo associadas à lembrança do evento traumático diminuíram gradativamente a partir da 8º sessão.

Em relação aos resultados dos instrumentos aplicados, foi verificado melhora sensível, na ansiedade, depressão e stress (DASS 21- VIGNOLA; TUCCI, 2013), e diminuição importante nos resultados apresentados no PCL-C (instrumento de autoavaliação para mensurar sintomas de TEPT).

Os gráficos abaixo representam os escores obtidos, iniciais e finais da intervenção cognitivo-comportamental:

Gráfico 1. Resultado escala PCL-C

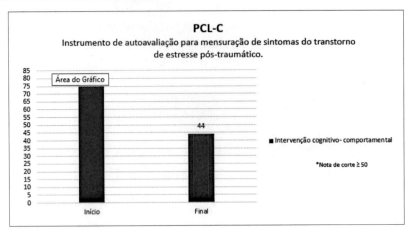

Fonte: os autores (2020).

A escala PCL-C aplicada no início da intervenção psicoterápica apontou um escore de 75, caracterizando sintomas para TEPT. Ao final da psicoterapia replicada a escala PCL-C, apontou para escore 44, não caracterizando TEPT.

Gráfico 2. Resultado escala DASS-21

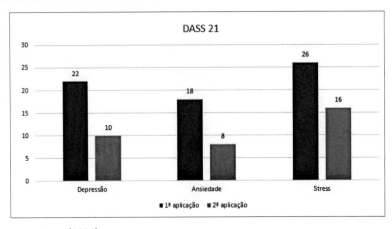

Fonte: os autores (2020).

A Escala Dass- 21 é composta por 21 itens e discrimina a totalidade dos sintomas de ansiedade, depressão e estresse. O gráfico acima demonstra os resultados obtidos na paciente G. que apontaram inicialmente para depressão (22), ansiedade (18) e stress (26) graves e ao final indicaram depressão (10), ansiedade (8) e stress (16) mínimos. Cordioli e Grevet (2019) afirmam que o fato da terapia cognitiva trabalhar com aspectos conscientes e mensuráveis da mente, possibilita o teste empírico de suas hipóteses teóricas, aferindo a eficácia de suas técnicas de forma mais confiável.

Considerações finais

O desconhecimento a respeito do Transtorno de Estresse Pós-traumático, tem provocado a permanência dos seus sintomas na vida de pessoas afetadas por um evento traumático, tornando-se um problema de saúde pública e diminuindo sua qualidade de vida.

O resultado deste trabalho mostra o impacto positivo de uma intervenção cognitivo-comportamental para o tratamento de Estresse Pós-traumático de uma paciente que, por anos, teve sua vida física, emocional e psicológica abalada pelo efeito do TEPT, sofrendo prejuízo social, funcional e ocupacional.

A psicoterapia possibilitou à paciente compreender seu funcionamento psicológico, ampliando sua percepção para o desenvolvimento de novo repertório cognitivo e comportamental, trazendo à tona seus próprios recursos para resolução de problemas. G. passou a identificar seus pensamentos disfuncionais e questioná-los, de forma que pudesse perceber suas distorções e corrigi-los, de maneira a baixar a ansiedade que é gerada por eles. Este recurso permite que o paciente reconheça a relação entre os pensamentos e os seus sintomas, aprendendo a reduzir a interferência negativa dos pensamentos sobre as emoções, melhorando sua autoconfiança.

Por fim, pode-se concluir que a terapia cognitiva, combinada à comportamental, atuaram para modificar como G. pensava e agia, por meio da reestruturação cognitiva e instalação de novos repertórios comportamentais, com pensamentos mais adaptativos.

Referência

APA - ASSOCIAÇÃO AMERICANA DE PSIQUIATRIA. **Manual diagnóstico e estatístico de transtornos mentais:** DSM- 5. ed. Porto Alegre: Artmed, 2014.

BALLONE, G.J. **Estresse-Fisiologia.** PsiqWeb, 2015. Disponível em: www.psiqweb.med.br. Acessado em 20/11/2020.

BECK, J. (1997). **Terapia cognitiva: teoria e prática**. Porto Alegre: Artmed.

BIANCHI, E.R.F. **Conceito de stress: evolução histórica**. Nursing, São Paulo, 4 (30):16-9, 2001.

BRESLAU, N.; et al. Trauma and posttraumatic stress disorder in the community-1996 Detroit Area Survey of Trauma. **Archives of General Psychiatric**, 55(7), 626-632.1998.

BROWN, R.; GERBARG, P. **The healing power of the breath: Simple tecniques to reduce stress and anxiety, enhance concentration, and balance your emotions**. 2012. Shambhala Publications.

CORDIOLI, A. V.; GREVET, E. H. **Psicoterapias: abordagens Atuais**. Porto Alegre: Artmed, 2019.

FALCONE, E. M. O.; OLIVEIRA, M. S. **Terapia cognitivo-comportamental: estresse pós-traumático**. São Paulo: casa do Psicólogo, 2013.

GOMES, R.M. Mulheres vítimas de violência doméstica e transtorno de estresse pós-traumático: um enfoque cognitivo-comportamental. **Revista de Psicologia da IMED**, vol. 4 n.2, p. 672-780, 2012. DOI: https://doi.org/10.18256/2175-5027/psico-imed.v4n2p672-680.

LAZARUS, R.S.; FOLKMAN, S. **Stress, appraisal and coping.** New York: Springer Publishing Company, 1984.

LEAHY, R.L. **Técnicas de terapia cognitiva – manual do terapeuta**. Porto Alegre: Artmed, 2006.

MACHADO, M. R. **Transtorno de estresse pós-traumático e tratamento cognitivo-comportamental: uma revisão.** Rev. da Sociedade de Psicologia do Rio Grande do Sul. v. 4 (2) Porto Alegre, 2015. Disponível em: www.googleacademico.com.br. Acesso em 09/11/2020.

MENZANI, G. **Stress entre enfermeiros que atuam em pronto socorro**. São Paulo. Dissertação (Mestrado em Enfermagem) -Universidade de São Paulo, 2006. Disponível em: www.teses.usp.br. Acessado em 20/09/2020.

MONSON, C. M.; RESINEK, P. A.; RIZVI, S. L. Transtorno De Estresse Pós-Traumático. IN BARLOW, D. H. **Manual Clínico dos Transtornos Psicológicos**. Porto Alegre: Artmed, 2016.

NEVES, N.A.R. Técnicas de respiração para a redução do estresse em terapia cognitivo-comportamental. **Arq. Med Hosp Fa Med Santa Casa São Paulo.** 2011; 56(3): 158-168.

OMS – Organização Mundial da Saúde. **Orientações sobre cuidados de saúde mental após trauma.** 2013. Disponível em:

https://www.who.int/mediacentre/news/releases/2013/trauma_mental_health_20130806/en/ acessado em 15/11/2020.

RANGÉ, B. e cols. **Psicoterapias cognitivo-comportamentais: um diálogo com a psiquiatria.** São Paulo: Artmed, 2011.

RUGGIERO K.J.; Del Ben, K.; SCOTTI, J.R.; RABALAIS, A.E. Psychometric properties of the PTSD Checklist- civilian version. **J Trauma Stress.** 16(5):495-502.8, 2003.

VIGNOLA, R.C.B.; TUCCI, A.M. **Depression, Anxiety and Stress Scales (DASS). Adaptation and Validation to Portuguese of Brazil** – Dissertação Mestrado – Universidade Federal de São Paulo. 2013.

TALARICO, J.N.S. **Estresse, concentrações de cortisol e estratégias de coping no desempenho da memória de idosos saudáveis, com comprometimento cognitivo leve e doença de Alzheimer.** São Paulo. Tese (Doutorado em Enfermagem) – Universidade de São Paulo; 2009. Disponível em: www.teses.usp.br. Acessado em: 05/11/2020.

CAPÍTULO 5

A VOZ DO SILÊNCIO: UMA APROXIMAÇÃO DA TERAPIA COGNITIVO-COMPORTAMENTAL AO MUTISMO SELETIVO

Lílian Yara de Oliveira Gomes
Solange Regina Signori Iamin
Mauricio Wisniewski

Introdução

Em pleno século XXI, em que a comunicação se faz de forma tão veloz e instantânea, abordar essa temática configura-se num desafio e numa grande responsabilidade. Porém, ao lado, encontramos a Terapia Cognitiva Comportamental, que nos referenda e proporciona a possibilidade de maior entendimento e aporte teórico/metodológico para tal, pois por meio das orientações dessa abordagem terapêutica, desenvolvida por Aaron Beck, na década de 1960, encontramos uma psicoterapêutica estruturada que nos propicia a participação ativa entre terapeuta e cliente, no sentido de mais nos aproximarmos das possibilidades das modificações de comportamentos, de pensamentos, sentimentos e crenças, que possam causar ou manter sofrimentos emocionais e/ou distúrbios psicológicos no indivíduo, objeto de nossa atuação.

"O Mutismo foi descrito na literatura desde 1877, por Kussmaul, um médico alemão, que o descreveu como afasia voluntária". (Kron; Weckstein; Wrigt, 1999). Em 1897, Treuper, "relatou o problema como inibição da fala". Carbone, et al, (2010), o classificaram como "uma desordem de ansiedade com déficits específicos ao nível da funcionalidade social (Ribeiro,2012, p.01).

O Mutismo seletivo (MS), se caracteriza por uma negação da criança em falar em alguns ambientes em que ela não se sinta confortável. Assim ela poderá interagir com algumas crianças e com outras não, pode interagir em casa normalmente com os pais, mas quando saem de casa ela pode se comportar como se não soubesse falar.

De acordo com o DSM-5 (APA, 2014, p.195), o Mutismo Seletivo tem os seguintes critérios diagnósticos:

a. A. Fracasso persistente para falar em situações sociais específicas nas quais existe a expectativa para tal (p. ex., na escola), apesar de falar em outras situações.

b. B. A perturbação interfere na realização educacional ou profissional ou na comunicação social.

c. C. A duração mínima da perturbação é um mês (não limitada ao primeiro mês de escola).

d. D. O fracasso para falar não se deve a um desconhecimento ou desconforto com o idioma exigido pela situação social.

e. E. A perturbação não é mais bem explicada por um transtorno da comunicação (p. ex., transtorno da fluência com início na infância) nem ocorre exclusivamente durante o curso de transtorno do espectro autista, esquizofrenia ou outro transtorno psicótico.

Ainda segundo o DSM-5, as características diagnósticas apontam para "ao se encontrarem com outros indivíduos em interações sociais, as crianças com mutismo seletivo não iniciam a conversa ou respondem reciprocamente quando os outros falam com elas. O fracasso na fala ocorre em interações sociais com crianças ou adultos. As crianças com mutismo seletivo falarão na sua casa na presença de membros da família imediata, mas com frequência não o farão nem mesmo diante de amigos próximos ou parentes de segundo grau, como avós ou primos" (APA, 2014, p.195).

A perturbação é com frequência marcada por ansiedade social. As crianças com mutismo seletivo comumente se recusam a falar na escola, o que leva a prejuízos acadêmicos ou educacionais, uma vez que os professores têm dificuldade para avaliar habilidades, como a leitura. O fracasso na fala pode interferir na comunicação social, embora as crianças com esse transtorno ocasionalmente usem meios não verbais (p. ex., sussurrando, apontando, escrevendo) para se comunicar e podem desejar ou ansiar pela participação em encontros em que a fala não é exigida (p. ex., papéis não verbais em peças teatrais na escola).

Também, teremos características associadas que apoiam o diagnóstico, que podem incluir timidez excessiva, medo de constrangimento, isolamento e retraimento sociais, apego, traços compulsivos, negativismo e ansiedade e essa última se manifesta como comorbidade ao mutismo seletivo (VIEIRA, 2015, p.2).

À medida que as crianças com mutismo seletivo crescem, podem enfrentar um isolamento social cada vez maior. Em contextos escolares, essas crianças podem sofrer prejuízo de aprendizagem, porque com frequência não se comunicam com os professores no que se refere às suas necessidades escolares ou pessoais (p. ex., não compreendendo uma tarefa de classe, não pedindo para ir ao banheiro).

Manifesta-se com maior frequência em crianças menores do que em adolescentes e adultos, e não parece variar por sexo ou raça/etnia. O início do mutismo seletivo é habitualmente antes dos 5 anos de idade, mas a perturbação pode não receber atenção clínica até a entrada na escola, quando existe aumento na interação social e na realização de tarefas, como a leitura em voz alta. (DUMMIT; et al, 2006, p. 56).

As crianças com mutismo seletivo podem ter dificuldades sutis de linguagem receptiva comparadas com seus pares, embora ainda esteja dentro da variação normal. A inibição social por parte dos pais pode servir como modelo para a reticência social e o mutismo seletivo em crianças. Devido à sobreposição significativa entre mutismo seletivo e transtorno de ansiedade social, pode haver fatores genéticos compartilhados por ambos. (APA, 2014, p. 195)

Conforme Peixoto e campos (2013, p.18), o mutismo seletivo refere-se a um transtorno de ansiedade, caracterizado na literatura internacional como altamente resistente a qualquer tipo de tratamento, apresenta impacto negativo no desenvolvimento interpessoal e acadêmico, e quando não tratado pode evoluir para transtornos mais graves. Também segundo essa autora, "trata-se de um distúrbio que designa crianças que decidem não falar com algumas pessoas, inclusive do círculo familiar" (PEIXOTO; CAMPOS, 2013, p.2-8).

Constatamos que, muitas vezes nos deparamos com crianças muito quietas, que na escola não falam e têm dificuldades para fazer as atividades e responder às perguntas do professor, e costumamos acreditar que são crianças tímidas. Mas, na verdade, uma criança com esse perfil pode sofrer de algum distúrbio, muitas vezes, emocional. O cuidado em identificar o porquê da sua timidez é essencial para auxiliá-la no seu desenvolvimento e socialização.

O Mutismo seletivo DSM-5 (APA, 2014, p.195), é um transtorno psicológico caracterizado pela recusa em falar em determinadas situações, mas em que o indivíduo consegue falar em outras. Geralmente envolve pessoas tímidas, introvertidas e ansiosas, esse transtorno começa quando a pessoa ainda é criança, geralmente falam apenas com algum ou ambos os pais e animais, algumas vezes também com algumas pessoas da família, mas não falam com a maioria das pessoas (como professores, médicos, dentistas, outros familiares e desconhecidos).

A frequência não varia muito com o gênero, mas é mais comum em meninas, conforme nos aponta Dummit, et al., (2017, p.51-57). Conforme esse autor, "a incidência de mutismo seletivo não é certa". Devido à má compreensão desta condição, muitos casos não são diagnosticados. Sinclair (2013, p. 02), aponta a prevalência em meninas.

Vieira (2015, p.01) relata que "o mutismo seletivo é definido como um transtorno de ansiedade, no qual a criança apresenta incapacidade de falar e se comunicar em ambientes sociais selecionados e tem maior incidência no sexo feminino, muitas vezes se apresentando a partir dos 05 anos de idade, podendo persistir até a idade adulta". Manifesta-se em situações em que a criança se nega a comunicar-se oralmente em ambientes sociais, principalmente em locais públicos, e com pessoas que não fazem parte de sua intimidade. Entretanto, vale destacar que a criança é capaz de falar, mas recusa-se em determinadas situações (PEIXOTO; CAMPOS, 2013).

Segundo Mello, et al (2013, p.2/16), "o transtorno do mutismo seletivo encontra-se ligado a fatores emocionais e que geralmente é diagnosticado no período em que a criança inicia a fase escolar, sendo taxada como tímida e retraída. Muitas vezes ela passa desapercebida pela escola por ser uma criança quieta".

Nesse sentido encontramos na Terapia Cognitivo Comportamental o aporte teórico para embasar a intervenção terapêutica por meio dos instrumentos metodológicos que a mesma nos orienta, como: a dessensibilização sistemática, a psicoeducação, as técnicas de relaxamento, o questionamento socrático, a observação das emoções, o registro dos pensamentos disfuncionais, as técnicas de exposição, as técnicas de habilidades sociais, a técnica da troca de papéis e da modelagem. (Cohan, et al, 2006, p.01)

Segundo Sinclair (2013, p18), Kolvin e Fundudis (1981), avaliam que o MS pode ter dificuldades em ser tratado e que quanto mais cedo for diagnosticado, maior será a probabilidade de se prevenir transtornos secundários, como problemas de socialização e aprendizagem.

Encontramos também em Tramet (1934), corroborado por Carbonne, Schmidt, Cunningham, McHolm entre outros (2010), onde descrevem que o MS "é uma desordem de ansiedade mas com déficits específicos ao nível da funcionalidade social". (Ribeiro, 2012).

Nesse procedimento, foi identificada a estratégia, orientada pela TCC, da intervenção do esvanecimento de estímulos, onde "no sucesso da gestão e modelagem de contingências, vai aumentando gradualmente a recompensa" (COHAN; et al, 2006).

No processo terapêutico também podemos nos utilizar da Ludo-terapia, por meio de jogos, palavras cruzadas, quebra-cabeças, desenhos, pintura, montagem figurativas em argila, com o objetivo de perceber o que o paciente não manifestava oralmente, que pode revelar simbolicamente, pois através do brincar seus sentimentos e emoções poderão ser aflorados, pois sabemos que toda brincadeira tem um significado.

Segundo Mello (2013), o brincar é essencial para o desenvolvimento infantil saudável, cabendo ao terapeuta no processo de intervenção, desenvolver com a criança um clima de confiabilidade e de segurança um no outro.

No processo de tratamento, Santos (2005) apud Ribeiro (2012, p.25), nos informa que, "é necessário mostrar à criança que se acredita na sua capacidade de comunicar-se e que essa pode acontecer pelas mais diferentes formas, incluindo desenhos, dramatizações, entre outros".

O presente capítulo tem como objetivo entender os limites e possibilidades de atuação clinica no MS, por meio da Terapia Cognitivo-comportamental (TCC) bem como compreender os obstáculos impostos pelo transtorno, como a família e a escola enfrentam tal situação, como os pedagogos e psicopedagogos podem auxiliar essa criança em questão, assim como desenvolver técnicas, figuras, desenhos e propostas ludo-terapêuticas e/ou outras alternativas, como o contato virtual, no sentido de estimular a comunicação.

Apresentação do caso clínico

Este relato de caso refere-se a uma menina de 12 anos de idade, que cursa o sétimo ano do ensino fundamental e que aqui chamaremos de G. A queixa foi trazida pela tia (irmã da mãe) de que a sobrinha tem tido dificuldade escolar, por conta da falta de comunicação verbal, principalmente nos períodos de avaliações escolares, pois não lê e nem se comunica oralmente, dificultando e comprometendo a realização das atividades pertinentes às avaliações realizadas na escola. G. só se comunica oralmente com essa tia e com sua prima. Seus pais são separados desde que ela tinha 01 ano de idade, e mesmo depois da separação G. falava, porém, a partir dos 05 anos de idade, passou a selecionar sua fala, se comunicando oralmente somente com a mãe, a tia e a prima, estabelecendo-se um quadro de Mutismo Seletivo. Já realizou exames neurológicos em que não foi diagnosticado nenhuma anomalia cerebral. Na anamnese, a partir dos dados relatados pela tia, foi identificado que o MS faz parte da história familiar, pois tanto a avó materna quanto a mãe de G, o apresentaram quando tinham 12 anos de idade, tendo este, sido resolvido na idade adulta. A mãe de G. relata que teve a filha aos 16 anos e que nem o pai e nem a família paterna da G. a apoiou. Embora tenham conhecido a menina, nunca mais tiveram contato com G., tema este que tem sido muito difícil de tratar com a filha. Relata que fala muito pouco com a G, que ela sente que a filha não é natural e espontânea com ela.

Ao iniciar a Psicoterapia, devido à inabilidade da paciente em se comunicar oralmente, foi recebida com muita atenção, acolhimento e carinho e a comunicação que se estabeleceu entre a paciente e a terapeuta, foi gestual, com apresentação de cartões com perguntas acerca da sua rotina, em que a paciente respondia por escrito, nada verbalizado. Consegue realizar discriminação, como por exemplo, de diferentes categorias (animais, flores, objetos, texturas e cores).

Foi tomado o cuidado de deixar a paciente, livre para fazer as suas escolhas até se sentir mais confiante para evoluir em seu tratamento. Nesse caso, a colaboração da Pedagoga da escola frequentada pela paciente, se tornou imprescindível, em que, no sentido de colaborar para o desenvolvimento da criança, à qual nos forneceu subsídios para a elucidação desse caso clínico, por meio de depoimento gravado. O papel da Pedagoga, tem sido muito significativo, pois realiza um acolhimento e acompanhamento dessa aluna, no sentido de propiciar um ambiente adequado quando da realização tanto das aulas como das avaliações. Conforme o relato oral da Pedagoga da escola que frequenta atualmente, desde que entrou no Ensino Fundamental, no segundo ano, sempre a incentivavam por meios alternativos de comunicação, como jogos, gravuras, cartazes, filmes e dramatizações.

Métodos de avaliação

As sessões do tratamento foram iniciadas com a anamnese primeiramente com a tia da paciente, à qual sempre a acompanhava, pois, a mãe estava no trabalho. A principal queixa foi a da falta de comunicação de G. nos ambientes fora do âmbito familiar, pois a mesma não se comunica verbalmente com amigos, na escola e com a maioria das pessoas. Na anamnese foi explorada a história familiar de G., onde foi relatado que seus pais se separaram quando ela tinha 01 ano de idade e que a mesma desenvolveu-se normalmente, inclusive com as características próprias da primeira infância, com os balbucios, coordenação motora adequada e comunicações próprias às diferentes fases do desenvolvimento infantil. Quando a mãe pode acompanhar a filha, foi aplicado o Inventário de Comportamentos para Crianças e Adolescentes, (CBCL/6-18) e a mesma, demonstrou ser uma Mãe Exigente, pois espera que a filha seja nota 10, na escola. Relata que a filha gosta de brincar de pega-pega na escola e brincar com a prima.

As sessões sempre foram de 01(uma) hora, onde foram utilizadas técnicas de relaxamento e respiração, com o objetivo de diminuir o nível de ansiedade e estabelecer o vínculo terapêutico. Foram realizadas 58 (cinquenta e oito) sessões onde a paciente não externou nenhum sinal vocal de comunicação, resultando na necessidade de utilizar a técnica de gerenciamento de contingências, onde reforçamos positivamente os comportamentos não verbais, como balançar a cabeça, o externar o sim ou o não com as mãos. Foi aplicado, o reforço de modelagem, sendo de grande importância para modificação do comportamento, quando por algumas vezes a paciente conseguiu manifestar de forma sussurrada ou sorrindo ou até imitando sons ou gestos apresentados pela terapeuta, como bater palmas, estalar os dedos, abrir e fechar a boca, bocejar, pular.

Foi aplicado, o esvanecimento de estímulos, onde iniciamos a sessão com a prima que a acompanhava na terapia, expondo G. à situação de desafio para que a mesma pudesse se manifestar. Foi utilizada a auto-modelagem, onde G. grava mensagens por escrito, no setting terapêutico. Em outras situações, a terapeuta acompanhou até a escola, principalmente em dias de avaliação, para que pudesse realizar as provas, com o objetivo de reforçar positivamente a importância da sua comunicação. No uso das técnicas das habilidades sociais, foram convocadas a mãe, a tia e a prima para que participassem no setting terapêutico, numa simulação de uma festa de aniversário, onde G. era a aniversariante. Nessa oportunidade, G. demonstrou a princípio certa inibição, mas foi aos poucos interagindo e se comunicando, ainda de forma gestual e em alguns momentos sussurrando com seus familiares.

Intervenção clínica e técnicas utilizadas

Há dois anos G. vem realizando psicoterapia semanal, com uma hora de duração, sendo interrompida essa periodicidade devido às atuais circunstâncias da Pandemia, do Covid 19. Em se tratando desse caso clínico, foi estabelecida uma linguagem gestual para facilitar a nossa comunicação: para SIM- dedo polegar para cima; para NÃO- dedo polegar para baixo. E dessa forma há (02) dois anos vem sendo realizada a Psicoterapia semanal e atualmente a Psicoterapia vem se desenvolvendo por mensagens escritas e gestuais, na terapia on-line. Na dessensibilização sistemática, foram introduzidas técnicas de relaxamento e meditação.

A paciente, aceita contato físico, tem bom contato visual, estabelecendo um vínculo positivo com a terapeuta, o que propiciou uma relação positiva no "setting" terapêutico", estabelecendo o vínculo terapêutico efetivo. Seguidamente, é realizada a psico-educação à tia para que possa entender as diferentes formas de manejo para pacientes com MS, onde lhe é explicado que sobre as técnicas de tratamento como o relaxamento, estratégias para estimular a comunicação, como utilização de cartões com mensagens, ordens, pedidos. Nos valemos também da Ludoterapia, em que "o brincar é o modo de expressão da criança", (KLEIN apud RIBEIRO,2012, p.18). Nas sessões também foram utilizados cartões coloridos para indicar vontades, por exemplo: ir ao banheiro, pedir água, escolher brinquedos ou jogos, pedir para fazer outra coisa.

Atualmente as sessões têm sido quinzenais presencialmente e on-line, onde a paciente se comunica escrevendo. Importante se faz, ressaltar, que nesse ano, quem vem trazê-la é a mãe. E, dessa forma, considero a importância de que cada membro da família cumpre uma função dentro do sistema familiar, o que poderá colaborar sobremaneira no manejo do relacionamento e da comunicação da paciente e que a responsabilidade de acompanhar o tratamento psicológico da G. é da sua mãe, para proporcionar a ela, maior segurança, maior acolhimento, interesse e afeto, estreitando seus vínculos afetivos.

As sessões foram estruturadas com acolhida, com o contato com o familiar que a acompanhava ao qual sempre foi questionado acerca do desempenho da paciente entre uma terapia e outra, no sentido de conhecer se ocorreu algo significativo a ser abordado na terapia; avaliar com o familiar se ocorreu alguma modificação dos padrões de comunicação e interação. No processo terapêutico, na maioria das sessões a metodologia fundou-se nos fundamentos da Terapia Cognitiva Comportamental, com seus instrumentos baseados na dessensibilização sistemática, no manejo das contingências, na técnica de desvanecimento e no desenvolvimento das habilidades sociais.

Nesse sentido, o foco principal do tratamento está em perceber e compreender o significado do silêncio da criança, sem a obrigar a falar, considerando que o importante é a manutenção de um vínculo seguro, ajudando na diminuição da ansiedade, abrindo espaços de comunicação nas mais diversas formas.

Resultados

Análise topográfica do caso		
Espaço Familiar	**Espaço Escolar**	**Espaço terapêutico**
Fala com a mãe, tia e prima	Não fala	Sem comunicação verbal, porém com adesão ao tratamento
A comunicação é satisfatória	A comunicação é deficitária	Comunicação gestual e por escrito
Sente-se à vontade	Sem interação social	Participativa; estabelecimento de vínculo
Participa das atividades domésticas	Necessita do apoio Pedagógico	Manifestação de afeto, sorriso e decisão

Fonte: os autores (2020).

Em cada sessão G. apresentou pró - atividade em realizar as atividades que foram sugeridas pela terapeuta e outras vezes apontadas e escolhidas por ela mesma. Nas 58 (cinquenta e oito) sessões realizadas, G. demonstrou afeto, disposição e aceitação em participar. Em algumas, a prima se fez presente, com o objetivo de dar-lhe maior segurança e estímulo no sentido de comunicar-se. Os avanços ocorrido durante todo o processo terapêutico foi a desvinculação da presença da prima na mesma sala de aula de G., para que tanto ela como a prima tivessem maior independência, sozinha nas sessões correspondeu aos solicitados de forma satisfatória e participativa, corroborando com a intervenção da terapia cognitivo comportamental, que tem no seu arcabouço teórico o objetivo de modificar o comportamento da criança através dos sentimentos e das cognições, conseguindo embora de forma gradual, reduzir seu grau de ansiedade e desenvolver sua comunicação verbal.

Atualmente, G. se comunica com a terapeuta através do meio virtual, por escrito e em algumas situações, com algumas palavras, monossilábicas, porém, já representa um grande avanço.

Considerações finais

Considerando a especificidade do caso, bem como da bibliografia estudada, trata-se de um trabalho desafiador e de descobertas constantes por meio da observação, da análise, da atenção aos mínimos detalhes e reações. E nesse sentido a Terapia Cognitivo Comportamental, nos instrumentaliza para isso.

Realizar um trabalho terapêutico para um paciente com MS, exige um olhar amplo e abrangente da compreensão do ser humano, além de um diagnóstico preciso, pois se trata de abordar a característica que nos constituí como seres sociais que somos. E isso só se dá na relação com o outro. "Todos os seres necessitam da interação com o meio social em que está inserido, pois é por meio dela que se aprende, se transforma e dá significado a tudo. É na e pela interação que nos constituímos como somos". (SOUZA; LAMBACK, 2013, p.34).

Portanto, a comunicação se faz importante, pois é o meio, o veículo propiciador das trocas, das experiências e que a aprendizagem se dá e se conhecem as diversas culturas e se propicia o autoconhecimento. É uma construção que se faz atentamente, por meio de diferentes estratégias e estímulos para obter o objetivo de que essa criança venha a se comunicar de forma eficaz e efetiva, sem se sentir oprimida e cobrada. Pois, afinal o "silêncio também fala"!

Referências

APA. DSM- 5 - **Manual diagnóstico e estatístico de Transtornos Mentais.** Porto Alegre: Artmed, 2014.

BECK, J. S. **Terapia cognitivo-comportamental: teoria e prática**. Porto Alegre: Artmed, 2013.

CARLSON, J. S.; MITCHELL, A. D.; SEGOOL, N. The Current State of Empirical Support for the Pharmacological Treatment of Selective Mutism. **School Psychology Quarterly**, Vol. 23, No. 3, 354–372, 2008.

DUMMIT, E.S.; Klein R.G.; et al. Systematic assesment of fiffty children with selective mutism. **Journal of the American Academy of Child na Adolescent Psychiatry**, 36(5), 653-660.

LEAHY, R. L. **Técnicas de terapia cognitiva: manual do terapeuta**. Porto Alegre: Artmed, 2019.

MELLO, C. D. de. Transtorno do Mutismo Seletivo: Algumas Considerações sobre a Recusa da Fala. **Revista Kurytyba** v.8, 2013.

MESQUITA, T. O.; et al. Tratamento da ansiedade através da aplicação de técnicas mindfulness: uma revisão de literatura. **RGS**.2019;20(1):65-78

MULLIGAN, C. A.; HALE, J. B.; SHIPON-BLUM, E. (2015). Selective Mutism: Identification of Subtypes and Implications for Treatment. **Journal of Education and Human Development**, Vol. 4, No. 1, pp. 79-96, 2015.

COHAN, S. L.; CHAVIRA, D. A.; STEIN, M. B. Practitioner Review: Psychosocial interventions for children with selective mutism: a critical evaluation of literature from 1990-2005. **Journal compilation. Association for Child and Adolescent Mental Health**, 2006.

PEIXOTO, A. C. A.; CAMPOS, L. de A. Habilidades sociais e educação: O desafio do mutismo seletivo em sala de aula. Edu.Tec.- **Revista científica digital da FAETEC**, v2, n.1, Rio de Janeiro, 2013. Disponível em luciana_campos.pdf. Acesso em 07/09/2020.

RIBEIRO, C. M. da S. **Mutismo Seletivo e Ludoterapia**/Atividade Lúdica na perspectiva de profissionais ligados à educação. Dissertação (Mestrado em Ciências da Educação na Especialidade de Educação Especial: Domínio Cognitivo e Motor) – Escola Superior de Educação João de Deus, Lisboa, 2012).

SINCLAIR, A. Mutismo Selectivo, descripción de un caso y tratamiento.Nº de Legajo: 25239. 2013.

SOUZA, S. V.C.; LAMBACH, P. Mutismo Seletivo: Uma percepção ampliada sobre comunicar-se. Síndromes – **Revista Multidisciplinar do Desenvolvimento Humano,** Editora Atlântica. São Paulo/SP, ano 3 nº1, pag.26- p.30, 2013.

VIEIRA, E. M. N. de Lima. Mutismo seletivo: o silêncio que se oculta no corpo e as terapias aliadas para diagnóstico e tratamento. In: VOLPI, J. H., e VOLPI, S. M. (Org.) **Anais.** 20º CONGRESSO BRASILEIRO DE PSICOTERAPIAS CORPORAIS. Curitiba/PR. Centro Reichiano, 2015.[ISBN-978-85-69218-99-5 .

CAPÍTULO 6

MUTISMO SELETIVO: INTERVENÇÃO COGNITIVO COMPORTAMENTAL ATRAVÉS DE ESTUDO DE CASO

Andressa Maliski
Solange Regina Signori Iamin
Mauricio Wisniewski

Introdução

O Mutismo Seletivo (MS) é um transtorno de ansiedade que ocorre na infância e que traz muito sofrimento pois impede a criança de ter um bom relacionamento com seus pares. Estudos mostram que o MS está vinculado a ansiedade social (DRIESSEN, 2020; HASSAN, 2013; YEGANEH; BEIDEL; TURNER, 2006). Sendo que as crianças não têm controle sobre a ansiedade e que esta surge em determinadas situações, como por exemplo na escola (COHAN; CHAVIRA; STEIN, 2006), sendo um ato involuntário (SANTOS, 2005).

De acordo com o DSM-5, o Mutismo Seletivo (MS) é caracterizado pelo fracasso em falar em situações sociais, incluindo a escola, sem que haja algum comprometimento de fato com sua fala, já que, em outras situações, o sujeito consegue tal comportamento (APA, 2014).

De acordo com Wong (2010), o MS é um transtorno infantil raro e multidimensional que afeta crianças em idade escolar. Em outro momento o autor ainda cita que o comportamento de não conseguir falar está ligado quando se tem expectativa que se fale (por isso a escola é um dos ambientes mais difíceis para a criança) e que em casa com pais e irmãos a criança pode falar normalmente. É um transtorno que intervém de alguma forma na educação, comunicação social e no desempenho ocupacional.

Observa-se nos atendimentos clínicos que os indivíduos acometidos pelo mutismo seletivo encontram dificuldades em sua rotina, visto que as vezes rejeitam até mesmo a linguagem corporal como meio de comunicação, como as mãos e o movimento da cabeça. Logo, esses comportamentos limitados implicam em sua relação escolar. Um exemplo seria sua incapacidade de participar das aulas, mas não necessariamente será um aluno com prejuízos no aprendizado, visto que sua dificuldade geralmente está apenas na fala social. No caso do MS, também podem surgir crenças de se ter a voz feia e medo de ser zombado ao falar.

Peixoto, Caroli e Mariama (2017), ressaltam que as crianças com mutismo seletivo têm a fala apropriada para sua idade, uma vez que conseguem desenvolver diálogos com pessoas próximas.

De acordo com o DSM-5 (APA, 2014, p. 195) os critérios diagnósticos para o mutismo seletivo são:

a. Fracasso persistente para falar em situações sociais específicas nas quais existe a expectativa para tal (p. ex., na escola), apesar de falar em outras situações.

b. A perturbação interfere na realização educacional ou profissional ou na comunicação social.

c. A duração mínima da perturbação é um mês (não limitada ao primeiro mês de escola).

d. O fracasso para falar não se deve a um desconhecimento ou desconforto com o idioma exigido pela situação social.

e. A perturbação não é mais bem explicada por um transtorno da comunicação (p. ex., transtorno da fluência com início na infância) nem ocorre exclusivamente durante o curso de transtorno do espectro autista, esquizofrenia ou outro transtorno psicótico.

O manual citado acima aponta ainda sobre características associadas que apoiam o diagnóstico, sendo de extrema importância compreender o indivíduo em sua totalidade para que o tratamento não seja superficial às queixas aparentes. Como citado no manual, algumas das características associadas são o medo de constrangimento e apego. Se o profissional que acompanha a criança não entende estas circunstâncias, pode trabalhar a partir de métodos que não auxiliam o paciente a elaborar o constrangimento e apego, podendo assim dificultar o processo de melhoria da queixa.

Quanto à etiologia, não há estudos que comprovem de fato quais são as razões que levam uma criança aos sintomas descritos no mutismo seletivo. O cenário familiar e condições que afetem a nível psicológico e suas derivações são apontadas como uma das possibilidades (SERRETTI, 2010).

Por outro lado, Cohan, Chavira e Stein (2006), relatam que o MS está diretamente relacionado com a timidez e condições sociais. Se a família já tem histórico de timidez, isolamento social e ansiedade, pode ser um potencial agravante para o estabelecimento do mutismo na criança. Também pode influenciar a genética, o desenvolvimento psicológico e ambiental (VIANA; et al., 2009). Questões como violência física, abuso sexual, perda de alguém muito próximo são situações que podem causar danos psicológicos e são levados em consideração quanto a estudos e investigações do surgimento do mutismo, ainda que estes não sejam comprovados (STEIN, 2001).

Cohan, Chavira e Stein (2006), destacam a terapia Cognitivo Comportamental como a linha de tratamento mais utilizada para o mutismo seletivo. A maior parte dos tratamentos são realizados por meio do reforço da fala da criança, com técnicas comportamentais, sendo de fundamental importância a utilização de mais de uma técnica associada, pois assim haverá mais efetividade no tratamento (BERGMAN, 2013).

As estratégias de comportamento auxiliam o terapeuta a criar um esquema de tratamento e alcançar diminuição da queixa. No caso do MS, a ideia central é utilizar as estratégias comportamentais para que a criança consiga progressivamente falar nos meios sociais, seja com amigos, colegas de escola, familiares. É importante ressaltar que todo esse processo apresenta maiores resultados quando cada comportamento da criança é reforçado positivamente.

De acordo com Cohan, Chavira e Stein (2006), as estratégias mais comumente utilizadas são as comportamentais (gerenciamento de Contingências, reforço de modelagem, esvanecimento de estímulos, dessensibilização sistemática, treino de habilidades sociais e auto modelagem), cognitivas (identificar e modificar pensamentos e crenças) e intervenções familiares (identificação de problemas familiares que possam manter o mutismo seletivo).

Ressalta-se que trabalhar questões da terapia cognitiva, como as crenças, os pensamentos disfuncionais, as distorções cognitivas que estão presentes em uma criança com mutismo seletivo são muito importantes para a elaboração dos sintomas, mas, dependendo da idade não tem como trabalhar funcionalmente essas questões e isso está corroborado por Cohan, Chavira e Stein (2006), que referem que algumas dessas estratégias cognitivas são mais eficientes para crianças de 7 anos ou mais.

O presente trabalho tem como objetivo o estudo de um caso de Mutismo Seletivo através de intervenções cognitivo-comportamentais.

Apresentação do caso clínico

P. chegou à terapia com 5 anos de idade, já diagnosticado com MS pelo neurologista e havia realizado psicoterapia com outro profissional da psicologia com duração de aproximadamente um ano. O mesmo não teve fala com sua terapeuta anterior durante o tratamento, mas interagia bem de outras formas, como o sorriso e participava do momento lúdico com brinquedos e jogos.

Segundo relato dos pais, notaram diferenças em seu comportamento quando ele tinha aproximadamente dois anos, visto que o filho não interagia tanto quanto as outras crianças, era mais reservado e brincava sozinho. Sua interação verbal era voltada à mãe, pai e uma prima de outra cidade.

A atual escola percebeu que P. tinha dificuldade de falar com os professores e com quase todas as crianças da sala com exceção de um colega da turma, o qual havia estudado junto em outro ambiente escolar. A escola então levou aos pais esta situação. Os pais relataram que o filho sempre falava deliberadamente perto deles, apesar do comportamento "envergonhado" e retraído socialmente. Desta forma, retornaram ao neurologista, o qual diagnosticou o mutismo seletivo.

Métodos de avaliação

Para a realização da avaliação foram realizadas entrevistas com os pais e professoras, anamnese, técnica de observação, bem como foram utilizados os critérios do DSM-5 (APA-2014) para fazer o diagnóstico de MS. Os pais relataram que P. era uma criança com comportamento retraído fora do ambiente familiar, porém em casa se comunicava bem. Referiram que o filho gostava muito de brincar, de ser o homem aranha e o sonic (personagens de desenho animado).

Durante a primeira entrevista de avaliação, P. aceitou entrar no consultório somente com a presença da mãe, apresentava comportamento retraído, sem emissão de sons. Lhe foi disponibilizado um material impresso com os desenhos de seus heróis preferidos para colorir, porém demonstrou extrema resistência para participar do momento lúdico, apenas aceitou com a participação da mãe.

No ambiente escolar a professora relatou que P. não se comunicava verbalmente com ela, apenas movimentava a cabeça para responder a alguns questionamentos sobre se precisava ir ao banheiro ou se queria mais lanche. A fala verbal era apenas com um único colega, o qual utilizava muitas vezes como meio de comunicação entre ele e a professora. Sua interação com os outros colegas era limitada, envolvendo apenas momentos lúdicos como brincadeiras no parquinho, massinha e nas aulas de educação física, porém nunca verbal.

A terapeuta, em uma visita a escola percebeu que P. se sentia desconfortável ao comunicar-se com o movimento da cabeça com a professora. Este movimento era sutil e com uma postura séria. Com os colegas o mesmo interagia melhor quando envolviam momentos de correr, de brincar, de se divertir, aqui ele demonstrava maior desenvoltura.

Intervenção clínica e técnicas utilizadas

A intervenção clínica contou com um total de 55 sessões, realizadas semanalmente e com duração de uma hora. Foram realizadas com P. no setting terapêutico 35 sessões, 3 com os pais e alguns encontros aos fins das sessões de P. e 17 foram realizadas na escola contanto com orientações e reuniões com os professores e com o trabalho realizado com P. As intervenções aqui realizadas seguiram algumas indicações de Cohan, Chavira e Stein (2006).

Com P., a partir do diagnóstico de MS, o planejamento e desenvolvimento do processo terapêutico deu-se da seguinte maneira:

Estabelecimento do vínculo terapêutico: as primeiras quatro sessões foram realizadas na presença da mãe tendo em vista que P. se recusava a ficar sozinho com a terapeuta no ambiente do consultório. A terapeuta foi apresentando diversos materiais lúdicos e promovendo brincadeiras como pintar o homem aranha, o sonic e outros super-heróis, realizar os movimentos que os mesmos fazem nos desenhos e filmes e aos poucos P. foi ganhando confiança até que aceitou que a mãe aguardasse na recepção. A partir deste momento ele aceitou participar das atividades propostas, começou a rir, pintar e desenhar. Mostrando um comportamento menos ansioso e evitativo.

Psicoeducação: tanto P. quanto os pais e professores passaram por psicoeducação para entendimento do MS, assim como compreensão das limitações e sintomas que o transtorno estabelece no indivíduo. Para P. foi importante ter conhecimento sobre o motivo de ser diferente dos colegas, visto que por motivos de ser um transtorno raro, o mesmo não vê exemplo de outras crianças passando pela mesma situação que ele. Para pais e professores, também ter conhecimento de como é estabelecido o transtorno e como ele ocorre foi de extrema importância para melhor manejo com P.

Nas sessões realizadas com os pais houve a orientação sobre o mutismo seletivo, a forma de trabalho da Terapia Cognitivo Comportamental, bem como a presente abordagem trataria o mutismo seletivo. Os pais sempre traziam à terapeuta seus questionamentos antes de tomada de qualquer decisão ou comportamento, como a dúvida sobre trocar de escola, colocar P. em uma carteira longe do único amigo que realizava fala verbal, contratar uma babá. Todas as orientações eram realizadas no consultório ou por meios eletrônicos através de mensagens e ligações.

Na escola também houve orientação sobre o mutismo seletivo, a qual foi realizada uma breve reunião com a professora, podendo a mesma tirar todas as suas dúvidas sobre como lidar com uma criança com MS. Seus questionamentos se referiam ao manejo com o aluno, a como realizar perguntas em voz alta durante a aula, se deveria chamar por P. ou deveria pular seu nome para não lhe causar ansiedade, pois sabia que ele possivelmente não responderia e poderia ficar nervoso. A orientação foi de que a professora o incluísse nas interações educativas, porém não insistisse demasiado, sendo que a professora deveria aprender a conhecer os limites de P. para deixa-lo confortável e a sala de aula não se tornar um ambiente aversivo.

No setting terapêutico, P. se mostrava muito participativo e com vontade de mostrar suas habilidades. Na sala de aula, a professora incluiu P. nas perguntas, assim como realizada aos outros alunos. Apesar do mesmo não as responder, a professora foi orientada pela terapeuta a continuar a inserir P. nas perguntas, assim como com os colegas, mas sem insistência. Este foi um importante processo para o vínculo de P. e sua professora, bem como o comportamento de fala.

Treino de respiração e relaxamento: este treino foi realizado para diminuir os sintomas e emoções negativas, tendo em vista que o MS tem como um dos seus sintomas a ansiedade relacionada ao falar conforme refere Muris e Ollendick (2015).

Neste treino foi ensinado a P. a imaginar seis velas acesas e sua missão era apaga-las, porém de forma lenta. Foi passado o passo a passo da respiração mais eficaz para apagar as seis velas, sendo este: puxar o ar contando até três, segurar o ar contando até três e apagar as velas contando até seis, mantendo um processo calmo e sem puxar muito ar ou soltar rápido. Foi orientado aos pais e a P. que realizasse todos os dias, em casa, esse treino e se imaginasse apagando as velinhas.

Em outro momento, foi utilizado a bolha de sabão para o treino de respiração, o qual foi solicitado que o paciente pensasse em desejos relacionados à fala, realizasse a respiração já aprendida e quando a bolha se formasse, deveria estoura-la para que esse desejo se realizasse. Estes dois exercícios trouxeram melhoras na ansiedade do paciente, bem como o exercício dos desejos na bolha de sabão ajudaram em seu enfrentamento no comportamento da fala tanto com a terapeuta quanto com professores e colegas.

Gerenciamento de Contingências: Foi combinado que a comunicação incialmente seria com gestos como o balançar a cabeça, apontando para objetos, imitando sons de animais, de carro, entre outros e movimentar os lábios em forma de palavras sem que saísse o som. Assim com o auxílio do notebook, na quinta sessão, foram reproduzidos sons e imagens de animais como gato, cachorro, pato, passarinho e objetos como sino, buzina, sirene e trem. Cada vez que o som era reproduzido, a terapeuta imitava e questionava se ele gostaria de imitar também. Apesar de não reproduzir o som, o paciente demonstrou intenso interesse em participar.

Aproveitando este interesse, na sessão seguinte foi proposto que terapeuta e paciente adotariam o papel de um animal e fingiriam ser este animal, vivendo como ele. Com sua aprovação, a terapeuta escolheu ser um gato e engatinhou pelo consultório enquanto miava, estimulando que ele escolhesse um animal e seguisse seus passos. Em seguida, o paciente também engatinhou e começou a latir. A terapeuta colocou a imagem de animais e objetos na tela do notebook e juntos imitaram o som que cada um emite. Foi observado que para P. esta atividade, além de divertida, foi muito significativa pois o envolveu com o processo terapêutico.

A partir desta intervenção, P. começou a se comunicar através do movimento da cabeça e das mãos, sendo reforçado positivamente pelos comportamentos apresentados, com um pirulito colorido. É possível a análise da diferença de comportamento do paciente nesta sessão, visto que neste momento comportamentos ainda não verbais, porém de maior interação foram atingidos, como fingir ser um cachorro, imitar o som de vários objetos e animais e interações como apontar e balançar a cabeça.

Reforço de modelagem: No final da sessão descrita acima, a terapeuta perguntou se ele gostaria de escolher o sabor do pirulito que seria o reforço positivo da próxima sessão. Para que P. conseguisse responder, a terapeuta incentivou que ele poderia responder apenas com o movimento dos lábios, sem emitir som e através da mímica, ela identificaria o que ele respondeu. Desta forma, P. movimentou os lábios sem emitir som, o qual foi possível a identificação da frase: "melancia". Com isso, lhe foi explicado que ele receberia o reforço positivo na próxima sessão pelo comportamento extremamente próximo à fala que ele havia acabado de realizar, já sendo caracterizado o reforço de modelagem. Neste, a fala já está extremamente próxima, e é possível constatar que os comportamentos citados anteriormente tendem a continuar e evoluir com os reforçamentos positivos apresentados.

Esvanecimento de estímulos: foi aplicado da décima até a décima quinta sessão, visto que apesar dos grandes avanços do paciente, ainda não havia apresentado resultados no ambiente escolar. Como o setting terapêutico era um ambiente seguro, iniciamos o processo de solicitar a presença de um colega de sala por vez nas sessões do paciente, iniciando pelo único colega que ele se comunicava na escola. Nos primeiros minutos, o paciente demonstrou timidez, mas interagia nas brincadeiras propostas com seu amigo. Com intervenção através de estímulos como desenho para colorir e brinquedos preferidos de P. como boneco do homem-aranha, pista de carrinhos e outros, o paciente iniciou sua fala verbal na sessão com a presença de seu amigo.

As sessões seguintes foram sequenciadas com a presença de outros colegas de sala. Essas, geraram mais expectativas e sintomas ansiosos, visto que em aproximadamente dois anos de contato contínuo, os colegas nunca haviam escutado sua voz. Da mesma maneira, brincadeiras e estímulos como pintura com tinta, lápis, bonecos de heróis, jogos de mímica e, com um pouco mais tempo que o primeiro colega que ele já conversava, o paciente iniciou sua fala verbal com cada colega que esteve presente no setting terapêutico. É importante ressaltar que em todo o processo de esvanecimento o reforço positivo também estava presente, porém vindo dos pais, através de brinquedos, idas em seus lugares preferidos e elogios. Apesar de falar com os colegas no consultório, o mesmo continuava com a ausência da fala com os mesmos na escola.

Treino de habilidades sociais: quando todos os colegas de sala que poderiam ir às sessões estiveram presentes, foram iniciadas as intervenções na escola, juntamente com o treino de habilidades sociais no setting terapêutico e no ambiente escolar. Entre os treinos, é possível citar o role play, formado por sessões em que ora a terapeuta era a professora e inseria histórias divertidas entre ele e os colegas, ora o paciente era o professor da terapeuta.

Em algumas sessões no ambiente escolar, foi possível, através da promoção de momentos lúdicos no parquinho, dentro da sala de aula com massinhas entre os colegas, a realização da fala do paciente não só com seus colegas, mas também com suas duas professoras. Sua primeira fala com os colegas no âmbito escolar foi quando a terapeuta perguntou em uma rodinha de alunos, de forma descontraída, quantos geladinhos cada um aguentaria comer. Cada aluno foi falando um número exageradamente alto e todos rindo de suas respostas. Quando chegou a vez de P., a terapeuta lhe perguntou e o mesmo respondeu em alto tom de voz a palavra "infinito", rindo em seguida.

Dessensibilização sistemática: a dessensibilização iniciou dentro do setting terapêutico por meio do contato com os colegas. A partir disso foi combinado com os pais e professoras que seria realizada a exposição da fala, em outros ambientes, e que possivelmente estas situações produziriam ansiedade e que então eles deveriam fazer com que P. realizasse o exercício de respiração e relaxamento, acolher e continuar com o reforçamento positivo dos comportamentos emitidos como já realizavam antes, através de brinquedos, idas a lugares que mais gosta e elogios.

A terapeuta num primeiro momento identificou que P. reagia um pouco nervoso diante das situações que desencadeavam os sintomas de ansiedade e que mantinham os comportamentos evitativos, ponderando o enfrentamento da situação que lhe foi orientado. Neste, o paciente receberia uma tarefa a ser designada e seria reforçado positivamente no início das sessões se realizado durante a semana. Estas tarefas estavam relacionadas a comportamentos perto da fala com a nova professora, a qual ele iniciou interação verbal através de vídeo aula.

Auto modelagem: Na quinquagésima sessão, foi gravado um áudio no setting terapêutico com perguntas e respostas, onde o paciente fala bastante, ri e se diverte. Como orientação, é passado para os pais colocarem o áudio para P. ouvir em ambientes que o mesmo ainda não havia obtido o comportamento de fala.

Resultados

P. tem mostrado excelentes resultados com as intervenções realizadas ao longo do tratamento. Hoje com seis anos de idade e, em meio à pandemia de Covid-19, ele teve que se adaptar a um novo modo de interação. As aulas estão sendo via online e o mesmo demonstra dificuldade em participar verbalmente desta modalidade de ensino, mas espera todos os dias os amigos saírem da aula para falar com a professora quando estão sozinhos.

P. está conseguindo realizar algumas tarefas com a nova professora como, responder a mesma nas aulas utilizando mãos ou o movimento da cabeça, enviar mensagem de texto e áudio no WhatsApp, realizar vídeos falando palavras apenas com o movimento dos lábios e enviar para ela descobrir quais palavras ele estava falando, realizar áudio verbal fazendo perguntas para ela responder. Com os colegas da escola também consegue realizar estes comportamentos. P. apresenta extrema vontade de participar das aulas e fazer as tarefas que lhe são passadas em sessão. Para o acompanhamento do desempenho destas tarefas, foi entregue a ele uma folha com as atividades da semana onde anota aquelas que conseguiu realizar. Como um acordo, se ao final de cada semana, a tarefa tiver mais assertividade, ele será reforçado positivamente no início da próxima sessão.

Apesar do êxito no processo terapêutico, o paciente apresentava comportamentos de esquiva toda vez que as intervenções abrangiam os sintomas do mesmo. Quando era perguntado sobre seus sentimentos em momentos que não conseguia falar, o mesmo mudava de assunto ou então fingia não ter escutado a pergunta. Não conseguindo assim, acesso tão fácil aos seus pensamentos, crenças e sintomas. Aproximadamente um ano depois de tempo de sessões que o paciente permitiu falar sobre seu eu, bem como responder questões correlacionadas.

Em uma dessas sessões, trabalhamos a técnica "Meus Pensamentos Preocupantes" citada por Stallard (2014), a qual pudemos colocar a fala como situação preocupante, e o mesmo conseguiu falar mais pensamentos que passavam pela sua cabeça com a presente preocupação, falando sobre suas crenças e sentimentos, bem como anotando nos balões seus pensamentos. Foi um dos trabalhos mais completos que realizamos até no processo terapêutico, já que pudemos não só compreendermos juntos os pensamentos disfuncionais que o mesmo tinha, mas também alterar os pensamentos escrito nos balões para frases positivas.

Os pais são os maiores responsáveis pelo comportamento social das crianças (MURIS; OLLENDICK, 2015) e neste caso os mesmos sempre comunicaram os avanços de P., o qual agora fala mais abertamente com praticamente toda a família, inclusive os que não tem muito contato. Não precisa cochichar no ouvido dos pais ou de outra pessoa quando está em um ambiente diferente de seu convívio, fazendo sua voz ser ouvida por mais pessoas. Outra melhora significativa está ao fato de que a terapeuta sempre lhe fazia perguntas na recepção até chegar ao setting, porém o mesmo apenas respondia quando entrava na sala. Agora lhe é questionado, por exemplo, se ele cortou o cabelo, P. responde na sala de espera, mesmo com mais pessoas presentes ouvindo sua voz.

Uma das estratégias para estimular a fala foi o reforço e relaxamento, aliado a recursos como os jogos, o que levou a bons resultados no tratamento, o que corrobora com o que aponta Krysanski (2003) e Bergman (2013). O Jogo também é uma maneira de conseguir desenvolver a comunicação com a criança, pois ela fica mais descontraída, relaxada e permite aumentar a sua confiança em desenvolver a fala (MENCHÓN; MANERA, 2017). Ao longo da terapia uma das mudanças observadas em P. foi no seu comportamento. Inicialmente se apresentava tenso, retraído, passando a sorrir e a demonstrar uma forma descontraída na realização dos jogos e nas manifestações verbais.

Considerações finais

Como abordado ao longo do trabalho, a terapia cognitiva comportamental não só é indicada para o tratamento do MS, como também é uma das mais funcionais para melhora dos sintomas devido à variedade de técnicas presentes, as quais são flexíveis e ajustáveis para cada paciente.

A TCC se mostrou eficaz nas intervenções realizadas neste caso. O trabalho realizado entre terapeuta, família e escola foi de extrema importância pois permitiu que fossem trabalhadas as habilidades necessárias para garantir a eficácia dos procedimentos terapêuticos. Levou-se em consideração que os pais, tem um grande papel na promoção da educação da criança, pois são as pessoas que mais influenciam o comportamento dela principalmente o social e a fala.

Em se tratando de MS é indispensável estabelecer um bom vínculo com o paciente, com a família e com a escola para que todos colaborem com o tratamento. Este procedimento terapêutico chamado de empirismo colaborativo é crucial pois promove a mudança cognitiva e comportamental, encontrando e desenvolvendo as habilidades do paciente para enfrentar o desafio de falar.

Referências

APA. **Manual Diagnóstico e Estatístico de transtornos mentais** - DSM -5: Artmed: Porto Alegre, 2014.

BERGMAN, R. L. **Treatment for children with selective mutismo: Na integrative behavioral approach.** Oxford University Press, 2013.

COHAN, S. L.; CHAVIRA, D. A.; Stein, M. B. Practitioner review: Psychosocial interventions for children with selective mutism: a critical evaluation of the literature from 1990-2005. **J Child Psychol Psychiatry**. 2006; 47(11):1085-1097. doi:10.1111/j.1469-7610.2006.01662.x

DRIESSEN, J.; et al. Anxiety in Children with Selective Mutism: A Meta-analysis. **Child Psychiatry & Human Development,** 51(2), 330–341, 2020. https://doi.org/10.1007/s10578-019-00933-1.

HASSAN, G. A. M.; et al. Selective mutism and social anxiety disorders: are they two faces of the same coin? **Middle East Current Psychiatry,** 20:156–163, 2013.

IAMIN, S. R. S. **Mudando o Caminho da Ansiedade.** Curitiba: Editora Appris, 2015.

KRYSANSKI, V. L. A brief review of selective mutism literature. The Journal of Psychology, 137(1), 29–40, 2003.

MURIS, P.; OLLENDICK, T. H. Children who are anxious in silence: a review on selective mutism, the new anxiety disorder in DSM-5. **Clinical Child and Family Psychology Review,** v. 18, n. 2, p. 151-169, 2015.

PEIXOTO, A. C. de Azevedo.; CAROLI, A. L. G.; MARIAMA, S. R. Mutismo seletivo: estudo de caso com tratamento interdisciplinar. **Revista Brasileira de Terapias Cognitivas,** v. 13, n. 1, p. 5-11, 2017

RODRÍGUEZ-MENCHÓN, M.; SAVAL-MANERA, J. J. Tratamiento conductual basado en el juego de una niña con mutismo selectivo. **Revista de psicología clínica con niños y adolescentes,** v. 4, n. 1, p. 51-57, 2017.

SANTOS, F. **Mutismo seletivo: um silêncio perturbante.** Médico de Família, 2005.

SERRETTI, A. N. M.; COSTA-JÚNIOR, F. M. Mutismo seletivo infantil: avaliação e intervenção em ludoterapia comportamental. **Mimesis, Bauru**, v. 32, n. 2, p. 141-166, 2010.

STALLARD, P. **Anxiety: Cognitive behaviour therapy with children and young people**. Routledge, 2014.

STEIN, M. Selective mutism. Challenging case: developmental delays and regressions. **Journal of developmental & behavioral pediatrics**, 2001.

VIANA, G. A.; Beidel, D. C.; Rabian, B. Selective mutism: A review and integration of the last 15 years. **Clinical Psychology Review**, 29, 57-67, 2009.

WONG P. Selective mutism: a review of etiology, comorbidities, and treatmaent. *Psychiatry (Edgmont)*. 7(3):23-31, 2010.

YEGANEH, R.; Beidel, D. C.; TURNER, S. M. Selective Mutism: more than social anxiety? **Depression and anxiety** 23:117-123, 2006.

CAPITULO 7

ABORDAGEM COGNITIVO-COMPORTAMENTAL NO TRATAMENTO DE MUTISMO SELETIVO NA INFÂNCIA: UM RELATO DE EXPERIÊNCIA INTERDISCIPLINAR

Taline Ienk
Maurício Wisniewski

Introdução

A comunicação humana consiste na interação, troca de ideias e de emoções entre indivíduos, a qual se dá pela linguagem oral e escrita, mas também abrange meios não-verbais, como gestos, olhares, ruídos, toques e outros mais (STERNBERG, 2000). A aquisição e uso da linguagem oral tornou-se indispensável na atualidade, sendo a família o espaço singular para a socialização primária e primeiras vivências desta aprendizagem.

Logo após o nascimento, a criança é inserida em dois ambientes desenvolvimentais imediatos principais: família e escola. Ambos são responsáveis pela transmissão de conhecimento, sendo a família um dos primeiros ambientes de socialização das crianças, apresentando a elas toda a cultura na qual se inserem (DESSEN; POLONIA, 2007; WEBER, 2008). O que é aprendido com a família, logo é aprimorado e expandido, tendo a escola grande influência e participação no processo de construção da variabilidade comportamental infantil, pois é por meio desse repertório vasto, que a criança poderá administrar as demandas sociais atuais que surgem em seu cotidiano (SALDAÑA; et al, 2002).

Tanto a escola quanto a família compartilham atribuições sociais, políticas e educacionais, ao passo que auxiliam e influenciam a formação do cidadão (REGO, 2003). A transmissão e construção dos conhecimentos culturalmente organizados e consolidados são de responsabilidade de ambas as instituições, variando as maneiras de funcionamento psicológico, de acordo com as exigências de expectativas de cada ambiente (BANDURA, 1977). Para desencadear processos evolutivos humanos, a escola e a família surgem como instituições fundamentais atuando como propulsoras ou inibidoras do crescimento físico, intelectual, emocional e social. Compreende-se, então, que a família é o primeiro ambiente de socialização de uma criança e que, além dela, a escola também auxilia e é responsável pela transmissão de cultura e conhecimentos, ocupando um espaço considerável na vida das crianças oportunizando inúmeras possibilidades de interação social (DESSEN; POLONIA, 2007).

É no ambiente escolar que a criança vai expressar e possibilitar ao outro uma visão detalhada de si, dessa maneira, a inserção no ambiente escolar acaba por revelar possíveis fragilidades no curso do desenvolvimento infantil, pois entre os objetivos educacionais, está a promoção e fortalecimento da capacidade comunicativa, por meio de projetos educacionais nos diferentes níveis escolares (ALVES, 2018).

Ao entender que a linguagem é inerente ao ser humano, que dela resultam as interações sociais, que é um fator de grande influência e impacto na vida dos seres humanos, percebe-se que os transtornos que afetam a linguagem, afetam diretamente o desenvolvimento social e acadêmico, uma vez que comprometerá suas relações entre pares e com o conhecimento a ser aprendido e consolidado pela criança em idade escolar.

Sendo assim, o objetivo principal do presente estudo é a apresentação de um relato de experiência interdisciplinar de um caso real de Mutismo Seletivo a partir da Terapia Cognitivo-comportamental.

Mutismo seletivo

O mutismo seletivo pode ser caracterizado por uma falha da criança em falar em contextos em que se espera a comunicação, como na escola, enquanto em outras situações o discurso e a capacidade de comunicação parecem ser normais. É importante ressaltar que o transtorno não se caracteriza por uma dificuldade de idioma ou sobre o que está sendo falado (APA, 2014).

Em resumo, pode-se considerar que o transtorno decorre de uma estratégia aprendida, cuja aquisição e manutenção se explicaria por reforço negativo contingente ao término ou evitação das demandas da fala, por condicionamento direto e processos de aprendizagem vicária e/ou transmissão de informações (SOUZA, 2017). Pesquisadores apontam que o início do mutismo seletivo pode ser explicado como "uma resposta ao estresse situacional, na maior parte dos casos, ocasionada pelo início da escolarização" (SOUZA, 2017, p.357).

Descrito como um transtorno de difícil tratamento, caracterizado como uma inabilidade na comunicação oral em função de ansiedade social, ainda que possua capacidade de expressão, pode-se compreender que a recusa da fala é uma resposta aprendida. Ditas como tímidas, retraídas, envergonhadas, ansiosas, deprimidas e medrosas, as crianças com mutismo seletivo tem grande probabilidade de apresentar comorbidades, sendo a mais frequente com transtornos de ansiedade (SOUZA, 2017; DSM-5, 2014).

Método
Participante e histórico desenvolvimental

O relato de atendimento do caso refere-se a um menino, aqui denominado de L., morador de uma cidade do interior do Paraná, cuja anamnese realizada com a mãe, revelou como queixa principal que o filho não se expressava oralmente com as pessoas da escola, apesar de brincar normalmente nesse ambiente. Além disso, outras características foram relatadas, tais como: L. falava com alguns parentes próximos, apresentava bastante interesse por tecnologia, mas recusava-se a participar de atividades extracurriculares, tais como inglês e educação física. Frente a situações problemáticas não demonstrava iniciativa ou acabava evitando exposições.

Aos três anos L. foi para a escola, onde a família foi informada que o comportamento da criança não condizia com o esperado para a idade, pois chorava bastante e preferia as brincadeiras isoladas do grupo, onde não pudesse ser visto. A mãe conta que durante esse primeiro ano, L. só fez um amiguinho, sendo a única criança que ele permitiu aproximação no ambiente escolar.

No próximo ano, o amigo de L. mudou de escola, dessa maneira, ele se retraiu ainda mais, não se comunicava com as professoras e demais crianças da turma. Os pais foram chamados na escola e, em reunião, novamente pontuaram as questões de desenvolvimento da criança, sugerindo que L. passasse por uma avaliação psicológica. A mãe relata que na ocasião não concordou com a professora e coordenadora da escola, pois achou que o menino era apenas retraído, tímido, que seria algo normal, pois seu marido era, também, introspectivo. Dessa maneira, optou por não seguir a recomendação da escola.

Aos cinco anos, a escola solicitou outra vez uma avaliação, pois L. ainda não falava com a professora e com os colegas. Ainda não achando necessário, a mãe acabou levando o filho para fazer uma avaliação psicológica, sendo diagnosticado com Mutismo Seletivo pela psicóloga. A partir disso, inicia o primeiro tratamento, que perdurou aproximadamente seis meses, mas sem progresso significativo em termos da aquisição da fala, melhora da vergonha ou do comportamento de fuga das situações sociais. A família não soube informar a linha terapêutica seguida nesse tratamento.

Em anamnese, a mãe relatou que a criança já havia iniciado o processo terapêutico diversas vezes, mas que nunca obtinham bons resultados. Apesar de trazer tal afirmação, os processos não duraram mais de quatro sessões, o que justifica o fato de não apresentar resultados. L. passou um período de aproximadamente dois anos e meio sem intervenções terapêuticas, devido à descrença da família no tratamento, mas também pela percepção de que era um problema exclusivamente da escola, visto que ele não se comunicava quando estava naquele ambiente, não considerando os prejuízos acadêmicos que decorriam dessa defasagem na comunicação.

Avaliação inicial

Com oito anos e onze meses L. iniciou o tratamento em questão, com a periodicidade de um atendimento semanal, de cinquenta minutos em média de duração, com interrupção nos períodos de férias escolares, baseado nos pressupostos da terapia cognitivo-comportamental.

Iniciamos com o processo de conceituação do caso, que teve a duração de cinco semanas. Este processo compreendeu: entrevista de anamnese da história pregressa realizada com a mãe, reunião com a coordenadora pedagógica da escola e com a professora, bem como quatro sessões de observação com o paciente no consultório.

Interessante ressaltar que a escola se mostrou extremamente aberta e disposta a auxiliar no processo terapêutico de L., dessa maneira, a coordenadora ainda permitiu que eu conversasse com a professora dos anos anteriores. Pontuou que o comportamento se tratava de birra, teimosia, que a criança usava a recusa da fala para não fazer as atividades e que quando ela exigia que ele as fizesse, percebia claramente que a criança não gostava de ser contrariada.

Após o levantamento das informações e observações realizadas, foi possível identificar alguns aspectos emocionais e comportamentais, formas de vínculos estabelecidos pela criança em casa e na escola, bem como a forma de reforçamento utilizado nos dois ambientes.

Como parte da avaliação do caso foram utilizados alguns instrumentos, tais como: Child Behavior Ckecklist (CBCL) (Wielewicki-Gallo; Grossi, 2011) - para os pais; SCARED, para pais; Teacher's Report Form for ages 6-18 (TRF/6-18) (Fonseca, Simões, Rebelo, Ferreira e Cardoso, 1995) - para a professora; o SCARED para crianças, respondido pelo paciente.

Pudemos explorar eventos desencadeantes, pensamentos e sentimentos disfuncionais, crenças, autoimagem e autoestima, bem como avaliar o contexto familiar e social de L. As informações foram essenciais para o delineamento do tratamento.

Nas sessões iniciais pudemos identificar que L. apresentava, de fato, os critérios diagnósticos para o transtorno de Mutismo Seletivo. Com um olhar apático, aparente inibição, tímido e escondido atrás da mãe, assim ele chegou. A mãe por sua vez, com os braços, o protegia, ajudando-o a se esconder.

A criança apresentou padrões rígidos e adaptados de comportamento, visão negativa de si, pouca flexibilidade, baixa iniciativa a resolução de problemas, interpretava e atribuía significado ameaçador e extremamente negativo nas interações sociais, levando-o a evitar contato com outras pessoas fora do seu núcleo familiar e ficar paralisado, com os braços enrijecidos ao lado do corpo, por vezes com as mãos fechadas em punho cerrado, diante da possibilidade de comunicação verbal com essas pessoas.

Intervenção terapêutica e evolução do tratamento

Inicialmente, L. apresentou bastante resistência, dessa maneira o vínculo foi sendo estabelecido lentamente, sendo assim, com o objetivo de construir um ambiente terapêutico seguro, inseri diversos itens de interesse da criança nas sessões. Notava que ele gostava de encontrar itens de laboratório e coisas relacionadas à tecnologia. Quanto as atividades, optei por iniciar pelas lúdicas, pois todas as que fizessem referência a algum padrão escolar eram rejeitadas e L. acabava retraindo-se.

A comunicação e expressão iniciou por meio de bilhetes curtos escritos em papel. Pouco a pouco começou a relatar algumas situações cotidianas, principalmente as áreas de interesse.

Foram utilizadas muitas técnicas de relaxamento, as quais também foram ensinadas aos pais e professora, sendo elas: puxar o ar lentamente, em seguida segurá-lo contando até cinco, depois deixar o ar sair lentamente. Essa respiração foi feita diversas vezes utilizando uma flor e uma vela como instrumentos de apoio confeccionados pela criança. Utilizando a mão e desenho de um caracol, treinamos outra respiração, inspirar quando o caracol subisse pelo dedo e expirar quando ele descesse. Além disso, realizamos a respiração com contração de grupos musculares, tencionando por cinco segundos e em seguida relaxando.

L. apresentava uma visão muito negativa de si, afirmando ter uma voz estranha e feia, chegou a escrever em um bilhete, mesmo já se comunicando com a terapeuta, "só vou falar quando minha voz mudar". Pensando nos impactos do som para a criança, utilizamos um jogo da memória de sons, onde precisávamos parear o objeto e seu respectivo som. Na ocasião ainda brincamos imitando os sons. Aqui introduzimos a técnica de modelação que foi combinada com a modelagem, uma vez que imitávamos os sons e em seguida a resposta desejada era reforçada, não só com palavras afirmativas, mas com sorrisos e a própria diversão e prazer da brincadeira.

Com o intuito de introduzir a modelação ao tratamento e entender que essa é uma ferramenta muito potente para aumentar a frequência do comportamento esperado (KEHLE; et al, 2012), a fala, durante a semana comecei a enviar algumas mensagens de áudio pelo whatsapp. De imediato L. ficou empolgado e também me enviava alguns recados. Nas sessões, ouvíamos algumas mensagens que enviei e as respostas da criança, reestruturando a crença negativa de que sua voz seria estranha ou feia.

Na medida em que L. mostrava mais conforto em falar sobre a escola, percebi que naquele ambiente existiam algumas crianças que tentavam se aproximar dele, além da professora, mas que a comunicação ainda não havia acontecido. Logo foi possível identificar que o trabalho a ser desenvolvido precisaria acontecer em conjunto, não só com a família, mas principalmente com a escola, dessa maneira, L. frequentava as sessões semanalmente e comecei a visitar a escola com mais frequência, no início uma vez por semana, ouvindo a professora, observando a sala de aula, o recreio, as aulas extracurriculares e os momentos em que L. estava com as demais crianças.

Concomitantemente as sessões com o paciente, foram realizadas algumas sessões com os pais, avó e tias com o objetivo psicoeducativo de trazer informações a respeito do Mutismo Seletivo por meio de textos explicativos, vídeos e literatura específica.

As sessões com os familiares visaram levantar mais dados, identificar outros comportamentos-problemas e sinalizar os reforçadores que contribuem para a manutenção dos comportamentos de L. e verificar as expectativas da família em relação ao tratamento. Além disso, elencamos algumas estratégias (Tabela 1):

Tabela 1. *Estratégias terapêuticas para a família*

Intervenção psicoeducativa com a família Estratégias terapêuticas
• A criança não deve ser forçada a falar;
• No caso dos familiares que a criança ainda não se comunica, elaborar, inicialmente, formas alternativas de comunicação por meio de símbolos, gestões ou cartões;
• Não permitir que outras pessoas respondam por L.;
• Solicitar gradualmente a exposição oral da criança;
• Reforçar todas as vezes que houver um aumento no seu comportamento verbal. O reforço precisa ser de acordo com o interesse e preferência da criança (abraço, beijo, sorriso, palavras de afirmação);
• Encorajar a criança sempre que possível, fazer pequenas solicitações ou cumprimentos a pessoas estranhas (p. ex., a família sempre frequentava a mesma lanchonete, sugeri pedir que L. solicitasse o cardápio ou pedisse um refrigerante);
• Evitar que a criança seja o centro das atenções;
• Identificar a compatibilidade com um amigo para que façam algumas atividades e brincadeiras dentro e fora de casa;
• Utilizar a dessensibilização sistemática (p. ex., usar um reforço quando a criança sussurrar uma palavra no ouvido e gradualmente aumentar a exposição até ela falar uma palavra em volume normal).

Fonte: Adaptado de SOUZA (2017).

O processo psicoeducativo com a família foi essencial, pois ocasionou em uma mudança fundamental para a superação do Mutismo Seletivo. Pudemos perceber algumas mudanças comportamentais, tais como: as tias passaram as não forçar beijos e abraços, começaram a pontuar que L. era capaz de falar e estimular o menino a brincar com outras crianças na área de lazer do prédio onde moram.

Na escola, fizemos o mesmo processo psicoeducativo com a coordenação e professores que trabalhavam com L., tendo um bom engajamento, principalmente da professora regente de turma, a qual pediu orientações e solicitou dicas de como poderia integrar L. ao grande grupo. Dessa maneira, assim como fizemos com a família, na escola também elencamos algumas estratégias (Tabela 2) que auxiliariam não só a professora, mas a criança em tratamento.

Tabela 2. *Estratégias terapêuticas para a escola*

Intervenção psicoeducativa com a escola Estratégias terapêuticas
• Permitir que a criança se comunique não verbalmente no início, para depois utilizar gradualmente a comunicação oral;
• Não permitir que outras crianças da turma respondam por L.;
• Solicitar gradualmente a exposição oral da criança;
• Se possível, organizar as mesas da sala em forma de grupos ou em duplas;
• Reforçar positivamente as interações sociais faladas ou não;
• O tipo de reforço precisa ser significativo para a criança (elogios escritos ou verbais);
• Reforçar qualquer tentativa de enfrentamento de situações interpessoais e ir ampliando progressivamente as exigências;
• Encorajá-lo sempre que possível, fazer pequenas solicitações, cumprimentar pessoas estranhas (p. ex., pegar ou entregar materiais em outras salas);
• Não estabelecer comparações com outras crianças;
• Não permitir eu outras crianças o insultem, intimidem ou riam dele.

Fonte: Adaptado de SOUZA (2017).

A postura proativa da professora foi muito importante no processo, pois paralela as intervenções da escola, nas sessões no consultório L. já conseguia se comunicar muito bem com a terapeuta e, também, conseguia perceber os investimentos sinceros da professora em tentar se aproximar dele.

Na escola a comunicação começou com L. etiquetando todos os materiais da professora, desde canetas e lápis, até cadernos e armários. Escreveu o nome de todos os objetos que conseguiu e utilizando fita adesiva deixou tudo etiquetado. A aproximação foi acontecendo de maneira gradual, mas em poucas semanas, puxou sua mesa ao lado da mesa da professora. Ao sair da sala para as aulas de informática, educação física ou para o recreio, sempre queria ser o primeiro da fila e sentia-se seguro ao segurar a mão da professora.

Os bilhetes começaram a surgir, primeiro pedindo para ir ao banheiro, depois contando algumas coisas. Logo veio a primeira palavra no ouvido e quando estavam só os dois na sala de aula, L. sentiu-se à vontade para conversar com a professora.

Na escola, três crianças estavam sempre com ele, pediam constantemente para sentar junto com L. e auxiliar nas atividades. Depois de nove meses em intervenções semanais no consultório, sessões com a família e intervenções na escola, L. começou a sussurrar no ouvido dos três colegas na hora do recreio.

A estratégia que havíamos usado no início do tratamento para gravar a voz com as mensagens de áudio de whatsapp acabou servindo de recurso para a professora e para os colegas de turma, os quais começaram a enviar mensagens para a mãe de L., o que acabou repercutindo positivamente no comportamento da criança.

Como o interesse de L. por jogos e tecnologia ficou bem evidente, utilizamos uma estratégia para continuar desenvolvendo a comunicação e reestruturando a visão negativa que ele apresentava. Ao jogar seus jogos preferidos, L. começou a gravar a tela do computador, criou um canal no YouTube e começou a compartilhar seus vídeos com os colegas de turma, o que aumentou o número de crianças querendo interagir com ele.

Após os avanços visualizados pela família e pelas constantes chamadas da escola em relação ao rendimento acadêmico de L., a criança passou por uma consulta com um Neuropediatra o qual prescreveu Metilfenidato.

Resultados

Com o engajamento entre família, escola e o desenvolvimento da terapia, o paciente apresentou uma evolução significativa em relação ao quadro de Mutismo Seletivo, diminuindo o comportamento de timidez, evitação, esquiva e ansiedade antecipatória.

L. consegue expressar suas emoções com mais clareza, além de ouvir elogios ou críticas no ambiente escolar ou familiar de maneira assertiva. Consegue demonstrar certa descontração, menos rigidez muscular, mostra-se menos inibido, mais alegre e espontâneo, uma vez que continua gravando e postando seus vídeos, demonstrou interesse em participar de atividades de robótica e tem socializado com as crianças do prédio onde mora.

Fala com a terapeuta, mesmo na presença de outras pessoas no ambiente terapêutico. Apresenta uma visão mais positiva de si, consegue ter um plano de futuro, tem ideias do que fazer no próximo ano ou num futuro distante, já sabe lidar com comentários negativos dos outros, consegue responder ativamente, não necessitando que outra pessoa faça por ele.

Na maioria das vezes diante de amigos novos L. fala plenamente, vem ampliando a comunicação verbal com parentes próximos; como primos, amigos da escola e nas atividades extracurriculares. Percebemos facilidade em estabelecer comunicação com pessoas que conheceu após o processo terapêutico e maior dificuldade em se comunicar com pessoas que já conhecia quando ainda não conseguia se comunicar com muitas pessoas.

Dentro do ambiente escolar tivemos excelentes resultados com a professora regente de turma, que colocou em prática todas as estratégias pontuadas em nossas intervenções, além disso, L. começou a estabelecer comunicação com alguns outros professores que se mostravam abertos e disponíveis para isso. L. passou a demonstrar tranquilidade ao estar na escola e com as crianças.

Considerações finais

A partir do relato é possível identificar que o estilo educativo adotado, tanto em casa, quanto nos anos anteriores na escola, utilizava reforçadores negativos, superproteção e autoritarismo, reforçava erros e mantinha falhas no comportamento infantil. Dessa maneira, acabavam por contribuir com a permanência do Mutismo seletivo, sendo um fator de risco para L.

Este estudo trouxe evidências de que a proposta de tratamento integrando família e escola é possível, mas ambos devem trabalhar juntos desde o processo de avaliação do caso e ter os mesmos objetivos: promoção de saúde mental e qualidade de vida da criança atendida.

É importante ressaltar que até o momento obtivemos bons resultados, sendo notáveis os progressos de L., mas com a pandemia de COVID-19 e consequente isolamento social, houve uma redução considerável na socialização com outras pessoas, principalmente na escola, uma vez que as aulas estão acontecendo de maneira remota.

Apesar das novas circunstâncias, L. ampliou o número de pessoas com as quais fala espontaneamente e tem conseguido iniciar conversas com algumas pessoas novas. Além disso, fisicamente, seu semblante mudou. O rosto apático já recebe sorrisos, o olhar curioso percorre o ambiente, não fica escondido atrás da mãe, abre a porta quando chega e logo cumprimenta, além de apresentar a postura mais ereta, não mais encolhido.

A visível mudança comportamental de L. revela que diante de situações sociais que antes eram estressoras, agora a ansiedade apresenta-se em níveis reduzidos, muito mais controlada, o que possibilita a interação e consequentemente, a fala.

Dessa forma, por meio da experiência relatada, pode-se afirmar a eficácia da Terapia Cognitivo-Comportamental no tratamento de Mutismo Seletivo na infância, bem com, para melhores resultados, integrando ao tratamento família e escola.

Referências

ALVES, J. M. (Org.). **Abordagens cognitivo-comportamentais no contexto escolar.** Novo Hamburgo: Sinopsys, 2018.

APA -DSM-5 – **Manual diagnóstico e estatístico de transtornos mentais.** Trad. Maria Inês Corrêa Nascimento et al. 5ªed – Porto Alegre: Artmed, 2014.

BANDURA, A. **Social learning theory.** Englewood Cliffs: Prentice-Hall, 1977.

CAMINHA, R. M.; et al. (Org.). **A prática cognitiva na infância e na adolescência.** Novo Hamburgo: Sinopsys, 2017.

DESSEN, M. A.; POLÔNIA, A. C. A família e a escola como contextos de desenvolvimento humano. **Paidéia**, Ribeirão Preto, n. 36, p. 21-32, 2007.

ESTANISLAU, G. M.; BRESSAN, R. A. (Orgs.). **Saúde mental na escola:** o que os educadores devem saber. Porto Alegre: Artmed, 2014.

KEHLE, T. J.; et al. Augmented Self-Modeling as an Intervention for Selective Mutism. **Psychology in the School,** 49, 93-103, 2012.

REGO, N. P. **A escola e a família.** São Paulo: Ática, 2003.

SALDAÑA, M. R. R.; DEL PRETTE, A.; DEL PRETTE, Z. A. P. A importância da teoria da aprendizagem social na constituição da área do treinamento de habilidades sociais. In: GULHARDI, H. J. et al. (Org.). **Comportamento e Cognição**: contribuições para a construção da teoria do comportamento. São André: Esetec, 2002. p. 269-283.

SOUZA, M. A. M. Transtorno de Ansiedade Social e Mutismo Seletivo na Infância. In: CAMINHA, R. M. et al. (Org.). **A prática cognitiva na infância e na adolescência.** Novo Hamburgo: Sinopsys, 2017.

STERNBERG, R. J. **Psicologia Cognitiva**. Porto Alegre: Artes Médicas Sul, 2000.

WEBER, L. N. D. Interações entre família e desenvolvimento. In: WEBER, L. N. D. (Org.). **Família e Desenvolvimento**: Visões Interdisciplinares. Curitiba: Juruá, 2008. p. 9-20.

CAPÍTULO 8

APLICAÇÃO DE UM PROGRAMA DE MINDFULNESS PARA REDUÇÃO DA ANSIEDADE EM ALUNOS QUINTANISTAS DE UM CURSO DE PSICOLOGIA DE FACULDADE PRIVADA

Jessica Regean Garcia da Luz
Kelly de Lara Soczek

Introdução

A ansiedade é um problema frequente na sociedade e o período universitário é uma fase da vida que traz muitas inseguranças, cobranças sociais e mudanças na rotina do indivíduo. Esses fatores, de acordo com Padovani, *et al.* (2014), aliados a falta de cuidados psicológicos e emocionais podem desencadear sintomas ansiosos graves, em alguns casos chegando a desenvolver patologias relacionadas ao estresse, como ansiedade e depressão.

O sofrimento psíquico, nesta fase da vida de uma pessoa pode trazer prejuízos na aprendizagem, dificuldade de concentração, falta de motivação, mudanças comportamentais e de humor e sintomas físicos, como alterações gastrointestinais, cefaleia, enxaqueca. Estes fatores tem um forte impacto na qualidade de vida do indivíduo. (FERNANDES, et al., 2018).

Araujo, *et al.* (2020), diz que a promoção do bem-estar e da qualidade de vida é um fator primordial para a prevenção de doenças mentais e a prática de meditações como o *Mindfulness*, se torna uma estratégia eficaz para esse fim. As práticas meditativas trazem aos indivíduos a sensação de bem-estar, vitalidade, controle emocional e estabilidade comportamental.

O *Mindfulness* é uma técnica de meditação que se originou de uma prática milenar que teve seus primeiros fundamentos embasados na tradição budista. O termo significa uma tradução para o inglês da palavra Sati, em

Pali, que significa "Estar Atento". Esta prática começou a ter uma visibilidade maior na medicina ocidental a partir de um programa de redução de ansiedade desenvolvido pelo médico Jon Kabat-Zinn (GERMER; SIEGEL; FULTON, 2016; VANDENBERGHE; SOUSA, 2006).

O termo *Mindfulness* é utilizado para descrever toda uma construção teórica baseada em manter-se alerta e atento ao momento presente. Esta consciência, de acordo com Germer, Siegel e Fulton (2016), traz ao indivíduo um despertar para os acontecimentos da vida, o que proporciona uma forma de ressignificar a maneira que nos relacionamos e reagimos a estes acontecimentos, analisando-os como um todo, com suas respostas positivas, negativas e neutras, o que faz com que a sensação de sofrimento diminua e a sensação de bem-estar aumente

Segundo Kabat-Zinn (2017) a atenção plena é cultivada através de manter o foco de atenção em um ponto especifico do comportamento do praticante por um momento prolongado. Deve ser livre de julgamentos e carregado de aceitação. Esse método tem como objetivo regular a atenção e influenciar, positivamente, a qualidade das experiências, dos relacionamentos e trazer à tona toda a humanidade presente no indivíduo.

Estar atento ao momento presente é algo que quase não é praticado no dia-a-dia dos indivíduos. Na maioria das experiências as pessoas acabam se utilizando de um modelo de "piloto automático", ou seja, utilizam a consciência para reviver eventos passados ou prever eventos futuros, o que traz sentimento de tristeza, ansiedade, remorso e medo, sentimentos esses que aumentam a sensação de sofrimento (GERMER; SIEGEL; FULTON, 2016)

Vandenberghe e Sousa (2006) alegam que viver no piloto automático faz com que o indivíduo seja menos flexível aos eventos atuais, promovendo um modo rígido e limitado de reagir aos acontecimentos da vida. Muitas vezes, agir de maneira automática faz com que ocorra uma evitação de pensamentos, sentimentos e emoções desagradáveis. A curto prazo isto traz uma sensação de satisfação e bem-estar, porém, a longo prazo, faz com que a pessoa perca o contato com seus estímulos aversivos. Esse fator faz com que estes estímulos fiquem cada vez mais repetitivos e recorrentes no seu dia-a-dia e, em uma tentativa de evitar essas sensações ruins, como tristeza, medo, ansiedade e vulnerabilidades, ela somente torna isso mais presente e repetitivo na sua vida.

Em um contexto de tratamento clinico, Germer, Siegel e Fulton (2016) afirmam que o *Mindfulness* traz uma auto regulação do objeto da nossa atenção, para que ela seja direcionada e mantida no momento presente, buscando sempre uma orientação de abertura e aceitação, livre de julgamentos e praticando a autocompaixão. Essa prática permite e facilita uma resposta saudável e adaptativa às emoções e sentimentos intensos e de difícil manejo.

A prática do *Mindfulness* envolve uma série de exercícios, formais e informais de meditação. Segundo Kabat-Zinn (2017), as práticas formais são compostas por meditações guiadas, onde o indivíduo se compromete e reserva um horário do seu dia especificamente para treinar, já as práticas informais dão autonomia ao praticante, para que ele vá além das meditações guiadas e aplique a atenção plena a qualquer atividade do seu dia-a-dia.

As primeiras atividades propostas são de respiração e atenção corporal. Esse processo normalmente é feito de forma guiada e envolve o treino da aceitação plena, tanto das sensações e sentimentos presentes, quanto das fugas da mente. Outros exercícios que podem ser propostos aos iniciantes da prática de *Mindfulness* envolvem uma rotina de alongamentos corporais e práticas simples de observação e atenção plena a situações cotidianas como caminhar, comer, escovar os dentes ou tomar banho (VANDENBERGHE; ASSUNÇÃO, 2009).

A terapia cognitivo-comportamental clássica promove uma mudança na estrutura do pensamento do indivíduo, buscando identificar suas distorções cognitivas e, estando conscientes a elas, buscar a mudança de perspectiva. Nesse ponto, de acordo com os autores citados, o *Mindfulness* veio como um complemento e uma técnica a ser utilizada para auxiliar o paciente a estar consciente e atento aos seus pensamentos, interpretações e sentimentos.

O *Mindfulness* nas terapias comportamentais, se encaixa como técnica a ser utilizada para melhorar o estado mental e emocional dos pacientes, sendo totalmente desvinculada de qualquer contexto religioso e espiritual. Donna Sudak, uma pesquisadora de referência na área da terapia cognitivo comportamental, em entrevista cedida aos autores Lopes., Castro e Neufeld (2012), durante o Workshop Internacional da Federação Brasileira de Terapias Cognitivo-Comportamentais, fala sobre a prática do *Mindfulness* em terapia, relatando ser uma prática muito útil e que apresenta grandes benefícios, desde que aplicada de forma responsável e com evidências concretas de sua utilidade terapêutica para o paciente especificamente.

Percebendo a eficácia do *Mindfulness* na demanda de controle de ansiedade, considera-se útil sua utilização ao público de estudantes de cursos superiores que sofrem com problemas relacionados a ansiedade.

Para Fernandes, *et al.* (2018), os ambientes universitários, são locais de aprendizado e troca de experiências para os estudantes, porém, as cobranças externas, excesso de carga horária de estudos, aulas e atividades complementares e a necessidade de atingir notas altas para comprovar um bom desempenho acadêmico são fatores que podem acarretar um alto nível de estresse e ansiedade aos acadêmicos.

Segundo Filho e Duarte (2018), pesquisas realizadas recentemente mostram um alto índice de transtornos mentais e problemas de saúde em estudantes. O desgaste emocional é um fator que determina o desenvolvimento de doenças como depressão e ansiedade, transtornos estes que trazem prejuízos aos indivíduos, afetando sua capacidade de aprendizagem, gerando dificuldade de relacionamentos, baixa autoestima e perda de interesse nas atividades em geral, além de desencadear sintomas físicos como cefaleia, problemas de sono, apetite e dores musculares.

Assumpção, et al. (2018) apresenta o programa de Treinamento em *Mindfulness* para adultos, desenvolvido por Einsendrath e colaboradores, em 2016, com o objetivo de trabalhar sintomas depressivos, ansiosos e de estresse. Em observação a este estudo, foi identificado que o programa precisou passar por algumas modificações e adequações, porém trouxe resultados satisfatórios e foi bem aceito pelo público participante da pesquisa. Com isto, mostra-se a necessidade de aplicações de estudos semelhantes em universidades brasileiras para assim avaliar a eficácia deste tipo de tratamento nos estudantes.

Em consonância a isso, apresenta-se esse estudo de caso, que tem como principal objetivo, aplicar um Programa de *Mindfulness* com duração de quatro semanas a uma pequena amostra de estudantes quintanistas de um curso de psicologia de uma universidade privada, na cidade de Ponta Grossa-PR, a fim de verificar a eficácia da aplicação do *Mindfulness* nesse público, no que se refere a redução do nível de ansiedade e estresse.

Apresentação do caso clínico

O aumento dos níveis de ansiedade em estudantes acarreta uma série de sintomas e alterações comportamentais, como baixa autoestima, diminuição do desempenho acadêmico, falta de atenção, dificuldade na concentração, desesperança, angustia, além de sintomas físicos, como distúrbios no sono ou no apetite, cefaleia, dores musculares, etc (FILHO; DUARTE, 2018).

Os transtornos mentais desenvolvidos nessa fase da vida são uma preocupação de saúde pública e precisam ser avaliados e trabalhados através de estratégias para diminuir a ocorrência deste agravo e prevenir o seu desenvolvimento, gerando mais saúde mental e física aos estudantes (FERNANDES; et al, 2018).

A aplicação de *Mindfulness* em estudantes ainda é uma prática pouco testada no Brasil, mas que apresenta um grande potencial em trazer benefícios para esta população, porém pesquisas com esse público alvo ainda são escassas (FILHO; DUARTE, 2018).

Devido a estas questões o presente estudo selecionou sete acadêmicos do último ano do curso de psicologia de uma faculdade privada, para levar a esses participantes as práticas de meditação, com a finalidade de redução do estresse e controle de ansiedade.

A seleção deste público se deu devido ao fato de estarem expostos a grandes estresses gerados pela finalização do curso, pois neste período lhes é exigido a finalização das matérias da graduação, atuação nos projetos de estágios e também a realização do trabalho de conclusão de curso, sendo que toda essa demanda aliada às demandas pessoais, acarreta aos acadêmicos uma sobrecarga de tarefas e pressões psicológicas.

Neste ano atípico, em decorrência da Pandemia de COVID-19[1], além de todas as questões já citadas, foi necessária uma readaptação a diversas mudanças ocorridas na forma de estudar e trabalhar, onde grande parte das atividades passou por readequações, impelindo esses alunos a se reinventarem e a refazer todo o seu planejamento, o que por conseguinte, tornou-se mais um fator gerador de ansiedade e estresse.

Tudo isso, aliado aos seus conflitos internos e familiares e a outras situações que esses alunos vinham vivenciando, foi agravando seu estado de ansiedade, estresse, angustia, sendo este, um programa que foi de grande relevância para o grupo selecionado.

Os critérios de participação do projeto foram estar matriculados e ativos no décimo período do curso de psicologia da instituição, ter interesse pela temática do programa e se comprometer a realizar as atividades propostas ao longo de 4 semanas. A amostra foi composta por sete acadêmicos quintanistas, sendo quatro do sexo feminino e três do sexo masculino, com idades entre 22 e 39 anos.

---

[1] Doença infecciosa causada por um novo coronavírus, identificado pela primeira vez em dezembro de 2019, em Wuhan, na China. (OPAS, 2020)

Métodos de avaliação

Esta pesquisa seguiu uma metodologia de cunho exploratória e pré-experimental, a qual busca aprofundar-se na temática em questão (GIL, 2009), e que tem como principal objetivo a verificação dos resultados que a aplicação de técnicas de *Mindfulness* pode gerar em estudantes universitários.

Para isso, após seleção dos participantes, foi aplicado o Inventário de Ansiedade de Hamilton (HAM-A) ao grupo de estudantes. Esta escala, foi desenvolvida por Max Hamilton, em 1959 e é composta por 14 questões com respostas gradativas compreendendo as importâncias de 0 a 4, sendo que 0 é a ausência do sintoma e 4 é o grau máximo do sintoma. O escore total da escala é a soma de todas as questões, sendo que o valor total é de 56 (AMARAL; et al, 2007). Cada questão da escala compreende um grupo de sintomas, subdividindo-o em dois grandes grupos: os sintomas de humor e os sintomas físicos, quanto mais alto o número do escore alcançado pelo indivíduo, maior será o seu nível de ansiedade (SOUZA; et al, 2008).

Após a aplicação do inventário, iniciou-se a execução de um programa de redução de ansiedade baseada em técnicas de *Mindfulness* de quatro semanas e após esse período, o inventário foi reaplicado e os resultados foram comparados a fim de identificar se houve redução no nível de ansiedade dos estudantes. Aplicou-se ainda um questionário de satisfação para coleta de informações acerca da percepção e experiência pessoal de cada participante.

O programa aconteceu integralmente de forma remota, desde a aplicação dos inventários até a prática dos exercícios. Foi organizado um grupo com os participantes no aplicativo *WhatsApp*[2], onde uma vez por semana foi enviado aos membros um exercício formal de meditação, via áudio, e um material de leitura explicando a prática e os seus fundamentos. Foi encaminhado ainda, um exercício extra por semana, que consistia em uma prática informal.

Os dados foram analisados de forma comparativa e através da análise dos escores obtidos nas duas aplicações da Escala de Hamilton (HAM-A) e do discurso de cada participante, buscando dar visibilidade a sua experiência particular.

---

[2] Aplicativo de mensagens instantâneas e chamadas de voz e vídeo para *smartphones*.

Intervenção clínica e técnicas utilizadas

Após a captação dos participantes e a devida apresentação ao tema, foi solicitado aos mesmos que realizassem a leitura e assinatura do Termo de Consentimento Livre e Esclarecido (TCLE) e o preenchimento da Escala de Avaliação de Ansiedade de Hamilton.

A escala é adequada para o propósito da pesquisa, pois visa a identificação do nível de ansiedade dos participantes, a fim de realizar a comparação do grau de gravidade da ansiedade antes e após a participação do programa de práticas de *mindfulness*.

Após o devido preenchimento dos documentos, iniciou-se o programa. A definição das atividades a serem repassadas para os participantes foi feita através de uma análise de quais mais se aproximavam dos objetivos traçados no início da pesquisa, que foi, principalmente, a redução do nível de estresse dos acadêmicos. Todas as práticas foram retiradas do livro 'Atenção Plena' dos autores Williams e Penman (2015).

Na primeira semana, foi realizada a prática intitulada "Meditação de 1 Minuto", que consiste em concentrar-se na respiração. Sendo uma atividade recomendada para os iniciantes nas práticas de *Mindfulness*, por se tratar de uma meditação curta e simples. Nesta mesma semana foi enviada também uma prática informal relacionada a "Meditação do Chocolate", que teve como objetivo levar a vivência do *Mindfulness* para outros momentos da vida, a fim de torná-la cada vez mais comum e habitual aos participantes.

Na segunda semana, foi orientado que os participantes realizassem a meditação "Exploração do Corpo", com a finalidade de aprofundamento no nível de dificuldade das práticas e a fim de alcançar um nível maior de autoconhecimento e autocontrole. A prática informal da semana foi a "Atividade de Escovação de Dentes", com o mesmo objetivo da prática da semana anterior, para que os participantes possam incluir, gradativamente, o *mindfulness* em suas rotinas.

Na terceira semana foi realizada a meditação dos "Sons e Pensamentos", com o objetivo de favorecer o aumento do nível de autocontrole em relações aos pensamentos. A atividade extra da semana foi a "gratidão dos dez dedos", com o objetivo de que os participantes pudessem criar o hábito de redobrar a atenção para as coisas boas que acontecem em seu dia-a-dia.

Na quarta semana realizou-se a meditação da "Amizade/ autocompaixão". Esta prática, de cunho comportamental, objetivou que os participantes pudessem desenvolver uma maior resiliência e tolerância em relação a seus próprios erros e situações, favorecendo a elevação do amor próprio, da autonomia e da autoconfiança. A atividade extra da semana, intitulada de "Paraquedas da atenção plena", englobou dicas de como tornar o *Mindfulness* um hábito diário que pode funcionar como um paraquedas de emergência para momentos "piloto automático".

Ao final das quatro semanas foi reaplicada a Escala de Hamilton, juntamente com um questionário de satisfação, que possibilitou a livre expressão das percepções individuais acerca da experiência de participação no projeto.

Resultados

A partir dos resultados obtidos pela aplicação da Escala de Hamilton, é possível identificar o impacto positivo gerado pelo programa de *Mindfulness* aos seus participantes. Através do gráfico abaixo, pode-se comparar os escores obtidos no período inicial (pré intervenção) e no período final (pós intervenção). Saliente-se que a fim de resguardar o sigilo dos participantes, estes serão identificados como participante seguido da numeração correspondente (de 1 a 7)

Tabela 1. Comparação Escores Escala Hamilton

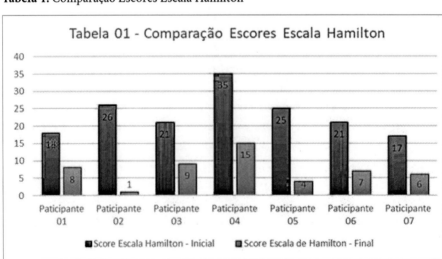

Fonte: os autores (2020)

A partir do gráfico é possível verificar uma redução considerável dos níveis de ansiedade, acima de 50%, para todos os participantes do programa. Segundo Hamilton, (1959), e as diretrizes dos resultados da escala citada, as pontuações acima de 18 podem ser consideradas como níveis de ansiedade maiores que o padrão reconhecido como normal, ou seja, a partir de 18 são níveis de ansiedade leve, maiores de 25 moderada e acima de 30 são considerados graves.

O valor médio dos escores iniciais foi de 23,2 pontos, sendo que 72% da amostra classificou-se em um nível de ansiedade considerado de leve a moderado; 1% obteve pontuação abaixo de 18 e, portanto, sendo considerado com um nível de ansiedade não significativa e apenas 1% obteve pontuação acima de 30, considerando-se, portanto, um nível de ansiedade grave.

Na aplicação final do instrumento, na fase pós intervenção, o valor médio total foi de 7,1 pontos, demonstrando uma significativa redução de 31% nos níveis de ansiedade, sendo que 100% dos participantes obteve um escore abaixo de 18 pontos e, portanto, apresentando níveis de ansiedade considerados dentro da normalidade.

Conforme já citado, além da Escala de Hamilton, aplicou-se ao término do programa, um questionário de satisfação composto por cinco questões abertas, onde os participantes puderam expressar-se livremente acerca da sua experiência particular no programa.

A primeira questão aos participantes foi relacionada ao alcance de suas expectativas em relação ao programa. Todos os participantes relataram que suas expectativas foram atingidas, sendo que o participante 05 manifestou-se afirmando que os resultados: *"Foram além das minhas expectativas"* (sic).

A segunda pergunta dizia respeito a quais sentimentos foram percebidos durante as práticas da meditação diária e, todos os participantes relataram que apresentaram certa dificuldade em atingir o nível de concentração adequado, mas que, porém, com o passar dos dias, as práticas foram se tornando mais fáceis, acarretando em sentimentos de relaxamento, tranquilidade, alívio e bem estar. O participante 04 relata: *"Inicialmente, foi difícil me concentrar. Posteriormente, fui aceitando o processo e conseguindo realizar as práticas com mais fluidez"* (sic); já o participante 05 relata que se sentiu: *"Muito bem, me ajudou muito no controle da ansiedade"* (sic).

Na terceira questão abordou-se quanto a assiduidade das práticas, perguntando-os acerca da realização de todas as atividades foram propostas, ao que todos os participantes responderam afirmativamente que conseguiram realizar assiduamente todas as atividades.

A questão de número quatro questiona sobre os resultados obtidos através das práticas e da auto percepção acerca da ansiedade e do seu controle emocional. Todos relataram perceber mudanças, sendo que o participante 03 relata ter percebido mudanças a partir da segunda semana de prática e o participante 02 manifesta que obteve várias mudanças: *"Totalmente, consegui ter mais facilidade em cumprir prazos e metas, manter a calma em trabalhos extensos passados por professores que estavam desgastando minha saúde mental e diminuir minha impulsividade em outros aspectos."* (sic); Já o participante 06 relata: *"sim, as técnicas foram válidas nos processos de tomada de decisão. Parar, refletir e estabelecer prioridades."* (sic) e por fim o participante 07 relata: *"Sim. Acredito que por estar enfrentando um momento estressante, me ajudou ainda mais."*(sic)

A quinta e última questão foi deixada em aberto para que o participante discorresse, de forma geral, sobre sua experiência como participante do programa. Segue abaixo, em formato de tabela para facilitar a visualização, a transcrição literal das respostas.

Quadro 01: *respostas questão 05 – Questionário de Satisfação.*

Participante 01	As primeiras vezes me causaram um relaxamento profundo onde acabei pegando no sono e refazendo até conseguir manter a direção e atenção. Foi de grande valia nesse momento que estou passando e tem momentos que me pego pensando em como tá minha respiração e como posso melhorar para me manter estável. Muito obrigada pelo aprendizado e continuarei seguindo, pois trouxe melhora e satisfação!
Participante 02	Enriquecedora e muito bem desenvolvida. De maneira bem detalhada e dinâmica consegui seguir todos os objetivos sem dificuldade nenhuma.
Participante 03	Já conhecia o *mindfulness* e praticado também, porém no atual momento em que estava passando acredito ter chegado na hora certa, parabéns pelo projeto
Participante 04	Foi uma experiência bacana! Estou em um momento de muita ansiedade devido a pandemia, ao final da faculdade e pressão no emprego. Foi fundamental me engajar nessa pesquisa pois me ajudou a lidar melhor com minhas emoções e sentimentos. O convite chegou no momento certo!
Participante 05	Foi uma experiência Incrível, me senti tão bem com as práticas, que quero continuar praticando, agradeço muito a Jessica por fazer parte dessa pesquisa.

Participante 06	Gostei muito. Senti-me muito confortável e tranquilo, pois as técnicas foram passadas com tempo hábil, muito bem explicadas e bem orientadas. O melhor foi poder realizar as técnicas quando sentia-se confortável e necessidade. Sem pressão.
Participante 07	Agradeço por ter a oportunidade de realizar as atividades, são práticas que quero continuar utilizando no cotidiano. Me ajudou a controlar minha ansiedade em questões pessoais. São atividades que demandam o tempo suficiente, bem explicadas na forma de áudio, o que facilita para a realização.

Fonte: os autores (2020)

Baseados nas respostas acima, podemos considerar que o programa trouxe consequências positivas para todos os participantes, mesmo para aqueles que já conheciam as técnicas ou que encontraram algumas dificuldades no início das atividades, pois todos conseguiram perceber os benefícios da realização das práticas de forma contínua e direcionada para a redução da ansiedade, trazendo assim um aumento no bem-estar emocional e psicológico dos acadêmicos.

Considerações finais

Através dos resultados obtidos, foi possível verificar que o programa de *Mindfulness* de quatro semanas para acadêmicos de Psicologia, obteve resultados satisfatórios para esta amostra de participantes.

Conforme foi possível verificar através dos resultados houve uma redução considerável nos níveis de ansiedade dos participantes, sendo que, através dos seus discursos foi possível verificar que em sua grande maioria, perceberam mudanças em seus sentimentos e comportamentos a partir do momento em que conseguiram implantar as práticas em sua rotina diária, tanto as práticas formais quanto informais do *Mindfulness*.

Conforme observado no decorrer do programa, alguns obstáculos podem ser encontrados ao se iniciar uma prática formal de *Mindfulness*, tais como dificuldades de concentração, dispersão, sonolência, entre outros, Estes podem ser fatores desmotivadores para os praticantes iniciantes, podendo levar a uma desqualificação da prática e desistência do processo, porém, salienta-se que todas estas situações são comuns e esperadas, até o momento em que a prática se torne um hábito e faça parte da rotina do praticante, sendo necessário que haja um treinamento e um tempo para a adaptação. Após esse período de adaptação já é possível verificar os primeiros resultados, mesmo se tratando de práticas iniciais.

Os principais resultados observáveis para os praticantes, já no início da prática foram, principalmente, o aumento da concentração, controle dos seus estados emocionais, maior consciência do momento presente, o que facilita na tomada de decisão, a racionalização da situação e a diminuição do nível de ansiedade.

Por fim, este estudo foi realizado com uma pequena amostra de pessoas e para que seus resultados pudessem ser generalizados em uma larga escala seria necessário um maior número de amostra, com maior diversidade e pluralidade. Apesar disso, trata-se de uma proposta válida e que neste contexto especifico obteve resultados satisfatórios para a promoção e prevenção da saúde mental dos seus participantes.

Referências

ARAUJO, A. C.; et al. Efeitos de um curso de meditação de atenção plena em estudantes da saúde no Brasil. **Acta Paulista de Enfermagem**, v. 33, p. eAPE20190170, 1 jun. 2020.

ASSUMPÇÃO, A. F. A.; et al. Análise de viabilidade do programa de treinamento mindfulness para adultos. **Rev. Bras. psicot,** 2018: 20 (3):31-46.

FERNANDES, M. A.; et al. Prevalência de sintomas ansiosos e depressivos em universitários de uma instituição pública. **Revista Brasileira de Enfermagem**, v. 71, p. 2169–2175, 2018.

FILHO, J. S. DE O.; DUARTE, P. H. M. **Mindfulness aplicada a estudantes com ansiedade: uma revisão integrativa.** v. 3, p. 11, 2018.

GERMER, C. K.; SIEGEL, R. D.; FULTON, P. R. **Mindfulness e Psicoterapia.** 2. ed. Porto Alegre: Artmed, 2016.

GIL, A. C. **Como elaborar projetos de pesquisa.** São Paulo: Atlas, 2009.

HAMILTON, M. The assesment of anxiety states by rating. **Br J Med Psychol**, p. 50–55, 1959.

KABAT-ZINN, J. **Atenção plena para iniciantes.** Rio de Janeiro: Sextante, 2017.

LOPES, R. F. F.; CASTRO, F. S.; NEUFELD, C. B. A terapia cognitiva e o mindfulness: entrevista com Donna Sudak. **Revista Brasileira de Terapias Cognitivas**, v. 8, n. 1, p. 67-72, jun. 2012.

PADOVANI, R. DA C., et al. Vulnerabilidade e bem-estar psicológicos do estudante universitário. **Revista Brasileira de Terapias Cognitivas**, v. 10, n. 1, p. 02-10, jun. 2014.

SOUZA, Â. M. A.; et al. Grupo terapêutico com mulheres com Transtornos de Ansiedade: avaliação pela Escala de Ansiedade de Hamilton. **Revista da Rede de Enfermagem do Nordeste**, v. 9, mar. 2008.

VANDENBERGHE, L.; ASSUNÇÃO, A. B. Concepções de mindfulness em Langer e Kabat-Zinn: um encontro da ciência Ocidental com a espiritualidade Oriental. **Contextos Clínicos**, v. 2, n. 2, p. 124-135, dez. 2009.

VANDENBERGHE, L.; SOUSA, A. C. A. DE. Mindfulness nas terapias cognitivas e comportamentais. **Revista Brasileira de Terapias Cognitivas**, v. 2, n. 1, p. 35-44, jun. 2006.

WILLIAMS, M.; PENMAN, D. **Atenção Plena Mindfulness**. Rio de Janeiro: Sextante, 2015.

CAPÍTULO 9

CONTRIBUIÇÕES DA TERAPIA COGNITIVO-COMPORTAMENTAL EM UM CASO DE ANSIEDADE INFANTIL

Mireily de Freitas Colman
Kelly de Lara Soczek

Introdução

Terapeutas infantis têm se utilizado de técnicas advindas da Terapia Cognitivo-Comportamental (TCC) aplicadas aos atendimentos infantis devido a sua eficácia comprovada empiricamente para essa etapa tão importante do desenvolvimento humano (PETERSEN, 2011).

O que difere da abordagem utilizada com adultos, é o fato de que na terapia cognitivo-comportamental com crianças existem algumas particularidades. Por exemplo, de acordo com Araújo (2002, p.3), para a formulação do caso, além de atender o paciente, o terapeuta precisa necessariamente, conduzir entrevistas/anamnese com pessoas significativas na vida da criança, em especial, seus cuidadores e familiares.

Isto porque na terapia com crianças, considerar o contexto familiar é fundamental para alcançar os objetivos estabelecidos. Como aponta Pureza *et al.* (2014, p.89) é importante realizar uma anamnese completa para compreender em profundidade os aspectos emocionais da criança e do ambiente imediato que a cerca. A fim de facilitar esse processo, Souza (2001, p.523) sugere a possibilidade de utilização de diversos recursos como: entrevistas com os pais, observação da criança em sessão, em casa e/ou na escola, uso de desenhos e atividades lúdicas, leituras, inventários de atividades diárias e monitoramento dos comportamentos disfuncionais.

A convivência familiar é um dos contextos fundamentais para o desenvolvimento saudável de uma criança e, contrariamente poderá se tornar o causador de diversos transtornos psicológicos. Estudos publicados nos últimos anos têm demonstrado o quanto um processo de divórcio pode se tornar um evento traumático, em especial para as crianças, que acabam desenvolvendo transtornos de ansiedade, mau desempenho escolar, distúrbios comportamentais, abuso de substâncias e outras complicações (AMORÓS, 2008; BENETTI, 2005; COHEN, 2016; JACKSON, 2016; ROIZBLATT, 2018).

Uma vez que as interações familiares são de extrema importância para o desenvolvimento saudável da criança, a intervenção do psicólogo poderá ser útil quando esse contexto apresentar-se desfavorável à mesma. Conforme aponta Kazdin (2003, *apud* SILVARES, 2008), em virtude da desavença conjugal e de sua intensidade, o psicólogo irá eleger a melhor estratégia para auxiliar a criança, cuja avaliação diagnóstica aponta para a necessidade de uma intervenção psicológica.

Assim, o presente capítulo abordará a respeito de como a terapia cognitiva comportamental pode ser benéfica para melhor elaboração psíquica da criança cujos pais se encontram em processo de separação conjugal. Para tal, será apresentado um estudo de caso de uma criança que desenvolveu sintomas ansiosos ao vivenciar a separação dos pais e os resultados obtidos após intervenção baseada na terapia cognitivo-comportamental.

Apresentação do caso clínico

Paciente L., sexo feminino, 7 anos de idade, frequentando a 2ª série do Ensino Fundamental. Chegou para atendimento conduzida pela mãe, que relatou como queixa principal mudanças comportamentais incluindo agressividade excessiva com a mãe, irritabilidade, crises de raiva e dificuldades para lidar com a separação dos pais. Durante as "crises de raiva", a mãe relata que a menina se queixa de falta de ar, taquicardia, tremedeira e náuseas. Além disso, a paciente apresentava recusa em ir para a escola, apesar de apresentar fácil socialização e bom relacionamento com os colegas, segundo a mãe. Apresentava medo de dormir sozinha e não aceitava ficar longe da mãe. Foi encaminhada para terapia através de médico pediatra com diagnóstico de transtorno ligado à angústia de separação (CID-10 F93.0).

Histórico do desenvolvimento e relações familiares

A gestação e o parto de L. ocorreram de forma satisfatória e seu desenvolvimento deu-se dentro dos padrões considerados normais. Em relação ao desenvolvimento cognitivo, emocional e social, da mesma forma, apresentou-se dentro dos parâmetros esperados para sua idade. À época dos atendimentos, a paciente cursava o ensino fundamental e encontrava-se em processo de alfabetização, porém apresentando aversão em ir à escola.

Meses antes da separação dos pais, já apresentava dificuldades em relação a adaptação escolar. Demonstrava-se relutante em ir para a escola e apresentava muita ansiedade ao separar-se da mãe. Após a separação dos pais houve piora nos sintomas de ansiedade e sempre que precisava afastar-se da mãe apresentava sintomas de ansiedade acompanhados de choros excessivos, irritabilidade, pesadelos, agressividade e crises de revolta contra a mãe.

A relação entre elas agravou-se negativamente devido ao fato de a mãe trabalhar fora o dia todo, período no qual L. ficava sob os cuidados da avó. A noite quando estavam juntas, a mãe tentava estabelecer uma interação, porém, sem sucesso e normalmente culminando em brigas e discussões. A relação com avó também foi afetada devido a irritação constante da neta que durante as crises de raiva, quebrava coisas/objetos pela casa.

Na relação com o pai, L. também apresentava alguns comportamentos hostis, no entanto, menos frequentes talvez, devido ao fato de passarem menos tempo juntos. A relação dos dois é afetuosa, envolvendo brincadeiras, passeios, muitos presentes e ao mesmo tempo apresentando limites adequados. Durante as crises de revolta com a mãe, a menina somente se acalmava quando o pai ia à sua casa.

Na época de início dos atendimentos, a mãe estava iniciando um novo relacionamento e não sabia como agir com a filha, que acreditava que os pais reatariam o antigo relacionamento. Esse fator também gerou muitos conflitos com o ex companheiro que demonstrou ciúme por haver outra figura masculina na vida da filha. Saliente-se que o desejo pela separação foi iniciativa da mãe e, segundo a mesma, a menina presenciou diversas discussões entre eles.

Avaliação inicial

A avaliação inicial ocorreu primeiramente através da anamnese realizada no atendimento com a mãe e posteriormente os pais preencheram a Escala de Transtornos Relacionados a Ansiedade Infantil (SCARED), a qual foi fundamental para a formulação do caso. Durante os atendimentos ludodiagnósticos realizados com a criança, foi possível também, coletar dados relevantes para a complementação da conceitualização do caso. Os desenhos produzidos pela paciente também se fizeram importantes para o processo, uma vez que possibilitou um maior reconhecimento de seu mundo psíquico.

As entrevistas com os pais deixaram clara a dificuldade da paciente em compreender a separação dos pais, que por consequência estava afetando o relacionamento mãe e filha, pois ela transferia a culpa do término do relacionamento somente à mãe. Para o diagnóstico foi seguido os critérios do DSM-IV (APA, 2002) com sintomas preenchidos para Transtornos ligado à Angústia de Separação (TAS). Os principais sintomas observados foram o sofrimento excessivo da paciente frente à ocorrência ou previsão de afastamento de casa ou de figuras importantes de vinculação, bem como a recusa em ir para a escola ou a qualquer outro lugar, em razão do medo da separação. Observou-se ainda, repetidas queixas de sintomas somáticos, tais como cefaleias, dores abdominais, náuseas ou vômitos, quando estava prevista a separação de figuras importantes.

Assim, nas primeiras sessões o intuito foi a formação de vínculo entre a terapeuta e a criança; a psicoeducação do modelo de tratamento; o reconhecimento e manejo das emoções; o reconhecimento de cognições ligadas ao fato da separação dos pais, a psicoeducação sobre separação e a ressignificação da relação mãe-filha.

Intervenção e técnicas utilizadas

As sessões de atendimento psicológico ocorreram semanalmente na sala de ludoterapia e incluíram diversas atividades, tais como: desenhos, pinturas, jogos, dramatização com bonecos, sempre com o objetivo de proporcionar a expressividade dos sentimentos e a coleta de dados. Foram realizadas sessões de reconhecimento e manejo das emoções através do Baralho das Emoções (CAMINHA, 2008) e do Jogo dos Sentimentos (ARAÚJO, 2009). Também foi possível acessar e modificar cognições sobre a separação dos pais através do Livro "Quando os pais se separam: as crianças podem aprender a lidar com a tristeza do divórcio" (HEEGAARD, 1998).

Na construção da conceitualização cognitiva, utilizou-se das anotações feitas nas sessões de ludoterapia e nas entrevistas, observando-se pensamentos e crenças disfuncionais apresentadas, sendo que "as crenças irracionais ou disfuncionais serão desafiadas no tratamento pela imaginação racional emotiva e o diálogo é reforçado através de métodos comportamentais como treinamentos de habilidades e tarefas de casa" (ELLIS; GRIEGER, 2003; VERNON, 1998 apud PETERSEN, 2011). Através do questionamento socrático foi possível observar que a paciente apresentava preocupações advindas da crença central de desamparo, se definindo sempre como inadequada e assim criando um sentido distorcido das situações e consequentemente apresentando comportamentos disfuncionais. Tal questão vai de encontro ao que nos traz Beck (2013. p. 52), quando afirma que "no começo da infância, as crianças desenvolvem determinadas ideias sobre si mesmas, sobre as outras pessoas e o seu mundo".

Dessa forma, pode-se considerar que o desenvolvimento de tais crenças foi reforçado devido às situações de discórdia conjugal às quais L. foi exposta. Ficou evidente a existência de pensamentos derivados da crença central de desamparo quando sua mãe relatou que a paciente se descontrolava e somente se acalmava quando o pai chegava em casa, demonstrando sentir-se segura somente em sua presença. Outra situação relatada refere-se à solicitação que fez à mãe para que não a deixasse sozinha na escola, pois sentia medo de ser abandonada.

No *role-playing* com fantoches, durante a representação da mãe, a criança sempre se comparava com a prima que apresentava bons comportamentos, contrários ao dela. Sobre a relação com a mãe também emergiram crenças de desamor, através das expressões: "você não gosta de mim" e "você prefere o seu namorado" e, devido a isso, paciente se utilizava de estratégias compensatórias para chamar a atenção da mãe, sendo agressiva e quebrando coisas até que a mãe lhe implorasse para parar. Outros pensamentos da paciente estavam diretamente vinculados à crença de desamor, como no diálogo a seguir quando se refere à prima:

> P: eu gostaria de ser igual a M., ter o cabelo dela, ele é tão lindo;
>
> T: Mas o seu também é muito bonito, sabia?
>
> P: Eu não gosto, minha mãe demora pra arrumar ele, deveria ter nascido como ela;
>
> T: e o que mudaria se você fosse ela?
>
> P: porque ela é legal e todo mundo gosta dela, elogia o cabelo dela.
>
> OBS: T = Terapeuta / P = Paciente

A partir desse diálogo, foi possível perceber o desejo da paciente em ser diferente, fato esse que também se confirma quando relata que gostaria de morar na casa da tia.

Já nos atendimentos com os pais, objetivou-se a primeiramente psicoeducar ao modelo de tratamento e ensinar o uso de estratégias comportamentais. A primeira estratégia trabalhada com os pais foi a psicoeducação que, como aponta Friedberg (2004), objetiva assegurar que eles tenham informações básicas gerais, como conhecimento do comportamento adequado para o nível de desenvolvimento da criança e reconhecimento de antecedentes e consequências do comportamento.

Outras estratégias utilizadas nas sessões com os pais foram:

a. Reforço Positivo e Controle de contingências: sendo que o reforço é uma estratégia comportamental básica que geralmente produz resultados rápidos para aumentar comportamentos alvos, além de fortalecer a autoestima e autoconfiança (FRIEDBERG; MADI, 2004);

b. Psicoeducação sobre o uso de *time-out* e remoção de recompensas, quando e como usar para extinguir comportamentos considerados inadequados pelos pais;

c. Na interação, enfatizado o fortalecimento de vínculo, abordou-se sobre a "hora de chão" tempo este destinado para brincar com a criança deixando-a livre para liderar, obtendo assim um tempo de qualidade com a mesma. Sendo nesse momento em que também há oportunidade para treinamento de resolução de problemas, e aumento de reforço positivo aos comportamentos desejados. (FRIEDBERG, 2004)

O objetivo do uso de tais técnicas foi de orientar os pais e auxiliar na resolução de problemas e na mudança das cognições da paciente, uma vez que suas crenças estavam alicerçadas principalmente nas interações familiares. Além disso, objetivou-se ainda, abordar a prevenção de recaída, uma vez que os pais são os principais contribuintes para o bom curso do tratamento.

Durante as sessões de psicoterapia abordou-se junto à criança, sobre a separação dos pais e a interação da paciente com a mãe. Durante os atendimentos L. sempre se demonstrou participativa, gerando assim uma relação terapêutica muito satisfatória. Desde o início demonstrava não aceitar a separação dos pais, se esquivando de falar sobre o assunto, fato esse que ficou evidente quando foi solicitada a fazer o desenho da família e ao iniciar disse que precisaria de duas folhas, pois *"agora o pai mora em outra casa"* (sic). Quando questionada sobre o porquê de o pai morar em outra casa, a mesma diz não gostar de falar sobre o assunto, conforme ilustrado pelo diálogo abaixo:

> *P: Fiz eu e minha mãe, agora vou fazer na outra folha o outro desenho, eu e meu pai (Figura 1);*
> *T: Está bem;*
> *P: É porque agora meu pai mora em outro lugar;*
> *T: e por que agora ele mora aí?;*
> *P: na verdade não gosto muito de falar sobre isso.*

Figura 1: Desenho da Família

Fonte: L. C. G. (2020)

Em outro momento, foi possível observar outras emoções da paciente relacionadas à separação, onde culpava a mãe pelo fato:

> *P: Hoje vou passear com meu pai;*
> *T: Que bacana, e aonde vocês vão?;*
> *P: Vamos passear no shopping e lanchar, depois minha mãe vai me buscar já que agora meu pai não pode ir pra casa comigo;*
> *T: E por que ele não pode ir pra casa com você?*
> *P: É por que minha mãe brigou com ele, acho que na verdade ela não gosta mais dele.*

Era notável a insatisfação da paciente com a mãe, já que o desejo da separação partiu da mesma, no entanto L. quase não demonstrava os sentimentos de frustração pela mãe, por medo do abandono, fato que também se comprovava quando não queria ir para escola, para não ficar sem a mãe.

Com as sessões de ludoterapia, utilizando a técnica de dramatização com fantoches e *role-playing* foi possível ressignificar os pensamentos distorcidos acerca da separação, bem como propiciar a expressividade dos sentimentos pela mãe, já que o fantoche era um elemento neutro. Como coloca Petersen *et al* (2011, p.18) "é possível aplicar técnicas de *role-playing* com fantoches, pois o estilo metafórico mediado pelo brinquedo e pelo humor permite que o personagem (criança) possa duvidar do pensamento disfuncional e cogitar outra forma de pensar".

Também foi durante o trabalho de ressignificação de pensamentos sobre a separação que a paciente tomou consciência sobre quais motivos levam a um divórcio e que os filhos continuam sendo filhos, amados e amparados pelos pais sempre, sem precisar escolher um lado. Posteriormente a essa psicoeducação foi possível observar maior expressividade dos seus sentimentos em relação ao divórcio, colocando até mesmo na sua fala as vantagens de ter pais separados, conforme o diálogo a seguir:

P: sabia que agora tenho um cachorro?

T: Que legal L. é muito bom ter um animal de estimação, eles são como nossos amigos;

P: Na verdade agora tenho dois amigos, um na casa da minha mãe e outro na casa do papai;

T: Isso é ótimo;

P: Sabia que tenho duas camas agora também;

Com a mãe salientou-se a importância do fortalecimento do vínculo já que a mesma passava muito tempo trabalhando enquanto a filha ficava com a avó. Já nos finais de semana a mãe dividia a atenção da filha com o namorado. O manejo desta situação foi feito através de sessões com a mãe, onde foram organizados alguns horários em que ela pudesse interagir melhor com a filha, esclarecendo-se sobre o "tempo de chão", onde Friedberg (2004) sugerem aos pais tirar dez minutos do seu dia, dedicado a brincar com a criança seguindo a liderança da mesma.

Resultados e discussão

Os resultados foram obtidos através da análise dos atendimentos realizados com a criança e com os pais e através da Escala de Transtornos Relacionados a Ansiedade Infantil (SCARED) que foi respondida pelos pais no início da psicoterapia e posteriormente às intervenções/atendimentos.

No primeiro momento ambos os pais marcaram no SCARED como verdadeiras as seguintes afirmativas: "meu filho (a) se preocupa em relação aos outros gostarem dele (a)"; "meu filho (a) é nervoso (a);" "meu filho (a) se preocupa em ter que dormir sozinho (a)"; e "meu filho (a) não gosta de estar longe da família".

Posteriormente às intervenções, os pais preencheram novamente o SCARED e as mesmas afirmativas foram assinaladas como pouco verdadeiras ou não verdadeiras, o que demonstra que houve uma redução de tais comportamentos.

Segundo a avaliação das entrevistas realizadas com ambos os pais, no início das sessões, a paciente apresentava-se agressiva com a mãe e lhe ofendia, porém no último atendimento realizado, a mãe da paciente ressaltou que não houve mais crises de revolta ou afirmações culpando-a pela separação. Outro *feedback* dado pela mãe foi sobre a melhora dos comportamentos de birra, relatando que desde que passou a ficar mais tempo com a filha, o vínculo entre elas se fortaleceu, reduzindo-se tal comportamento. Além disso, relata que a filha já está dormindo sozinha em seu próprio quarto.

Em relação a ansiedade manifestada ao ficar longe da mãe, houve significativa melhora que pôde ser percebida no fato de que a paciente viajou com uma tia para a praia, sem a presença da mãe e não demonstrou ansiedade em relação a isso. O pai relatou na última entrevista, ter percebido a filha mais calma e independente, e que até mesmo na hora de estudar demonstra mais segurança. O trabalho realizado com os pais foi muito importante, uma vez que havia interferência de ambos na manutenção dos comportamentos considerados indesejáveis para a criança.

Com a evolução do caso foi possível observar mudanças positivas no relacionamento da paciente com seus pais, principalmente no vínculo mãe e filha. Após as intervenções houve a ressignificação de pensamentos quanto a separação dos pais e consequentemente verificou-se a melhora na adaptação escolar, bem como maior entendimento e manejo de suas emoções.

Considerações finais

O presente estudo de caso abordou o tratamento psicológico de uma criança com transtorno de ansiedade desencadeada pós-separação dos pais, realizado através da abordagem da Terapia Cognitivo Comportamental. Na psicoterapia infantil o manejo se difere devido a especificidade do desenvolvimento, que requer maior criatividade por parte do terapeuta para conseguir acesso a cognição do paciente. A diversidade de instrumentos pode ser facilitadores nesse processo, tais como: desenhos, livros, dramatização/*role-playing*, jogo dos sentimentos, etc. (ARAÚJO, 2009).

Foi possível observar mudanças significativas no comportamento da paciente posteriormente aos atendimentos realizados com os pais. Houve uma evolução do caso quando estes perceberam que eram de fato coadjuvantes no tratamento psicológico da filha. Com isso foram fundamentais, contribuindo em outros ambientes além do espaço terapêutico, para a mudança comportamental e cognitiva da paciente.

Outro fator relevante foi o vínculo prejudicado entre mãe-filha, uma vez que a mãe precisava trabalhar e tinha poucos momentos a sós com a mesma, que ficava mais com a avó e a tia. Devido a correria do dia-a-dia a relação mãe-filha se tornou funcional ao invés de afetiva. Tal constatação explicaria os comportamentos de birras, usados pela paciente para conseguir a atenção da mãe, outrora quando precisava dividir a atenção da mãe com outras pessoas.

A falta de uma relação afetuosa com a mãe só reforçava os pensamentos advindos da crença de desamparo e por isso no início das sessões havia dificuldade na expressão de sentimentos negativos em relação a mãe por medo do abandono. Conforme afirma Beck (2007, p. 35) "pacientes que acreditam não merecer amor ou não ser amados, podem ou não estar excessivamente preocupados em ser competentes. Eles acreditam, ou têm medo, de que jamais tenham a intimidade e a atenção que desejam".

A infância é uma fase muito significativa na vida do ser humano, é nesse momento que a cognição está sendo formada, através das primeiras relações afetivas da criança, fato esse que perdurará pelo resto da vida. Então, a ressignificação cognitiva aqui exerce um papel fundamental para o desenvolvimento de crenças funcionais.

Como sabemos, a TCC demonstra-se efetiva para diversos transtornos ansiosos e, nas demandas infantis cabe aos profissionais se capacitarem cada vez mais para o uso eficiente das técnicas e intervenções advindas desse contexto.

Referencias

AMORÓS M. O.; SÁNCHEZ J.P.E.; CARRILLO X. M. Trastorno de ansiedad por separación en hijos de padres divorciados. **Psicothema**. vol. 20, núm. 3,pp. 383-3882 008. Disponível em: https://pubmed.ncbi.nlm.nih.gov/18674431/ Acesso em: 10 de Nov. 2020.

APA – American Psychiatric Association. **Manual Diagnóstico e Estatístico de Transtornos Mentais: DSM-5** (5 ed.). Porto Alegre: Artmed, 2014

ARAÚJO, C. F.; SHINOHARA, H. Avaliação e diagnóstico em terapia cognitivo-comportamental. *Interação em Psicologia*, 2002. Disponível em: https://revistas.ufpr.br/psicologia/article/view/3191 Acesso em: 01 de Novembro de 2020.

ARAÚJO, T.; MIRANDA, V. R. **Jogo dos sentimentos**. Curitiba: Afettus, 2009.

BECK, J. S. Terapia cognitiva para desafios clínicos: **O que fazer quando o básico não funciona**. Porto Alegre: Artmed, 2007.

BECK, J. **Terapia Cognitiva Comportamental: Teoria e Prática**. Porto Alegre: Artmed, 2013.

BENETTI, S. P. da Cruz. Conflito conjugal: impacto no desenvolvimento psicológico da criança e do adolescente. **Psicol. Reflex. Crit.** Porto Alegre, v. 19, n. 2, p. 261-268, 2006.

BIRMAHER, B.; et al. The Screen for Child Anxiety Related Emotional Disorders (SCARED): scale construction and psychometric characteristics. Journal of the American Academy of Child and Adolescent Psychiatry, 36(4), 545–553, 1997. https://doi.org/10.1097/00004583-199704000-00018

CAMINHA, R.M.; CAMINHA, M.G. **Baralho das emoções: acessando a criança no trabalho clínico**. Porto Alegre: Sinopsys, 2008.

COHEN, G. J.; WEITZMAN, C. C. Committee on psychosocial aspects of child and family health; section on developmental and behavioral pediatrics. Helping Children and Families Deal With Divorce and Separation. **Pediatrics**. 138(6), e20163020. https://doi.org/10.1542/peds.2016-3020 2016.

FRIEDBERG. R. D.; MCCLURE, J. M. **A prática clínica de terapia cognitiva com crianças e adolescentes**. (C. Monteiro, Trad.). Porto Alegre: Editora Artmed, 2004.

HEEGAARD, M. **Quando os pais se separam: as crianças podem aprender a lidar com a tristeza do divórcio**. Porto Alegre: Artmed, 1998.

JACKSON, K. M.; ROGERS, M. L.; SARTOR, C. E. Parental divorce and initiation of alcohol use in early adolescence. Psychology of addictive behaviors : journal of the Society of Psychologists in Addictive Behaviors, 30(4), 450–461. https://doi.org/10.1037/adb00001642016.

MADI, M. B. B. P. Reforçamento positivo: princípio, aplicação e efeitos desejáveis. In: ABREU, C. N. e GUILHARDI, H. J (orgs.) Terapia Comportamental e Cognitivo-comportamental: práticas clínicas. Capitulo 2, 41-54. São Paulo: Roca, 2004.

PERTESEN, C.; WAINER, R. **Terapias Cognitivo-Comportamentais para Crianças e Adolescentes**. Porto Alegre: Ed. Artemed, 2011;

PUREZA, J.; RIBEIRO A.; PUREZA, J.; LISBOA, C. Fundamentos e aplicações da Terapia Cognitivo-Comportamental com crianças e adolescentes. Rev. Bras. Psicoter. (Online) ; *16(1): 85-103,* 2014.

ROIZBLATT, S. A.; LEIVA, F. V. M.; MAIDA, S. A. M. Separación o divorcio de los padres. Consecuencias en los hijos y recomendaciones a los padres y pediatras. **Rev Chil Pediatr**. vol.89 no.2 2018. http://dx.doi.org/10.4067/S0370-41062018000200166.

SILVARES, E. Ferreira de Mattos.; SOUZA, C. L. Discórdia conjugal: distúrbios psicológicos infantis e avaliação diagnóstica comportamental-cognitiva. **Psicol. teor. prat**. São Paulo, v. 10, n. 1, p. 200-213, 2008.

SOUZA, C. R.; BAPTISTA, C. P. Terapia cognitivo-comportamental com crianças. IN: RANGÉ, B. (Org.), **Psicoterapias cognitivo-comportamentais: um diálogo com a psiquiatria** (pp. 523-534). Porto Alegre: Artmed, 2001.

CAPÍTULO 10

EFICÁCIA DA TERAPIA COGNITIVO-COMPORTAMENTAL NA REDUÇÃO DA ANSIEDADE RELACIONADA A IDENTIDADE DE GÊNERO

Nicole Lemos dos Santos
Kelly de Lara Soczek

Introdução

O presente capítulo tem como objetivo demonstrar a eficácia da Terapia Cognitivo-Comportamental no controle e redução da ansiedade decorrente do processo de transição de gênero. Para isso, será feito um relato de caso de um paciente que deseja iniciar o processo de transição e que demonstrou elevado grau de ansiedade em decorrência disso.

Conforme um estudo realizado por Santos e Rocha (2017), o indivíduo transgênero é aquele que não se identifica com seu gênero biológico e que pode, ou não, ter e intenção de realizar a transição de gênero, modificando documentos legais de identificação (gênero e nome) e passar pelo processo transexualizador[3], o qual pode envolver terapia hormonal e cirurgias de redesignação sexual. Ainda segundo as autoras, apesar de não ocorrer em todos os casos, o transcorrer desse processo pode gerar grande ansiedade para o indivíduo devido à vontade de poder adequar o quanto antes seu corpo, suas características físicas ou seu nome de registro àquele que deseja, já que estes geralmente lhe trazem grande aversão e repulsa.

---

[3] Processo realizado pelo Sistema Único de Saúde (SUS) redefinido e ampliado pela Portaria nº 2.803 de 19 de novembro de 2013 e que "representa um complexo de expedientes assistenciais do Sistema Único de Saúde, direcionada à atenção e ao cuidado de transexuais e travestis que tenham o desejo de realizar mudanças corporais através da adequação da aparência física e da função de suas características sexuais, conforme sua identidade de gênero" (ANDRADE; ANDRADE, 2017)

Para Francisco et al (2020), a população LGBT[4] (Lésbicas, Gays, Bissexuais e Transgêneros) sofre grande discriminação social, que, somada à falta de apoio deixa estas pessoas mais suscetíveis ao desenvolvimento de ansiedade. Um estudo com base na análise de prontuários de pacientes transgênero constatou que os mesmos "(...) tiveram um risco duplo ou triplicado de depressão, transtorno de ansiedade, ideação suicida, tentativa de suicídio e autoflagelação sem intenção letal" (CORRÊA et al, 2020, p.20).

Moura *et al* (2018) cita que a ansiedade é caracterizada pelo medo do desconhecido ou de uma situação de perigo, que acaba trazendo tensão, apreensão e desconforto. Já para Clark e Beck (2012, *apud* MULLER *et al*, 2015, p.68), a ansiedade é "[...] um sistema complexo de respostas cognitivas, afetivas, fisiológicas e comportamentais", que se inicia mediante situações consideradas muito aversivas e de difícil controle, podendo se tornar uma ameaça para a pessoa. Pitta (2011, *apud* REYES, 2017), relata que a ansiedade considerada normal é aquela que serve de sinal de alerta para uma possível situação de ameaça ou perigo, já a ansiedade patológica é mais intensa, desproporcional e desagradável.

Segundo Wright., et al (2008), pessoas com transtorno de ansiedade apresentam diversos pensamentos automáticos disfuncionais que podem causar reações igualmente disfuncionais e aversivas. Diante disso, o autor afirma que a Terapia Cognitivo-Comportamental (TCC) se utiliza de técnicas que objetivam a identificação e modificação destes pensamentos. Segundo Muller., *et al* (2015), o objetivo da TCC diante da ansiedade é ensinar o paciente a considerar outros pensamentos frente às diversas situações, que possam ser mais funcionais e realistas. Para o autor, a TCC se mostra muito eficaz no manejo da ansiedade devido a vasta quantidade de técnicas que facilitam uma nova visão das preocupações do paciente, que passa a enxergá-las como algo natural e não patológico.

Um estudo de caso realizado por Melo e Lourenço (2020), aponta que uma paciente demonstrou ter grande evolução no tratamento da ansiedade com a utilização de técnicas da TCC (exame de evidências, parada de pensamento, técnicas de respiração e relaxamento, entre outras), já que a frequência de suas crises diminuiu. Os autores citam que no decorrer das intervenções "(...) foi possível ensiná-la a identificar, fazer a avaliação e

---

[4] Atualmente o termo utilizado é LGBTQIA+ (lésbicas, gays, bissexuais, travestis, transexuais, transgêneros, *queers*, intersex, agêneros, assexuados e mais).

modificação dos seus pensamentos disfuncionais e também a utilizar de modo independente as técnicas cognitivas e comportamentais trabalhadas em sessão (...)" (p.15, 2020).

Pedrosa et al (2017), realizou um estudo com um grupo de 11 mulheres que possuíam queixa de ansiedade, avaliando o nível dos sintomas antes e depois da intervenção com técnicas da TCC. Neste estudo, foi possível concluir que as técnicas utilizadas durante o processo trouxeram significante redução da ansiedade às integrantes, permitindo que as mesmas fossem retiradas do grupo de ansiedade disfuncional.

Apresentação do caso clínico

O caso clínico apresentado neste capítulo se refere a um paciente transgênero, 21 anos, nascido biologicamente mulher que se identifica com o gênero masculino e que tem a intenção de iniciar a transição. O paciente mora com os pais e a irmã de 15 anos, que não possuem conhecimento sobre sua identidade de gênero.

O paciente relata que não mantém um bom relacionamento com o pai, não mantém qualquer diálogo e apenas se cumprimentam formalmente. Diz que a irmã o segue nas redes sociais e possivelmente já tenha visto seu nome social nelas. Relata que não costumam conversar muito sobre assuntos pessoais, e as conversas que estabelecem, ocorrem de maneira mais extrovertida, na "brincadeira". Segundo ele, não se sente seguro com relação a mãe e que deseja ser livre, ser ele mesmo, mas teme não ser aceito. Tem medo do julgamento da mãe e da cobrança que ela faz para que ele seja mais feminino. Apontou que mesmo que ela não diga nada, seu olhar o afeta de maneira negativa. Acredita que mãe e irmã já tenham uma noção que ele é *trans*, pois está sempre postando a respeito na rede social *Facebook*.

Os amigos mais próximos do paciente já o tratam pelo gênero masculino e o chamam por seu nome social, escolhido por ele. A irmã já o viu jogando no computador enquanto os amigos o chamavam por este nome. Relatou que consegue falar abertamente com outras pessoas sobre ser transgênero, mas não o consegue fazer com a família.

O paciente relata que em 2014 descobriu sua transexualidade, mas só em janeiro de 2020 realmente se aceitou e passou a se tratar no gênero masculino e pelo nome social. Tinha 16 anos quando ele e a família mudaram de cidade e cortou o cabelo na mesma época. Menciona que desde pequeno gostava de coisas do gênero masculino e que era muito ruim comprar roupas, pois queria comprar roupas masculinas, mas ganhava roupas femininas de aniversário. Não entendia o que acontecia. Começou a usar moletom para se esconder e esconder os seios, mesmo em épocas de calor, pois se sentia muito desconfortável se não usasse.

Fica confuso para falar com os pais devido ao uso de pronomes, tenta utilizar linguagem neutra, pois já se acostumou com o gênero masculino e com seu nome social, apesar dos pais e demais familiares o chamarem pelo nome de registro. Em uma rede social e em jogos virtuais utiliza o nome social.

O paciente teve alguns relacionamentos amorosos com meninas, que foram turbulentos, sendo um deles afetado pela não aceitação por parte da família da parceira. Relatou também que devido sua insegurança e timidez relacionadas ao seu corpo, sempre teve muita dificuldade em manter contato físico, o que prejudicou seus relacionamentos. Costumava usar faixas com fitas para esconder os seios, mas como as faixas causavam bolhas passou a utilizar tops de academia.

Deseja conseguir um trabalho para ter independência financeira e poder iniciar o tratamento hormonal com testosterona, sem correr o risco dos pais o censurarem. Sua maior dificuldade é revelar aos pais sobre sua identidade de gênero, pois teme que não reajam de forma positiva. Deseja trabalhar como vendedor, porém tem dificuldade devido ao conflito entre nome de registro e nome social, já que não poderia usar o nome social no trabalho e no crachá, por receio dos pais verem. Conseguiu entregar um currículo em uma padaria, com seu nome social e nome de registro. A responsável pela entrevista o chamou pelo nome social sem que ele pedisse. Relata nunca ter sofrido *bullying*.

O paciente relatou ainda sobre alguns traumas que vivenciou em decorrência da identidade de gênero, como aversão ao uso de absorventes íntimos e brigas com mãe devido a isso, pois a mãe nunca explicou sobre o assunto e por isso ele não usava e acabava sujando as roupas. Costuma também passar mal no período menstrual e não consegue conversar com a mãe a respeito, demonstrando grande dificuldade em se abrir com a mãe sobre qualquer assunto. Relata que a mesma costuma o repreender muito com relação as suas roupas, estilo e atitudes correspondentes ao gênero masculino. Em uma situação em que saiu do banho com a toalha na cintura, assim como homens costumam fazer, a mãe brigou muito com ele, mas não explicou o motivo, o que o deixou muito confuso e assustado.

Outra situação difícil para o paciente está relacionada a frequentar banheiros públicos, pois o mesmo não se sente a vontade em banheiro femininos e teme o banheiro masculino. No banheiro feminino, costuma receber olhares de julgamento por suas roupas masculinas e cabelo curto, além de não ser o banheiro correspondente à sua identidade de gênero. Já no banheiro masculino, teme sofrer agressões por ainda possuir características femininas.

Diante destas questões apresentadas pelo paciente, foram definidos em sessão os seguintes objetivos da psicoterapia: realizar a redução da ansiedade para facilitar o enfrentamento de contar aos pais sobre sua identidade de gênero; encontrar alternativas para conseguir um emprego e assim, conseguir financiar seu processo de transição; iniciar terapia hormonal, pois se incomoda com os seios e as curvas do seu corpo, o que dificulta até mesmo a olhar-se no espelho e, se preparar para a realização da mastectomia.

Ressalta-se que todos os objetivos elencados estão permeados por questões ansiogênicas para o paciente relacionadas a sua questão de gênero e, que para este artigo focou-se no primeiro objetivo que diz respeito ao enfrentamento dos pais em relação ao revelar sua identidade de gênero, que é atualmente, o principal fator gerador de ansiedade.

Métodos de avaliação

A avaliação inicial foi feita com base em entrevista, anamnese e aplicação da Escala de avaliação da Ansiedade de Hamilton, para identificação do grau de ansiedade do paciente. O instrumento é composto por 14 itens, cada um definido por uma série de sintomas que são classificados em um escala de cinco pontos, variando de zero (0)=ausente a quatro (4)=muito frequente. Os resultados podem variar entre: ansiedade normal (< 12); reação patológica ligeira (> 12 e < 18); ansiedade patológica moderada (> 18 e < 25) e ansiedade patológica grave (> 25).

As sessões foram individuais, realizadas primeiramente com frequência semanal e duração de 30 minutos[5] e, a partir da sétima sessão os atendimentos passaram a ocorrer duas vezes por semana, também com duração de 30 minutos. Realizou-se ainda, a conceitualização cognitiva do caso a fim de proporcionar uma melhor compreensão do mesmo e nortear as intervenções a serem realizadas.

---

[5] A utilização de tempo de sessão de trinta minutos se deu, devido ser essa a opção do plano de saúde apresentado pelo paciente.

Intervenção clínica e técnicas utilizadas

Para dar início aos atendimentos, realizou-se a entrevista inicial e anamnese para levantamento de dados sobre a queixa (histórico e abrangência), histórico familiar e história de vida do paciente. Em um momento seguinte, de forma colaborativa, foram definidos os objetivos da terapia a curto e a longo prazo, sendo que os objetivos definidos aqui, poderão estender-se para além deste estudo.

Com vistas aos seus objetivos, discutiu-se possíveis estratégias para contar primeiramente à sua irmã, acerca da sua condição de gênero. Através do diálogo socrático foi possível levar o paciente à reflexão e busca da melhor alternativa, qual seja, utilizar-se de recursos audiovisuais disponíveis para iniciar o assunto, como a novela televisiva que está no ar atualmente e que retrata sobre o tema.

Fora realizada a psicoeducação acerca do modelo cognitivo e sobre o Registro de Pensamentos Disfuncionais (RPD) e, através do Questionamento Socrático, buscou-se levar a identificação e reflexão de tais pensamentos, sendo solicitado como tarefa de casa, o preenchimento do RPD acerca dos pensamentos que possam influenciar ou impedir o alcance de seus objetivos.

Diante da dificuldade do paciente na identificação de pensamentos automáticos durante a realização da tarefa de casa, utilizando novamente o Questionamento Socrático em sessão, foi possível trazer tais pensamentos à tona, bem como identificar crenças relacionadas a desamparo e desamor. Esta técnica promoveu uma reflexão ao paciente e com isso pôde-se constatar a incongruência de suas crenças.

Discutiu-se colaborativamente acerca da possibilidade de usar em sessão algumas técnicas para seu auxílio, tais como *role-playing*, treino de habilidades sociais, técnica da cadeira vazia e treino de assertividade, ao qual o paciente assentiu. O mesmo manifestou o desejo de amplificar o processo a fim de reduzir sua ansiedade e alcançar seu objetivo com maior agilidade. Tendo em vista o sofrimento gerado por tal situação, acordou-se a ampliação da frequência para duas vezes por semana.

A terapeuta, através da técnica de modelação, demonstrou formas mais assertivas de comunicar-se com sua mãe e através de ensaio comportamental, o paciente buscou colocar em prática o que fora demonstrado, imaginando-se na situação de revelar sua condição à mãe e emitindo comportamentos mais assertivos. Através dessas técnicas, além de treiná-lo a agir de forma mais assertiva, objetivou-se desencadear a ansiedade para em seguida reduzi-la através de técnicas de respiração diafragmática e identificar o medo real sentido pelo paciente em relação a situação.

Dessa forma foi possível reduzir o nível de ansiedade e realizar o pareamento da situação hipotética com a respiração, favorecendo a compreensão do paciente acerca do processo fisiológico das reações de ansiedade e da possibilidade de controle. Percebeu-se também, que o maior medo do paciente está relacionado à reação da mãe diante da revelação.

Através da técnica descatastrofização, questionou-se qual seria o pior cenário possível ao contar para a mãe sobre sua condição *trans*, ao que respondeu que "ficaria um clima chato entre eles" (sic) e também citou o "julgamento" que a mãe faria dele como um cenário possível. Foi possível a partir disso, trabalhar suas distorções e estratégias de enfrentamento na situação e ao fim, concluiu que não seria tão difícil assim.

Utilizou-se ainda a técnica de *role-playing* onde a terapeuta assumiu o papel do paciente e este assumiu o papel de sua mãe. Dessa forma foi possível encenar a situação, prevendo possíveis comportamentos e treinando formas assertivas frente a esse cenário. Após a técnica, utilizou-se da respiração diafragmática a fim de reduzir os níveis de ansiedade gerados pela prática e refletir acerca das possíveis consequências positivas em revelar a questão à sua mãe.

Sugeriu-se que, ao estar próximo a mãe, realizasse o ensaio mental dos exercícios já trabalhados enquanto, ao mesmo tempo, realiza a respiração diafragmática e, dessa forma possa reduzir a ansiedade frente a uma situação mais próxima ao real.

Na décima terceira sessão, o paciente relata que conseguiu revelar-se à sua irmã, porém através apenas de aplicativo de mensagem instantânea e não pessoalmente. Relata que a mesma reagiu de forma descontraída e sem muita surpresa, o que o deixou mais tranquilo.

Foram discutidas algumas possíveis estratégias para abordar a mãe de forma indireta e dentre elas, utilizar-se de notícias de famosos que se assumiram *trans,* compartilhar nas redes sociais publicações que versem sobre o assunto, com o objetivo de que ela veja e ele possa assim, introduzir o tema. Sugeriu-se buscar falar pessoalmente com a irmã para que consiga expressar-se em voz alta e assim, tentar facilitar a fala com a mãe. O paciente relatou estar realizando os exercícios de redução de ansiedade em casa e afirma estar se sentindo menos ansioso.

Resultados

No início das sessões foi aplicada a Escala de Ansiedade de Hamilton, a qual demonstrou que o paciente apresentava ansiedade patológica moderada (escore = 25), no limiar de uma ansiedade patológica grave. Após intervenção clínica, aplicou-se a escala novamente, obtendo-se um escore de 17 (reação patológica ligeira), o que demonstra que houve queda significativa nos níveis de ansiedade, demonstrando a efetividade das técnicas.

A partir da utilização das técnicas de psicoeducação, registro de pensamentos disfuncionais e questionamento socrático, foi possível identificar as situações e pensamentos que são gatilhos da ansiedade do paciente, bem como minimizá-los através da compreensão da incongruência dos mesmos.

Após a aplicação das técnicas de ensaio cognitivo, treino de assertividade e *role*-play pareadas com a respiração diafragmática, o paciente mencionou ter se sentido menos ansioso e demonstrou estar menos ofegante e agitado. Na 13ª sessão, o mesmo relatou ter conseguido contar à irmã sobre sua identidade de gênero, algo que antes das sessões não conseguia fazer. Relatou também que, nesta ocasião, os sintomas que teve foram mínimos, resumindo-se a uma palpitação.

Houve a redução da ansiedade por ter contado para a irmã, porém este fato acabou gerando mais ansiedade com relação a contar para a mãe, já que isso estaria mais próximo a acontecer. Devido a isso, foi reforçado para que o paciente continuasse fazendo os exercícios de respiração e de imagens mentais perto da mãe a fim de reduzir a ansiedade. O paciente relatou ter havido uma significativa redução de seus níveis de ansiedade a partir da prática dos exercícios, obtendo assim uma diminuição também significativa dos sintomas ansiogênicos, porém ainda relata sentir grande dificuldade em relação a tomada de atitude para falar com a mãe.

O paciente segue em acompanhamento psicoterapêutico em busca do seu objetivo, qual seja, revelar à mãe sua condição.

Considerações finais

A partir do estudo de caso realizado, pôde-se perceber o grande nível de ansiedade presente na vida de um indivíduo transgênero, sendo esta ansiedade causada por diversos fatores. Observou-se que o paciente em questão sofre por apresentar características físicas (órgãos genitais e características secundárias) não correspondentes à sua identidade de gênero e vivencia situações aversivas em decorrência desta discrepância entre mente e corpo, como por exemplo, dificuldade de frequentar banheiros públicos, de utilizar roupas ditas como femininas, de ser chamado pelo nome de registro ou por pronomes femininos, além da grande aversão à menstruação, que precisa vivenciar uma vez por mês.

Juntamente à estas situações ansiogênicas, percebeu-se que o principal fator gerador de ansiedade ao paciente, era o medo em assumir sua identidade de gênero frente aos familiares, pois teme que os mesmos o julguem e não o aceitem. Diante da análise do caso e de estudos realizados anteriormente, foi possível ter um olhar atento às questões do paciente como um todo e não somente ao objetivo inicial trazido, qual seja, trabalhar a transição de gênero. Sendo assim compreendeu-se, de forma colaborativa, que a prioridade inicial seria revelar à sua família sobre sua identidade de gênero para posteriormente dar sequência à transição.

Identificou-se que a dificuldade em tomar tal atitude se dava em decorrência da ansiedade provocada pelas crenças disfuncionais e em consequência de experiências anteriormente vividas e, desta forma, foi de suma importância trabalhar gradualmente os pensamentos distorcidos e minimizar a ansiedade, até que o paciente conseguisse contar à irmã sobre sua condição.

Foi possível ainda concluir que as técnicas da TCC auxiliaram o paciente a identificar situações gatilho de ansiedade, bem como as crenças e os pensamentos distorcidos que transformaram estas situações em gatilhos. Pôde-se constatar também que, além de identificar tais aspectos, a TCC encorajou o enfrentamento das situações ansiogênicas, possibilitando a ressignificação de tais situações.

Verificou-se que ao questionar o paciente acerca de seus pensamentos disfuncionais, por meio do questionamento socrático, possibilitou-se a reflexão sobre a falta de evidências da veracidade destes pensamentos. Diante desta constatação e modificação de pensamentos, pôde-se perceber que os sintomas de ansiedade se mostraram em remissão.

Sendo assim, foi possível concluir com este estudo de caso que as técnicas da TCC são eficientes no tratamento da ansiedade gerada pelas questões relativas a identidade de gênero e tudo que a integra. Com base nisso, sugere-se também que sejam realizados novos estudos e pesquisas sobre o tema, a fim de que sejam aprimoradas as formas de abordagem a casos semelhantes, devido às particularidades apresentadas por esta população e ao grande sofrimento vivenciado por eles em decorrência da sua condição.

Referências

ANDRADE, T.C.O.R.; ANDRADE, P.A.R. Processo Transexualizador no SUS: Um mecanismo de garantia da inclusão e plena dignidade de transgêneros e travestis. UNISANTA, **Anais do Encontro Nacional de Pós-Graduação** – VI ENPG Vol.1, 2017. Disponível em < https://ojs.unisanta.br/index.php/ENPG/article/view/1104/0> Acesso em: 05 de jan de 2021.

CORRÊA, F.H.M.; et al. Pensamento suicida entre a população transgênero: um estudo epidemiológico. **J. bras. psiquiatr.** vol.69 no.1 Rio de Janeiro Jan./Mar. 2020. Epub May 08, 2020. Disponível em: <https://www.scielo.br/scielo.php?pid=S0047-20852020000100013&script=sci_arttext&tlng=pt> Acesso em: 30 de nov de 2020.

FRANCISCO, L.C.F. de L.; et al. Ansiedade em minorias sexuais e de gênero: uma revisão integrativa. **J. bras. psiquiatr.** vol.69 no.1 Rio de Janeiro Jan./Mar. 2020. Epub May 08, 2020. Disponível em: <https://www.scielo.br/scielo.php?pid=S0047-20852020000100048&script=sci_arttext> Acesso em: 30 de nov de 2020.

PEDROSA, K.M.; et al. Intervenção cognitivo-comportamental em grupo para ansiedade: avaliação de resultados na atenção primária. **Revista Psicologia: Teoria e Prática**, 19(3), 43-56. São Paulo, SP, set.-dez. 2017. ISSN 1516-3687 (impresso), ISSN 1980-6906 (on-line). Disponível em: <https://www.redalyc.org/pdf/1938/193854183003.pdf> Acesso em: 02 de dez de 2020.

MELO, A.L.C.; LOURENÇO, L.M. **Terapia cognitivo-comportamental no Tratamento de um Caso de Transtorno de Ansiedade Generalizada:**

um relato de caso. Psicologia PT - Portal dos Psicólogos, 2020. Disponível em: <https://www.psicologia.pt/artigos/textos/A1408.pdf> Acesso em: 02 de dez de 2020

MOURA, I.M.; et al. A Terapia Cognitivo-Comportamental no Tratamento do Transtorno de Ansiedade Generalizada. **Revista Científica da Faculdade de Educação e Meio Ambiente.** Ariquemes: FAEMA, v. 9, n. 1, jan./jun., 2018.

MULLER, J. de L.; TRENTINI, C.M.; ZANINI, A. M. Transtorno de Ansiedade Social: um estudo de caso. **Contextos Clínicos**, 8(1):67-78, janeiro-junho 2015.

REYES, A.N.; FERMANN, I.L. Eficácia da Terapia Cognitivo-Comportamental no Transtorno de Ansiedade Generalizada. **Revista Brasileira de Terapias Cognitivas**,13(1), pp.49-54, 2017.

SANTOS, N.L. dos.; ROCHA, A.C. de O. **TRANSparente:** enxergando através do transgênero. 2017. Trabalho de Conclusão de Curso (Graduação) – Faculdade Sant'Ana, Ponta Grossa, 2017.

WRIGHT, J.H.; BASCO, M.R.; THASE, M.E. **Aprendendo a Terapia Cognitivo--Comportamental:** um guia ilustrado. Porto Alegre: Artmed, 2008.

PARTE 2
TRANSTORNOS DE HUMOR

CAPÍTULO 11

CONTRIBUIÇÕES DA TERAPIA COGNITIVO COMPORTAMENTAL NOS ESTADOS DEPRESSIVOS EM TEMPOS DE PANDEMIA

Léia da Rosa dos Santos
Solange Regina Signori Iamin
Maurício Wisniewski

Introdução

A pandemia que assolou o ano de 2020, trouxe consigo uma necessidade de adaptação ainda não vivenciada por muitas pessoas. Veio também carregada de medo, de ansiedade quanto ao futuro, de perdas financeiras, perdas pessoais e lutos. Esses fatores colaboraram para o aumento dos sintomas de depressão em pessoas que já sofrem deste mal.

Barros, et al (2020), em estudo sobre depressão, ansiedade e insônia na população adulta brasileira durante a pandemia, refere que, 40,4% se sentiram frequentemente tristes ou deprimidos, 52,6% frequentemente ansiosos ou nervosos; 43,5% relataram início de problemas de sono, 48,0% problema de sono preexistente agravado. Tristeza, nervosismo frequente e alterações do sono estiveram mais presentes entre adultos jovens, mulheres e pessoas com antecedente de depressão

Aliado a isso, a prática clínica nos mostra que a depressão é cada vez mais frequente na vida das pessoas, e em um quadro de depressivo se instala fica muito difícil para a pessoa realizar as atividades simples da rotina, como organizar a casa, cuidar do filho, cuidados básicos de higiene como tomar banho, escovar os dentes, essas atividades acabam sendo deixadas de lado ou realizadas com muito esforço e dificuldade, pois a pessoa sente-se desmotivada para desempenhar-se no cotidiano.

De acordo com o DSM-5 (APA, 2014, pg. 160-161), os critérios necessários para caracterizar um quadro de transtorno depressivo incluem sintomas que devem estar presentes durante o período de duas semanas e representam uma mudança em relação ao funcionamento anterior, como:1. Humor deprimido na maior parte do dia, quase todos os dias, conforme indicado por relato subjetivo (p. ex., sente-se triste, vazio, sem esperança) ou por observação feita por outras pessoas (p. ex., parece choroso). (Nota: Em crianças e adolescentes, pode ser humor irritável.), 2. Acentuada diminuição do interesse ou prazer em todas ou quase todas as atividades na maior parte do dia, quase todos os dias (indicada por relato subjetivo ou observação feita por outras pessoas).

Além de humor deprimido ou perda de interesse ou prazer devem estar presente ao menos 4 dos sintomas descritos a seguir que são: Perda ou ganho significativo de peso 5 % em um mês, insônia e hipersônia quase todos os dias, agitação ou retardo psicomotor quase todos os dias, fadiga ou perda de energia quase todos os dias, sentimentos de inutilidade ou culpa excessiva ou inapropriada, capacidade diminuída para pensar ou se concentrar ou indecisão, pensamentos recorrente de morte (não somente medo de morrer), ideação suicida recorrente sem plano específico, uma tentativa de suicídio ou plano específico para cometer suicídio, e os sintomas causam sofrimento significativo na vida pessoal, nas relações interpessoais, e nas atividades laborais da pessoa (APA, 2014, p.160-161).

A depressão tem mostrado o quão incapacitante pode ser para quem a vivência, porém existem tratamentos eficazes que contribuem na redução da sintomatologia, uma das técnicas mais utilizadas para o tratamento da depressão tem sido a Terapia Cognitivo-Comportamental.

A TCC foi cunhada por Aaron Beck, e tem como premissa principal que as emoções e os comportamentos são influenciados pela maneira como pensamos e interpretamos as situações, pois certas situações acionam certos pensamentos que podem gerar diversas emoções e comportamentos sendo que as distorções cognitivas estão em maior intensidade e mais ativadas nos transtornos mentais como, por exemplo, na depressão, e elas interferem na maneira como o indivíduo interpreta as situações, portanto o principal objetivo da TCC é modificar as distorções cognitivas (KNAPP, 2004).

A estrutura cognitiva para TCC, é composta por pensamentos automáticos que são cognições mais fáceis de acessar, seja pelo pensamento ou por imagens, os pressupostos subjacentes que são regras e normas que o sujeito tem sobre as situações e acontecimentos e crenças nucleares que dizem respeito a ideias e conceitos enraizados e cristalizados que a pessoa tem sobre si mesma, os outros e sobre o mundo (KNAPP, 2004).

De acordo com Beck (1997) a tríade cognitiva para depressão é a visão negativa de si mesmo, visão negativa do mundo que o cerca, e visão negativa acerca do próprio futuro. O modelo cognitivo da depressão descreve que os sintomas depressivos podem ser mantidos em três níveis da cognição que são os pensamentos automáticos, as regras e os pressuposto subjacentes e as crenças nucleares (KNAPP, 2004).

Knapp (2004, pg. 174) cita que os pacientes deprimidos se percebem como inferiores, inadequados, indesejados, e incapazes "nada do que faço dá certo". A interpretação negativa dos fatos gera humor deprimido que intensifica ainda mais as interpretações distorcidas e disfuncionais que por sua vez mantêm e cronifica o humor deprimido (KNAPP, 2004). Agostinho; Bullamah e Donadon (2019), demonstram os resultados positivos da aplicação desta abordagem em pacientes com depressão. Este trabalho tem como objetivo fazer o relato de um caso de depressão e os resultados obtidos com a intervenção da terapia cognitivo-comportamental.

Apresentação do caso clínico

Ana (nome fictício) tem 26 anos, é casada, tem um filho e está desempregada, relata que nos últimos 6 meses sente muito desanimo, cansaço para realizar as pequenas atividades do dia, mudanças de humor, acompanhado de muita irritabilidade e que acaba desgastando o seu relacionamento com o marido, os cuidados com o filho, e o relacionamento com os clientes.

Ela ainda refere que está comendo muito até sentir-se cheia, porém depois que faz isso sente-se muito culpada e a pior pessoa do mundo, também está com o sono irregular, dorme tarde e acorda tarde, tem pensamentos negativos sobre tudo o tempo todo, e tem dificuldade para expressar o que pensa e sente, e acaba brigando e chorando por coisas simples. Ela relata que tem vontade de chorar quase todos os dias. Sente-se fracassada já que ainda não conseguiu passar em nenhuma entrevista na sua área de formação, Secretariado Executivo, e acredita que a culpa é dela por não ser boa o suficiente, e não sente vontade nenhuma de ficar procurando trabalho ou qualquer coisa que seja nesse sentido.

Ana engravidou e isso trouxe mudanças muito grande em sua vida, pois precisou casar e sair da casa dos pais, não tinha nada em termos financeiro e ficou na mão, morou com sogros, mas não gostou, morou com os pais novamente e depois conseguiu a sua casa própria. Trabalhou por um período em um laboratório, mas o filho ficou muito doente e precisou sair do emprego, e ao sair ficar em casa fez ela se sentir inútil. No momento trabalha de maneira autônoma com vendas de calçados pela internet, mas é um trabalho que estressa muito.

O marido a traiu e ela não consegue confiar mais nele, o marido ainda a desqualifica e diz que ela não é "uma boa mãe, que ela deveria ser igual a mãe dele" (sic), além disso reclama que ela não tem atenção com coisas. Ela se sente muito culpada por não ser melhor. Ela afirma que os principais sintomas pioraram em dezembro, e que com a pandemia agora ficaram mais intensos e por isso resolveu pedir ajuda.

Ela relata que não consegue se olhar no espelho pois saiu muita espinha em seu rosto e corpo, e engordou bastante, que tem comido excessivamente e depois se sente muito mal, também não faz nenhuma atividade física. Com a pandemia a renda familiar reduziu 60% e está difícil para pagar as despesas de casa, não tem esperança que as coisas possam melhorar.

Métodos de avaliação

A avaliação inicial foi feita através da aplicação da anamnese, realizada na primeira sessão para coleta de dados e investigação da história da queixa da paciente e como essa queixa estava relacionada com outras áreas da vida (CARRETONI; FILHO; PREBIANCHI, 2015), e de acordo com os critérios diagnósticos do DSM-5 (APA, 2014). Foi aplicada o Inventário de Depressão de Beck II (GORENSTEIN; et al, 2017).

Ao final do tratamento foi reaplicado o BDI II. A duração de cada sessão foi de 50 minutos a 1 hora. Foram realizadas (13) sessões no modo presencial, e no modo online foi realizada (1), totalizando 14 sessões.

Intervenção clínica e técnicas utilizadas

A intervenção clínica contou com o uso de uma diversidade de técnicas que compuseram o processo terapêutico:

Psicoeducação: No início foi explicado sobre o modelo cognitivo, pensamento, emoção e comportamento e como estão interligados, foram usados slides para que as informações ficassem mais visuais e a interação da paciente mais dinâmica. A paciente foi psicoeducada sobre a depressão, os principais sintomas, como, o desanimo, "quanto menos eu faço, menos vontade tenho de fazer as coisas e isso aumenta o desanimo mas também o sentimento de culpa". Foi usada a metáfora da casa, de quando apagamos as luzes ao sair.

Assim é a depressão, vai aos poucos desligando o nosso corpo e as nossas atividades, e uma das maneiras de sair desse ciclo é começar a realizar atividades mesmo que no começo não sinta vontade, foi explicado sobre a visão negativa do si mesmo, do ambiente e do futuro que está muito distorcido nos casos de depressão. Assim, com as informações adequadas a paciente se sentiu mais segura e teve mais motivação para continuar na terapia, porque passou a entender o que estava acontecendo.

Foi explicado sobre o empirismo colaborativo em que terapeuta e paciente trabalham em parceria para obter melhores resultados. O terapeuta vai indicar as ferramentas e o paciente as colocará em prática (WRIGHT, 2004). Foi realizado um feedback em todas as sessões, sempre que a terapeuta considerou a necessidade de entender como a paciente estava percebendo e se sentindo em relação as situações vivenciadas. Por exemplo, "foi muito bom falar do que incomoda, e os testes fizeram pensar em como estou me sentindo"(sic).

Mindfulness: A paciente apresentava o comportamento de comer em excesso, além disso comia até passar mal. Ela queria mudar esse comportamento, pois engordou mais de 10% do seu peso atual e se sentia desconfortável por não conseguir encontrar equilíbrio na alimentação e continuar engordando. O comer em excesso acontecia também em situações que geravam desconforto ou frustração, ou quando ficava entediada.

Foi explicado que o mindfulness ajuda a sair do modo automático, a regular as emoções, e aprender a reconhecer os sinais do corpo e a integrar essas informações. Este trabalho foi feito usando uma barra de chocolate, um alimento que ela gosta muito. Foi entregue uma porção individual para que ela pudesse explorar e degustar, usando todos os sentidos, o tato ao tocar, o olfato para sentir o cheiro, a visão para observar os detalhes do produto, a audição para observar os barulhos que escutava ao mexer na embalagem e o paladar ao colocar na boca.

Na primeira mordida orientei que ela prestasse atenção a todos os sabores presentes e demais informações, e então podia engolir, e se ela quisesse ela poderia continuar comendo usando todos os sentidos e prestando atenção ao momento presente.

O resultado foi, "que bom ter esta experiência, se fosse em casa, eu teria comido uns 5 e nem sentiria o sabor" (sic). Foi orientado que em casa também realizasse o mindfulness em, pelo menos, uma refeição. Ela relatou, "eu fiz aquilo que me ensinou, de comer prestando atenção e o que aconteceu foi que eu comecei a sentir sabor da comida coisa que eu nem sentia as vezes"(sic).

Tarefa de casa: A paciente fez a maioria das tarefas de casa, o que também mostrou o engajamento com a terapia, e o aproveitamento e aprendizado para mudanças. As tarefas indicadas foram, o RPD (Registro de pensamento disfuncional), vídeos, treino de respiração diafragmática, cartão de enfrentamento, treino de mindfulness guiado para fazer em casa em áudio (PENMAN; WILLIAM; 2015).

Distorções Cognitivas: Foi apresentado a paciente uma lista de distorções cognitivas. Ela identificou as que faz uso com mais frequência. Através do exame de evidências e questionamento socrático, foram trabalhados os pensamentos mais adaptativos a situação, segue abaixo a tabela com as distorções identificadas.

Tabela1: Distorções cognitivas e reestruturação cognitiva

Distorção cognitiva	Pensamento	Modificação após o a aplicação do exame de evidências e questionamento socrático:
Leitura mental	Ninguém elogiou. Não gostaram do meu produto	Ele pode ter outros motivos para ter reagido assim
Adivinhação	Acho que não vou passar na entrevista	Se não passar nessa, outras oportunidades de trabalho virão.
Rotulação	Sou burra, não sou inteligente	Eu consigo aprender a fazer as coisas novas, pois a vendas de tênis aprendi a fazer sozinha
Supergeneralização	Eu nunca ganho nada	Já ganhei muitas coisas das pessoas, apoio, ajuda de alguma forma.
Afirmação do tipo deveria	Eu deveria ter dito isso e não aquilo na entrevista	Eu disse o que eu podia naquele momento e dei o meu melhor
Comparação injusta	Porque acontece só comigo e não com os outros	As outras pessoas também passam por problemas, não igual aos meus mas passam

Distorção cognitiva	Pensamento	Modificação após o a aplicação do exame de evidências e questionamento socrático:
Raciocínio emocional	Estou passando por dificuldades financeiras e não vejo nada melhorar logo as coisas piorarão	Estou em uma pandemia, por isso a renda familiar caiu, mas estou conseguindo uma renda vendendo calçados
Catastrofização	Não vou conseguir vender nenhum produto e agora gastei	Já tive boas vendas nos meses passados e preciso ter um pouco de paciência para vender os produtos que tenho

Fonte: os autores (2020).

Seta descendente: A partir dessa técnica foi identificada a crença de desvalor, e os pensamentos automáticos relacionados foram: "nem para trabalhar com vendas eu sou boa, não sirvo para nada, sou um fracasso". Na situação de compra de roupas para venda, o pensamento foi, "tenho medo de não vender, de não receber e ter feito escolhas erradas".

Foi informado sobre as crenças de desvalor, desamor e desamparo. Relatado que são estruturas mais cristalizadas e que são ativadas em certas situações, e fortalecidas com certos pensamentos automáticos. Então foi explicado a importância da modificação dos pensamentos, para que também ocorra o enfraquecimento dessa crença ativada. Foi usado o modelo de processamento das informações (BECK, 2014) e com isso ela conseguiu visualizar como acontece o processamento cognitivo, e também a importância de monitorar os pensamentos e modificar.

Estratégias de enfrentamento: é muito importante que o terapeuta e o seu paciente de maneira colaborativa desenvolvam estratégias de enfrentamento de situações difíceis. Isso aumenta a habilidade de resolução de problemas. Com a paciente foi identificado uma dificuldade para lidar com as situações relacionadas a venda de calçados, e que ativavam os pensamentos relacionados aos sintomas da depressão de incapacidade, inutilidade, não ter esperança e desmotivação, levando a vontade de desistir das vendas.

Algumas das estratégias para lidar com o estresse gerada pelas vendas foram: Não responder os fornecedores na hora da raiva. Fazer respiração diafragmática e se acalmar primeiro. Lembrar que nem sempre os fornecedores estão estressados com ela, mas podem ter outros motivos. Lembrar que não pode controlar a reação dos clientes, e que as vezes faz leitura mental e não tem como saber o que o cliente achou daquele produto se ele não falar.

Vantagens e desvantagens: Como o fato de não ter um trabalho formal era algo que intensificava os sintomas da depressão, foi feita uma lista de vantagens e desvantagens sobre vendas na internet:

Tabela 2: Lista de vantagens e desvantagens de vendas

Vantagens	Desvantagens
Renda financeira melhorou	Estresse de forma geral
Sentir útil	Enviar pedido, fazer pagamentos
Não precisar sair de casa no período de pandemia	Cobrar clientes, lidar com a decepção de quando não gostam do produto
Trabalhar sozinha	Lidar com fornecedores que são pessoas grossas
Independência financeira	Trocas de calçados quando necessário

Fonte: os autores (2020).

Após realizar a lista, a paciente analisou e concluiu que as vantagens eram mais significativas do que desvantagens, ou seja, trabalhar com vendas ajudava a se sentir útil e gerava uma renda para ela contribuir com as despesas da casa.

Registro dos Pensamentos Disfuncionais: Auxilia o paciente a identificar as situações ativadoras, bem como as emoções desencadeadas e os comportamentos relacionados aos pensamentos automáticos e disfuncionais. Essa técnica foi trabalhada com a paciente na sessão e depois orientada como tarefa de casa, para ajudá-la a perceber como interpreta a situação e qual a distorção relacionada. Também ajuda a mapear os pensamentos, estados de humor e comportamentos. A modificação de pensamento foi feita através do questionamento socrático, exame de evidencia, e seta descendente, e em casa ela também aplicou.

Tabela 3: Registro dos pensamentos disfuncionais

Situação	PAs disfuncional	Emoção	Comportamento	PAs Funcional
Venda de tênis diminuiu	Nunca vou progredir, não sou persistente. Sou um fracasso	Raiva, estresse, desanimo	Não colocar as fotos nas redes sociais do produto	As vezes vendo mais e as vezes vendo menos, mas, mesmo assim, continuo vendendo tênis e então vou continuar divulgando o meu produto
Falta de dinheiro	Não vou dar conta de pagar os tênis, e nem comprar mais tênis	Triste, raiva	Vontade de ficar deitada na cama e dormir.	Posso vender para outra pessoa revender; posso vender pelo preço que comprei e ainda sim terei o retorno do valor que paguei.
Poucas vendas de mercadorias	Medo de não vender nada	Ansiosa	Observar o pensamento e fazer questionamento socrático e exame de evidências. Continuar colocando os produtos na página na internet. Levantar cedo fazer caminhada e depois organizar a casa.	As vendas são assim as vezes vendo mais e as vezes vendo menos. Tenho feito boas vendas. As pessoas sempre pagaram tudo. Eu tenho um trabalho e uma renda e trabalho em casa e assim posso cuidar do meu filho.*- Fez em casa.

Fonte: os autores (2020).

Treino da respiração diafragmática: A paciente foi ensinada a fazer a autorregulação emocional por meio do treino da respiração diafragmática e orientada a sentar de maneira confortável, inspirar pelo nariz, evitando mover os ombros ou tórax, levando esse ar para o abdômen e depois expirando, soltando devagar pelo nariz ou pela boca, assim esvaziando a barriga, e depois repetindo novamente. Foi orientado que ela treinasse essa respiração em casa sempre que possível. Ana achou difícil realizar no início, mas com o passar das sessões relatou que fez a respiração em casa antes de dormir, numa situação que estava muito estressada e que foi muito bom e ajudou muito a se acalmar.

Normalização: Foi realizada em diversos momentos da terapia. Um exemplo disso foi em relação a pandemia do Covid e o desemprego, pois Ana percebia o desemprego como sendo culpa sua e acabava desconsiderando o que estava acontecendo a sua volta. Foi apontado que, mesmo sem trabalho formal, ela encontrou a opção de vender tênis pela internet, o que se tornou uma solução, em um momento em se indica o distanciamento social. Ana realiza a divulgação pela internet, incluindo o relacionamento com clientes, pedido com os fornecedores, recebimentos e pagamentos bem como as trocas de mercadoria. Isso gerou renda e ela pode cuidar do filho, tendo em vista que trabalha desde sua casa.

Em relação aos sintomas da depressão foi explicado que sentir desanimo, tristeza, ganho de peso, e a mudança de humor era normal, pois naquele momento ela estava em um quadro depressivo e que outras pessoas nessa situação também poderiam ter esses sintomas. Foi explicado que com a mudanças colocadas em prática aliada a terapia, a tendência era que ela fosse aos poucos melhorando.

Ativação comportamental: Foi trabalhada a ativação comportamental, pois a depressão aumentou o desanimo e diminuiu as atividades de lazer, os cuidados físicos, o relacionamento com a família e amigos. Foram elencadas as atividades que ela fazia antes e que a fazia sentir bem. Antes da pandemia ia para a academia, jogava vôlei com os amigos, dançava e fazia caminhadas, mas que com a pandemia e com a depressão não estava fazendo nenhuma atividade física.

Foram escolhidas atividades que Ana gostaria de recomeçar como dançar em casa, fazer caminhada, fazer academia, mudar os hábitos alimentares, acordar mais cedo. As colocou em prática e essas atividades contribuíram para que ela se sentisse melhor, e percebesse a mudança na disposição e no ânimo para realizar as suas atividades "eu me sinto muito bem, já consegui fazer por uma semana, e mesmo sem ânimo, quando faço e termino a atividade, isso me faz sentir muito melhor"(sic).

Ensaio Comportamental: foi feito o ensaio comportamental de como iniciar uma conversa com o marido, pois havia se desentendido com ele, e essa situação piorava o humor, aumentava a ingesta de comida e o desanimo para fazer atividades físicas. O ensaio foi realizado por meio do role play. Ela encenou estar falando com o marido. Foi pontuado que levasse em consideração sobre as mudanças necessárias na relação conjugal. Ela relatou dificuldade ao iniciar o ensaio, mas depois do treino se sentiu mais confiante para ter essa conversa.

Tabela 4: Ensaio Comportamental

Antes do ensaio comportamental	Depois do Ensaio Comportamental
Você é uma pessoa desleixada, precisa de ajuda, olha o quanto está barbudo, acima do peso, precisa correr atrás de trabalho em vez de ficar só no celular, e você está muito desmotivado, além disso estou com muita raiva porque está desconfiando de mim.	Olha eu fico magoada quando você desconfia de mim, também gostaria de falar que estou preocupada com você, pois você não tem cuidado da aparência, tenho percebido que você está desanimado em procurar outro trabalho, e também tem dado pouco atenção aos filhos.

Fonte: os autores (2020).

Biblioterapia: Com o objetivo de fornecer informações a paciente sobre temas como a depressão, autoconfiança manejo da raiva, foi direcionado o livro Guia prático da Eurekka sobre Depressão 2 (RODRIGUES; SOUZA; SOUZA; 2020), Guia prático da Eurekka sobre Autoconfiança (RODRIGUES; SOUZA; SOUZA; 2020) e passo a passo como manejar a raiva (LIPP; MALAGRIS, 2010).

Cartão de enfrentamento: Foram criados alguns cartões de enfrentamento, relacionados aos benefícios da mudança de hábitos saudáveis, pois um dos sintomas da depressão, foi o comer em excesso, a falta de atividade física devido ao desanimo e fadiga que teve durante os 6 meses. Com isso um teve um ganho de peso de mais de 10 % do seu peso normal, e a fez se sentir gorda e feia. Ela sente necessidade de cuidar do corpo também. O tema foi, "porque devo cuidar da minha alimentação", e as frases foram, "quero me sentir bem comigo mesma" "sentir bem comigo mesma melhora o meu humor", "quero emagrecer", "quero vestir a roupa que eu quiser", "estar em forma para passar no teste físico". A paciente escolheu deixar os cartões como foto no celular e na geladeira para sempre lembrar do quão importante é a mudança de hábito.

Prevenção de recaídas: Foram identificadas e listadas as situações que a deixavam frustrada e alteravam as emoções: "me chamar de gorda, me rebaixar, me xingar, desvalorizar, quando o marido não ajuda na organização da casa". Estas situações podem estar funcionando como gatilhos que levavam a alteração do humor, evocavam emoções intensas e desagradáveis como a raiva, tristeza, desanimo, e comportamentos como desistir de ir à academia, de fazer caminhada e levavam ao comer em excesso. Assim ressaltou-se sobre a importância de identificar, monitorar, e modificar pensamentos, buscar evidências e modificar para pensamentos mais adaptativos. Foram levantadas estratégias de enfrentamento e de soluções de problemas, como ir para a academia, conversar com as pessoas que a desqualificam, fazer a reestruturação cognitiva, relacionando pensamentos, emoções e comportamentos, direcionando-se assim para um funcionamento mais adaptativo e operante em resolver os desafios do dia a dia.

Resultados

Apesar do impacto que a pandemia causou na vida de Ana foi possível identificar uma melhora no quadro depressivo, o que é confirmado também pelo BDI-II (GORENSTEIN; et al, 2017). As mudanças que aconteceram foram, ativação comportamental, a regulação do sono, melhora na disposição para realizar as atividades do dia a dia, regulação emocional, o autocuidado e reeducação alimentar, desenvolvimento de habilidade de enfrentamento de situações temidas, e organização da rotina diária (BECK; et al, 1997).

Em relação ao BDI II, o resultado da primeira aplicação foi de um escore de 35 pontos indicando depressão grave. Na segunda aplicação, o resultado do BDI II, foi de um escore de 22 pontos. Evidenciando uma redução no nível de depressão de grave para moderada.

Gráfico 1: Resultado BDI-II

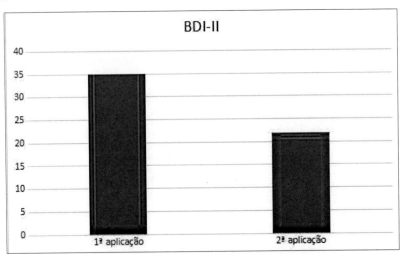

Fonte: os autores (2020).

A melhora foi possível porque a paciente aprendeu a identificar as suas distorções cognitivas e os pensamentos automáticos que interferiam no seu dia a dia e mantinham o ciclo depressivo. Ao modificar os pensamentos, percebeu uma mudança no humor, na disposição e no comportamento (BECK, 2013). Ana foi encontrando soluções para os seus desafios diários, identificou que precisava cuidar de si mesma, começou a procurar trabalho e enviar currículos, o que mostra um retorno da motivação, e mostra uma interrupção no ciclo do desanimo, que pode piorar e muito os quadros depressivos (KNAPP, 2004).

Considerações finais

A terapia cognitiva comportamental por se tratar de uma terapia breve e direcionada a solução de problemas, demonstrou neste caso clínico a sua eficácia no tratamento da depressão. A depressão é um transtorno que traz pensamento negativo, mudança considerável de humor, redução das atividades e da experiência de sentir prazer nas vivencias cotidianas. Nestes casos a TCC oportuniza o acesso as cognições distorcidas bem como tem a possibilidade de intervir e ajudar o paciente a identificar, monitorar e modificar os pensamentos desadaptativos, e com isso ele aprende a lidar com os seus desafios para além da sessão de psicoterapia.

Referências

AGOSTINHO, T. F.; DONADON, M. F.; BULLAMAH, S. K. Terapia cognitivo--comportamental e depressão: intervenções no ciclo de manutenção. **Rev. bras. ter. cogn.**, Rio de Janeiro, v. 15,n. 1,p. 59-65,jun. 2019

BARROS, M. B. A.; et al, (2020). Relato de tristeza/depressão, nervosismo/ansiedade e problemas de sono na população adulta brasileira durante a pandemia de COVID-19. **Epidemiol. Serv. Saúde** 29 (4) 4 Ago. 2020.

BECK, A.; et al. **Terapia Cognitiva da Depressão**. Porto Alegre: Artmed: 1997.

BECK, J. S. **Terapia cognitivo-comportamental: teoria e prática**. Porto Alegre: Artmed:2014.

DSM-5. **Manual Diagnóstico e Estatístico de Transtorno Mentais**. Porto Alegre: Artmed, 2014.

CARRETONI FILHO, H.; PREBRANCHI, E. B. **Exame clínico psicológico** (anamnese). São Paulo: Pearson Clinical Brasil, 2015.

GORESTEIN. C.; et al. **BDI II Inventario de Depressão**. São Paulo: Pearson Clinical Brasil. 2017.

KNAPP, P. **Depressão**. *In:* KNAPP, P. Terapia Cognitivo Comportamental na prática psiquiátrica. Porto Alegre: Artmed. 2004.

LIPP, M. E. N.; MALAGRIS, I. E. N. **O treino cognitivo da raiva**. Rio de Janeiro: Cognitiva, 2010.

NUNES, C. H. S. S.; HUTZ, C. S.; NUNES.M.F.O. **Bateria fatorial de personalidade**: Manual Técnico. São Paulo: Casa do Psicólogo. 2016.

SOUZA, J.F.L. P.; SOUZA, H.S.; RODRIGUES, L. E. B. **Guia prático da Eurekka sobre Autoconfiança**. Porto Alegre: 2020.

SOUZA, J.F.L. P.; SOUZA, H.S.; RODRIGUES, L. E. B. **Guia prático as Eurekka sobre Depressão**. Porto Alegre: 2020.

WILLIAMS, M.; PENMAN, D. **Atenção plena Mindfulness:** Como encontrar a paz em mundo frenético. Rio de Janeiro: Sextante. 2015.

WRIGHT, J.H.; et al. **Terapia cognitivo-comportamental de alto rendimento para sessões breves.** Porto Alegre: Artmed. 2004.

CAPÍTULO 12

TERAPIA COGNITIVO COMPORTAMENTAL NO TRATAMENTO DO TRANSTORNO DEPRESSIVO MAIOR

Lucas Henrique Bueno Grandini
Solange Regina Signori Iamin
Mauricio Wisniewski

Introdução

A Depressão, afeta consideravelmente boa parte da população. De acordo com dados da WHO (2020), cerca de 322 milhões de pessoas padecem desta doença. Ela atinge não somente a pessoa que a padece, mas também as pessoas com quem se relaciona como a família, os amigos, os colegas de trabalho. Assim sendo, o indivíduo percebe uma incapacidade no desempenho de suas funções sociais, pessoais e laborais.

No Brasil a depressão atinge 5,8% da população, um total de 11,5 milhões de casos registrados no país, sendo que dentre os países da América Latina o Brasil apresenta o maior índice de prevalência do transtorno (WHO, 2017).

Alguns dos sintomas que caracterizam este estado emocional que pode afetar indivíduos em qualquer fase da vida estão o isolamento, perda de apetite, desejo sexual e de interesse nas atividades antes tidas como prazerosas, profunda tristeza e apreensão (Pires, 2003).

De acordo com o DSM-5 (APA, 2014), para se enquadrar em Transtorno Depressivo Maior deve apresentar cinco ou mais dos seguintes sintomas presentes durante o mesmo período de duas semanas e representam uma mudança em relação ao funcionamento anterior; pelo menos um dos sintomas;

1. Humor deprimido na maior parte do dia, quase todos os dias, conforme indicado por relato subjetivo (p. ex., sente-se triste, vazio, sem esperança) ou por observação feita por outras pessoas (p. ex., parece choroso).

2. Acentuada diminuição do interesse ou prazer em todas ou quase todas as atividades na maior parte do dia.

3. Perda ou ganho significativo de peso sem estar fazendo dieta.

4. Insônia ou hipersonia quase todos os dias.

5. Agitação ou retardo psicomotor quase todos os dias.

6. Fadiga ou perda de energia quase todos os dias.

7. Sentimentos de inutilidade ou culpa excessiva ou inapropriada quase todos os dias.

8. Capacidade diminuída para pensar ou se concentrar, ou indecisão, quase todos os dias.

9. Pensamentos recorrentes de morte (não somente medo de morrer), ideação suicida recorrente sem um plano específico, uma tentativa de suicídio ou plano específico para cometer suicídio.

Apesar da alta taxa de depressão no mundo e dos sintomas apresentados é importante salientar que existem vários tratamentos medicamentosos e psicológicos eficazes para este transtorno.

Beck (2013) relata que a terapia cognitiva comportamental é de extrema eficácia no tratamento da depressão. Ele identificou que pacientes tratados previamente somente com medicamentos, apresentavam um percentual de 50% de recaída no ano seguinte à interrupção do tratamento. Sendo assim o ideal é a união entre farmacologia e psicoterapia, pois traz resultados mais positivos na remissão dos sintomas (FREY; MABILDE; EIZIRIK, 2004; CARDOSO, 2011; SANTANA; MARTINS, 2015; PALOSKI; CHRIST, 2014), pois a depressão compromete os campos biológicos, cognitivos e comportamentais (BECK, 2005).

A depressão está entre os transtornos mais prevalentes onde os indivíduos apresentam diminuição na assiduidade de comportamentos positivos e atividades antes tidas como prazerosas, e simultânea elevação de comportamentos de esquiva e fuga de situações aversivas (CARDOSO, 2011).

A dificuldade em lidar com situações-problema, aumento do estímulo aversivo, redução de reforçadores positivos favorecem o desenvolvimento da depressão. No tratamento desta enfermidade deve-se discriminar os estímulos mantenedores da depressão, a manutenção de comportamentos incompatíveis com sintomas, THS (Treino de Habilidades Sociais) e aumento de atividades prazerosas (CARDOSO, 2011).

A TCC apresenta benefícios no tratamento de depressão com alta eficácia na prevenção de recaídas na fase aguda (CARNEIRO; DOBSON, 2016). Permite que o terapeuta identifique os déficits comportamentais que o paciente apresenta, sendo que a modificação de comportamentos e pensamentos se mostra de grande valia no tratamento da depressão, as estratégias são escolhidas de acordo com os comportamentos que se pretende ajustar.

O trabalho da TCC no tratamento da depressão foca em estratégias cognitivas, que visam desenvolver autocontrole utilizando técnicas de auto-observação e auto avaliação a partir da identificação e monitoramento e modificação dos pensamentos automáticos e distorções cognitivas que o paciente carrega e avalia de si e do mundo ao seu redor (BAHLS, 1999).

As estratégias comportamentais também são importantes no tratamento da depressão. Elas abrangem técnicas de estímulo positivo através de recompensa, automonitorização, por meio do planejamento de atividades, construindo estratégias de diminuição de comportamentos passivos, desenvolvendo novos hábitos que promovam a socialização, e direcionamento para atividades producentes (LIMA, et al, 2004).

Apresentação do caso clínico

L. 15 anos, chegou a terapia apresentando sintomas de desânimo, tristeza persistente, alterações de apetite, perda de energia, insônia e grande sentimento de inutilidade, dificuldade de se concentrar e culpa. Relatou que estes sintomas já persistiam por volta de seis meses, e que nos últimos dias haviam se tornado mais intensos, dificultando e limitando a execução de atividades do seu cotidiano.

Episódios de agressão por parte do pai, frequentes mudanças de cidade e escolas assim como um conturbado e estreito relacionamento com os familiares por parte de sua mãe, pavimentavam um quadro de Transtorno Depressivo Maior, mais tarde evidenciado pelo diagnóstico psiquiátrico, levando a dificuldades que afetavam o campo físico, mental e social.

O paciente buscou suporte psicológico após uma solicitação da psicóloga da Instituição onde estudava, por apresentar baixo desempenho e desmotivação em relação aos estudos, atrelado a isto um dilema de que sua antiga escola seria melhor.

Métodos para avaliação

Foi realizada a Anamnese (CARRETONI FILHO; PREBIANCHI, 2015), que abrangeu o histórico pessoal do paciente, seus dilemas pessoais, perfil cognitivo e o seu desenvolvimento.

Um dos pilares sólidos utilizados no embasamento deste trabalho foram os critérios do DSM-5 (APA, 2014), em busca de possíveis sintomas relacionados ao transtorno de depressão maior (quando o paciente apresenta cinco ou mais sintomas ele é classificado com transtorno depressivo maior grave), conforme os critérios do DSM-5 para transtorno depressivo maior o paciente apresentou 7 dos 9 critérios necessários para enquadrar em transtorno depressivo maior.

Para avaliação do transtorno relacionado à depressão foi utilizado a escala DASS-21 (Depression Anxiety Stress Scales) de Vignola e Tucci, (2013). Este instrumento permite avaliar o nível de depressão, ansiedade e estresse. Nesta avaliação L. apresentou depressão um score de 23, que resulta em Depressão Grave. No que se refere a ansiedade, o resultado obtido foi de 05, considerado Normal/Leve e no Stress apresentou um score de 08 considerado Normal/Leve.

Este resultado corrobora o diagnóstico psiquiátrico e com o próprio relato do paciente com abordava também sentimentos de desamparo e desesperança relacionados as suas experiências de perda sendo que os episódios de abandono por parte do pai causaram uma enorme tristeza na sua infância.

Intervenção clínica e técnicas utilizadas

Nesta intervenção foram realizadas 10 sessões. A primeira sessão foi feita com a mãe R., pessoa responsável pelo paciente. Todas as demais sessões foram realizadas individualmente com alguns esclarecimentos e orientações aos seus familiares mais próximos na medida em que se fazia necessário. As sessões duraram na maioria das vezes 45 minutos e foram realizadas individualmente, com pequenas orientações a sua tia, tio e mãe.

O processo terapêutico contou com as seguintes técnicas:

Psicoeducação: "A TCC possui um caráter educativo. Consiste em ensinar o paciente a identificar e lidar com as circunstâncias pertencentes aos sintomas da depressão, treinando o repertório de habilidades sociais e resolução de problemas. O objetivo maior visa alterar excessos ou déficits comportamentais, crenças e valores, utilizando técnicas que abordem auto monitoramento (diários terapêuticos), restruturação cognitiva e técnicas de enfrentamento (CARDOSO, 2011). Neste caso, tratou-se a respeito dos protocolos da abordagem Cognitiva Comportamental (TCC) e seus fundamentos.

Foram esclarecidas as dúvidas a respeito de como se daria o processo psicoterapêutico, a importância da utilização de instrumentos que avaliassem o transtorno de depressão, e sobre o modelo Cognitivo Comportamental e as técnicas utilizadas ao longo do processo terapêutico.

Foi explicado sobre a importância de identificar, monitorar e modificar os pensamentos automáticos disfuncionais revendo a leitura das distorções cognitivas, crenças superficiais, intermediarias e centrais. Paciente relatou "agora compreendo que alguns dos pensamentos da minha cabeça não são 100% verdadeiros, e com sua ajuda posso entende-los melhor". Isso mostra que o paciente conseguiu compreender melhor o processo terapêutico e desenvolveu maior segurança, item essencial ao sucesso do processo terapêutico. Outro relato foi "sabendo o que vai acontecer fico mais tranquilo" (sic), o que evidencia a possibilidade de uma maior adesão ao tratamento psicoterapêutico.

Reestruturação cognitiva: Aaron Beck (1997) desenvolveu uma psicoterapia de curta duração, objetiva e com uma essencial finalidade de ajudar o paciente a identificar, avaliar e responder aos seus pensamentos disfuncionais. Respaldado por este viés teórico o paciente foi confrontado e proposto a alterar sua forma de pensar por meio do registro dos pensamentos disfuncionais.

Tabela 1: Registro de Pensamentos Disfuncionais e reestruturação cognitiva

Situação	PAs disfuncional	Emoção	Comportamento	PAs funcional
Ficar sozinho no quarto.	Eu não sirvo para nada	Tristeza profunda.	Ficar na cama deitado	Não é que eu não sirvo para nada, apenas preciso treinar mais algumas habilidades
Não conseguir realizar as atividades na instituição onde estuda	Não faz sentido realizar as atividades sendo que não irei continuar na instituição.	Desesperança	Fuga das atividades avaliativas da instituição e desinteresse.	fazer as avaliações me ajudarão a aumentar o interesse nos estudos

Fonte: os autores (2020).

O pensamento anterior a aplicação da técnica se mostra prejudicial ao paciente e após a segunda aplicação do RPD (Registro de Pensamento Distorcido), surgiu um pensamento mais funcional e adaptativo. Com esta ferramenta o combate a depressão se iniciou com a revisão das motivações visando alterar a sua percepção sobre si, os outros e o mundo.

Foi evidenciado ao paciente que os atuais pensamentos estavam lhe causando dor e sofrimento. Sendo assim seria necessário substituir esses pensamentos por outros mais adaptativos e funcionais, proporcionando uma visão mais otimista em relação a sua vida. O RPD se fez instrumento indispensável neste processo, possibilitando ao paciente o controle dos sentimentos, podendo assim resolver conflitos, contestar pensamentos negativos e alterar comportamentos improdutivos.

Considerando que somos ininterruptamente persuadidos pelo que pensamos, a interpretação dos fatos pelo paciente afetava seu estado emocional, causando dor e sofrimento.

Monitoramento das emoções: na busca de evidências que deveria ser combatido, registrou o grau de emoção em cada atividade, caminhou no sentido de autoconhecimento sobre seus valores, crenças e sentimentos, identificando as consistências que mantinham a depressão (SUDAK, 2006).

L. anotou em um caderno suas emoções, bem como determinadas situações tidas como obstáculos em sua vida, que lhe causavam sofrimento e dor, "esta tristeza está me corroendo por dentro" (sic). Com este indicador foi possível quantificar e analisar sua tristeza em diferentes contextos sociais, e trabalhar uma blindagem mais resistente no confronto a depressão, o auto monitoramento fortaleceu suas habilidades.

Quando confrontado com situações semelhantes, foi possível através do caderno com o monitoramento das emoções relembrar situações semelhantes, e assim verificar através de evidencias que seu controle emocional estava mais reforçado, possibilitando um melhor enfrentamento contra a depressão.

Tarefas de casa: foi combinado que ele faria uma planilha que desafiasse os pensamentos automáticos distorcidos. A intenção foi de que ele utilizasse o tempo fora das sessões para vivenciar novas experiências, que pudessem ser corretivas de suas crenças disfuncionais. Assim junto ao paciente foi produzida uma tabela com atividades a serem desenvolvidas durante o processo psicoterapêutico, que abordavam o quadrante das frustações, atividades que o paciente sentia prazer antes da depressão, mas que no momento não estava efetuando devido ao filtro negativo da depressão.

Tabela 2: Planilha de atividades

Sábado	Segunda-feira	Terça-feira	Quarta-feira	Quinta-feira	Sexta-feira	Domingo
Visitar seus avós.	Sair com seu cachorro.	Realizar as atividades do Instituto onde estuda	Diminuir o tempo no celular.	Jantar com a família na sala.	Acordar as 09:00 e arrumar seu quarto.	Almoçar junto com sua família na casa de seus avós.

Fonte: os autores (2020).

Possíveis dificuldades ou empecilhos: juntamente com o paciente foram levantadas e enumerados possíveis obstáculos e dificuldades que o paciente viria a enfrentar no decorrer do processo terapêutico. Com base nisso foram estabelecidos possíveis comportamentos de segurança para enfrentar seus desafios.

Tabela 3: Desafios e estratégias de enfrentamento

Desafios	Dificuldades	Estratégias
Reestabelecer as antigas amizades	Vergonha em enviar as mensagens através das plataformas de comunicação	Fortalecer as habilidades sociais para avaliação mais apurada sobre as respostas.

Fonte: os autores (2020).

Foi trabalhada a preocupação que o paciente tinha de que as respostas de seus amigos não eram exatamente o que ele esperava, e que mesmo assim deveria manter uma percepção positiva e funcional de tais situações, visando uma interpretação mais adequada e saudável sobre seus dilemas.

Treino de habilidades sociais (THS): compondo a caixa de ferramentas deste trabalho, a THS (DEL PRETTE, 2006) auxiliou o paciente a ampliar e lapidar suas habilidades sociais, iniciando, mantendo e finalizando conversações e interações.

O modelo da teoria dos papéis (MORENO, 1975) foi utilizado na intenção de evidenciar ao paciente as maneiras mais assertivas de se comportar em determinadas situações. A primeira situação a ser desafiada foi a de reestabelecer o vínculo de amizades, que segundo o paciente se apresentava como pilar indispensável para a retomada de seu estado de humor desejado.

Foi sugerido ao paciente que tomasse iniciativa na questão de conversação com seus amigos, ao invés de ficar se esquivando dos seus amigos. Foi realizado um experimento, onde o paciente deveria sair com seus amigos e dar início a uma conversação, levantando um assunto de seu interesse e necessidade. No episódio em questão, o tema levantado foi a respeito do "Authentic Games", revista que aborda jogos online.

Este experimento aumentou sua habilidade em se relacionar em contextos sociais, ele foi compreendendo as suas limitações e fraquezas sociais, sendo que a prática o ajudou no aprofundamento sobre a origem e razão de pouca habilidade.

Resultados

Ao longo do processo terapêutico o paciente identificou suas percepções distorcidas e reconheceu pensamentos negativos. Com o auxílio do terapeuta identificou pensamentos alternativos e mais próximos a realidade, de acordo com as evidencias que surgiam dos desafios sugeridos em terapia

(DOBSON; DOBSON, 2011). O paciente demonstrou resposta significativa e duradoura contra a depressão, redução evidente do transtorno do humor, e prevenção significativa contra as recaídas.

Estas mudanças podem ser observadas também no resultado da DASS-21 (VIGNOLA; TUCCI, 2013), a qual foi reaplicada ao final do processo terapêutico, mostrando a evolução em seu quadro de depressão, ansiedade e estresse.

Gráfico 1: Resultado da Escala DASS-21

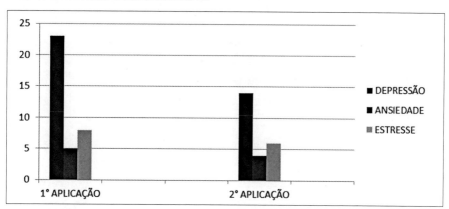

Fonte: os autores (2020).

O gráfico acima é uma demonstração do desempenho da Terapia Cognitiva Comportamental. O processo é medido pela redução nos números obtidos entre a primeira e segunda aplicação da referida escala.

Comparando os resultados da primeira aplicação com a segunda aplicação, a depressão que estava em um nível grave (23 pontos), na segunda aplicação baixou para uma depressão moderada (14 pontos). A ansiedade apresentou um resultado anterior dentro dos parâmetros normal/leve (5 pontos), e após o processo terapêutico na segunda aplicação o resultado se manteve em normal/leve (4 pontos). Em relação ao estresse, na primeira aplicação o resultado foi considerado normal/leve (8) e na segunda aplicação se manteve nos níveis de normal/leve, porém baixou o índice para 06 pontos.

Isso demonstra que a psicoterapia teve sucesso em sua aplicação evidenciando resultados positivos e saudáveis, com uma redução significativa nos sintomas de depressão, ansiedade e estresse.

Considerações finais

Ao longo do processo terapêutico se observou o quanto a depressão causou dificuldades na vida do paciente e por muitas vezes refletida em seus núcleos sociais, comprometendo seu desempenho físico e emocional, e por consequência refletindo em seus familiares.

A depressão é resultado de um padrão de funcionamento mental carregado de cognições distorcidas. O paciente acreditava e agia como se as situações fossem mais catastróficas do que realmente eram, criando expectativas negativas sobre as situações de sua vida.

Levando em conta os resultados obtidos pode-se dizer que a TCC é efetiva no tratamento da depressão e quando amparada pela farmacoterapia e atrelada a uma boa abordagem psicoterápica, resulta em respostas mais funcionais a médio e longo prazo, refletindo em habilidades e ferramentas sólidas no combate as recorrências e recaídas.

A TCC auxiliou o paciente a modificar suas crenças e comportamentos que prejudicavam seu estado de humor, sendo que as técnicas utilizadas contribuíram para a modificação dos pensamentos automáticos depressogênicos bem como dos comportamentos disfuncionais, trazendo maior enfrentamento as situações e alivio dos sintomas.

Referências

AMERICAN PSYCHIATRIC ASSOCIATION (APA). **DSM-5- Manual de Diagnóstico e Estatísticas dos transtornos Mentais**. Porto Alegre: Artmed, 2014.

BAHLS, S. C. Depressão: uma breve revisão dos fundamentos biológicos e cognitivos. **Interação**, 3,49-60, 1999.

BAHLS, S.C.; NAVOLAR, A.B.B. Terapia Cognitivo-Comportamentais: Conceitos e Pressupostos Teóricos.**Psico UPT Online**. 2004.

BECK, J. S. **Terapia Cognitivo**-Comportamental: Teoria e Prática. Porto Alegre, Artmed; 2013.

BECK, A. The Current State of Cognitive Therapy: a 40-year Perspective. **Arch. Gen. Psych.**, Chicago, v. 62, n. 9, p. 953-959, 2005.

BECK, A.T. **Terapia Cognitiva da Depressão**. Porto Alegre, Artes Médicas; 1997.

CARDOSO, L. R. D. Psicoterapias Comportamentais no Tratamento da Depressão **Psicol. Argum.**, Curitiba, v. 29, n. 67, p. 479-489, out./dez. 2011.

CARNEIRO, A. M.; DOBSON K. S. Tratamento Cognitivo-Comportamental para Depressão. **Rev. bras. ter. cogn.** vol.12 no.1 Rio de Janeiro jun. 2016.

CARRETONI FILHO, H.; PREBRANCHI, E. B. **Exame clínico psicológico (anamnese)**. São Paulo: Pearson Clinical Brasil, 2015.

DEL PRETTE, Z. A. P.; DEL PRETE. **Psicologia das Habilidades Sociais: Terapia e Educação**. Petrópolis: Vozes, 2006.

DOBSON, D.; DOBSON, K. S. A **Terapia Cognitivo-comportamental baseada em evidências.** Porto Alegre: Artmed, 2011.

FREY, B.N.; MABILDE, L.C.; EIZIRIK, C.L. A integração da psicofarmacoterapia e psicoterapia de orientação analítica: uma revisão crítica. **Rev. Bras. Psiquiatr.** 26 (2). São Paulo, 2004.

LIMA, M. S.; et al. Depressão. IN: KNAPP, P e cols. **Terapia cognitivo-comportamental na prática psiquiátrica**. Porto Alegre: Artmed, 2004.

MORENO, J.L. **Psicodrama**. São Paulo: Cultrix, 1993.

PALOSKI, L. H.; CHIST, H. D. Terapia cognitivo-comportamental para depressão com sintomas psicóticos: Uma revisão teórica. **Revista Contextos Clínicos**, 7(2),220-228, 2014.

PIRES, C. L. **Manual de Psicopatologia: Uma abordagem biopsicossocial**. Leiria: Editorial Diferença, 2003.

SANTANA, K. K.; MARTINS M. das G. T. As contribuições da terapia cognitivo-comportamental na depressão infantil. **Estação Científica**,14, 2015.

SUDAK, D.M. **Cognitive Behavioral Therapy for Clinicians: Psychotherapy in Clinical Practice.** Lippincott Williams & Wilkins, Philadelphia, 2006.

VIGNOLA, R. C. B.; TUCCI, A. M. Depression, Anxiety and Stress Scales (DASS-21). Adaptation and Validation to Portuguese of Brazil – **Dissertação Mestrado** – Universidade Federal de São Paulo, 2014.

WORLD HEALTH ORGANIZATION (WHO). Preventing suicide, a global imperative. (2017). Recuperado de http://www.who.int/mental_health/suicide

WORLD HEALTH ORGANIZATION (WHO). Depression and other common mental disorders: global health estimates report. Geneva: WHO, 2020.

CAPÍTULO 13

INTERVENÇÃO DA TERAPIA COGNITIVO-COMPORTAMENTAL EM UM CASO DE DEPRESSÃO NA ADOLESCÊNCIA

Milena Raquel Dombrowski
Solange Regina Signori Iamin
Mauricio Wisniewski

Introdução

De acordo com Neufeld (2017), a adolescência caracteriza um período do desenvolvimento humano que registra a transição da infância para a idade adulta, consistindo em um período de muitas transformações nos aspectos físico, neuroquímico, cognitivo, emocional e comportamental.

Petersen *et al* (2011) consideram que os dilemas próprios da adolescência tornam tanto o diagnóstico assertivo quanto o tratamento desse público repleto de desafios e sutilezas, uma vez que se encontram com questões vinculadas à própria autonomia, podendo ter menor predisposição de recorrer aos pais e/ou cuidadores quando se sentem deprimidos, o que os conduz a um maior isolamento.

Considerando os estudos de Rodrigues e Horta (2011), constata-se que a depressão caracteriza um dos problemas de saúde mental com maior prevalência mundial, sendo que na presença de sintomas depressivos é atribuído significativo prejuízo para a qualidade de vida das pessoas e de seus familiares, necessitando assim de identificação desses sintomas em sua fase inicial.

A Terapia Cognitivo Comportamental (TCC) se norteia por dois princípios centrais que tratam do fato das cognições exercerem influência controladora sobre as emoções e comportamentos humanos, assim como o modo com que as pessoas agem e se comportam podem afetar seus padrões de pensamento e suas emoções (WRIGHT; BASCO; THASE, 2008).

No caso de transtornos depressivos, a TCC busca o desenvolvimento de intervenções que apresentam resultados significativos para a diminuição dos sintomas. De acordo com Wright, et al (2012), a depressão consiste em uma condição na qual um baixo índice de atividades desencadeia prazer e auto avaliações de domínio com uma alta probabilidade de utilização do tempo em atividades solitárias e desestimulantes.

Wang, et al (2013) corroboram na afirmativa de que a pessoa acometida pela depressão subestima a si mesma, se considerando como indesejável, repleta de incapacidades, de modo a interpretar o ambiente que a cerca de forma negativa, esperando que acontecimentos ruins aconteçam, associados a fracassos e perdas.

Este estudo trata do relato de um caso clínico atendido na Terapia Cognitivo Comportamental com a hipótese diagnóstica de Transtorno Depressivo Persistente (Distimia). De acordo com o DSM-5 (APA, 2014), preenche os critérios diagnósticos estabelecidos para transtorno depressivo persistente (distimia), os casos que incluem o humor deprimido na maior parte do dia, na maioria dos dias, pelo período mínimo de dois anos, como presença de duas (ou mais) características como insônia ou hipersonia, baixa energia ou fadiga, baixa autoestima, concentração pobre ou dificuldade em tomar decisões, sentimentos de desesperança. Esses sintomas geram um sofrimento que é significativo do ponto de vista clínico, e também um prejuízo no funcionamento social, profissional, além de em outras áreas relevantes da vida do indivíduo.

De acordo com Resende, et al (2013), a adolescência se caracteriza como uma fase de aquisição de autonomia repleta de significativas mudanças físicas e psicossociais relevantes para a construção do indivíduo, sendo os sintomas depressivos comuns nesta fase do desenvolvimento. Sendo assim, o presente capítulo tem como objetivo compreender como os sintomas depressivos se apresentam nesta fase do desenvolvimento, e como a Terapia Cognitivo Comportamental contribui para a melhora da condição psíquica do paciente, aqui denominado de F.

Apresentação do caso clínico

F. um jovem de 18 anos, do sexo masculino, estudante do último ano do Ensino Médio. Chegou para atendimento psicoterapêutico por iniciativa própria, trazendo a queixa de fragilidade emocional com frequentes crises de choro, desânimo com relação à vida, perda de interesse nas atividades diárias como nas aulas e tarefas escolares, passeios e conversas com amigos, apresentando autoestima prejudicada, abatimento, com sentimentos de inutilidade e medo de morrer. Quanto à duração dos sintomas, o paciente F. mencionou que iniciaram a aproximadamente 02 anos, mas que se intensificaram durante a pandemia do COVID-19.

Entre as dificuldades apresentadas pelo jovem no aspecto comportamental se encontram muita intolerância na aceitação de ideias contrárias as suas, principalmente com relação à sua mãe, o que o leva a permanecer emburrado por determinado período, sem dialogar com a mesma, também a falta de interação com amigos, evitando de procurá-los, justificando que não faz diferença estar com as pessoas. No aspecto cognitivo relatou dificuldade para se concentrar nas aulas remotas, prejudicando o seu aprendizado. O comprometimento no aspecto fisiológico se apresenta por meio de insônia, com bastante dificuldade para dormir, além de taquicardia e nervosismo no transcorrer das atividades que precisa desenvolver diariamente. No aspecto emocional revelou descontentamento e desânimo com relação a si mesmo que é expressado por meio de crises de choro, além de uma grande dificuldade em lidar com frustrações quando não é atendido nas suas expectativas, associando a isso que seus sonhos não são valorizados.

Seus pais não convivem juntos desde o seu nascimento, sendo assim, reside com a mãe, com a qual possui um relacionamento próximo e de afeto, diferentemente do que relata ter com o pai, uma vez que estabelecem uma relação distante. Possui um irmão de 16 anos de idade de outro relacionamento do seu pai, com o qual convive e estabelece uma relação afetiva. Nos seus hábitos diários, assiste a transmissão das video aulas da escola no período da manhã, utiliza de 04 a 05 horas para os jogos de videogame no período da tarde ou noite, permanece boa parte do tempo no seu quarto, sem realizar refeições regulares, ingerindo lanches e guloseimas no lugar do almoço e jantar.

Atualmente se mudou com a mãe de um apartamento para uma casa, relatando que não gosta muito desse novo ambiente, uma vez que prefere a tranquilidade e silêncio de um apartamento. No entanto, foi presenteado pela mãe com dois cachorros, aspecto que considera positivo de mudar para uma casa. Definiu a relação com os animais como sendo de confiança, uma vez que não precisa fazer nada para eles o amarem, diferentemente dos humanos, pois considera que toda relação humana é baseada na troca, nas quais sempre precisará oferecer algo para ser merecedor de atenção, afeto, cuidado.

No ano de 2014, sua avó paterna faleceu e na ocasião relatou não conseguir expressar emoção, mesmo possuindo uma relação de qualidade afetiva com a mesma. Considera que não lida bem com términos, como no momento do falecimento da avó, assim como no rompimento de amizades, e também quando finaliza determinados jogos de videogame, nos quais os sentimentos evocados são angústia e vingança quando o desfecho lhe gera frustração. Neste aspecto, foi possível observar a dificuldade de F. quando os acontecimentos da vida não saem conforme ele espera, lhe conduzindo à sentimentos de raiva e de inutilidade que geram uma forte frustração, desencadeadora de sintomas presentes em um quadro de transtorno depressivo persistente (distimia).

Métodos de avaliação

Ao todo foram realizadas 12 (doze) sessões com o paciente de forma individual, com periodicidade semanal, sendo cada sessão com duração de 50 (cinquenta) minutos. Foi realizada uma sessão com a mãe do paciente mediante atendimento individual, sem a presença do paciente, também com duração de 50 (cinquenta minutos), na qual foi realizada a anamnese e escuta com o objetivo de buscar conhecer como se estabelece a relação com o filho, assim como de que forma lida com as situações nas quais o filho está envolvido. A mãe expressou que possuía bastante dificuldade em contrariar o filho por um período significativo de anos, o que considerou como uma forma de compensar sua ausência física, uma vez que desde muito pequeno, F. permanecia sob os cuidados da avó materna para que a mãe pudesse trabalhar. No entanto, relatou muito arrependimento em consentir pelas vontades do filho no transcorrer do seu desenvolvimento, pois percebe que contribuiu para que desencadeasse no mesmo um comportamento muito impositivo, controlador e com intolerância a receber negativas por parte dela e também de outras pessoas.

O processo de avaliação psicoterapêutica decorreu nas três primeiras sessões por meio da entrevista (anamnese) com objetivo de levantar informações sobre a história pessoal e familiar do paciente, a identificação da queixa trazida, assim como possíveis fatores desencadeadores de sintomas relatados em determinado período de tempo. Foram utilizados como instrumentos de avaliação os critérios diagnósticos do DSM-5 (APA, 2014), o Inventário DASS-21 proposto por Lovibond e Lovibond em 1995.

De acordo com País-Ribeiro, Honrado e Leal (2004), a escolha desse instrumento justifica-se por consistir em um modelo teórico que discrimina sintomas de ansiedade e depressão, nem sempre diferenciados por outras escalas ou instrumentos. Sendo assim, a aplicação desse instrumento teve como objetivo nortear a avaliação acerca de sintomas referentes a depressão, ansiedade e stress. Os autores Lovibond e Lovibond (1995) caracterizam a depressão como a perda de autoestima e de motivação, associada com a baixa probabilidade de alcançar objetivos de vida que sejam significativos para o sujeito. A ansiedade ressalta as ligações entre os estados persistentes de ansiedade e as respostas intensas de medo. E o stress trata de estados de excitação e tensão persistentes, com baixo nível de frustração e desilusão.

O resultado do cálculo do escore final realizado com F. correspondeu ao nível moderado de depressão (14-20), sendo de 20 (vinte) pontos para esse instrumento. A pontuação para ansiedade e stress se apresentaram dentro do nível normal/leve para esse inventário conforme quadro 1.

Quadro 1: Escores do DASS 21

Item Avaliado	Depressão	Ansiedade	Stress
Escores (antes intervenção)	20 (Moderado)	06 (Normal/Leve)	12 (Normal/Leve)
Escores (após intervenção)	10 (Mínimo)	04 (Normal/Leve)	10 (Normal/Leve)

Fonte: os autores (2020).

Na observância do quadro 1 é possível observar que após as intervenções realizadas com o paciente F., todos os itens avaliados tiveram diminuição do escore, sendo que a depressão obteve o melhor resultado, indicando redução significativa de 20 para 10 pontos, culminando no estado mínimo para o instrumento utilizado.

Ao longo da terapia foi aplicado o inventário de depressão "a mente vencendo o humor" que de acordo com Greenberger e Padesky (1999), auxilia no desenvolvimento de habilidades necessárias para a mudança do estado de humor, comportamentos e relacionamentos.

Sendo assim, permite monitorar e comparar como o paciente se sente de uma semana para a outra, em um período de 05 (cinco) semanas. No transcorrer das semanas, a pontuação do paciente foi diminuindo, indicando uma possível remissão de alguns sintomas apresentados inicialmente com melhora do quadro, sendo o valor inicial correspondente a primeira semana de 20 pontos, e na última semana com resultado correspondente a 07 pontos para os itens avaliados.

Também foi utilizada a "escala de autoestima de Rosenberg". Segundo Pechorro., *et al* (2011), a auto estima proposta nesta escala, consiste na orientação positiva ou negativa de cada sujeito acerca de si mesmo, sendo um dos componentes do autoconceito, que é a totalidade dos pensamentos e sentimentos do sujeito sobre si mesmo. A relação entre a autoestima e o sexo dos indivíduos foi tida por Rosenberg (1989) como não sendo homogênea, mas sim superior no sexo masculino, especialmente no período da adolescência. Na aplicação dessa escala, que ocorreu no início do acompanhamento psicoterapêutico, F. apresentou resultado de autoestima prejudicada totalizando 14 pontos. No final de processo psicoterapêutico, na reaplicação desse instrumento, apresentou o resultado de 16 pontos, indicando melhora na percepção acerca de si mesmo.

Os três instrumentos descritos tiveram como objetivo acompanhar os avanços do processo terapêutico. Sendo assim, a partir da avaliação da sintomatologia apresentada por F. se levantou a hipótese diagnóstica de Transtorno Depressivo Persistente (Distimia).

A aplicação de uma escala para a avaliação de Adição à Internet foi realizada na segunda sessão, visando averiguar o comprometimento que esse comportamento poderia trazer à vida de F, suspeita que não foi confirmada, uma vez que a pontuação estabelecida foi considerada dentro da normalidade esperada para a utilização da internet, aspecto que foi acompanhado durante o percurso terapêutico e que não resultou em comportamentos disfuncionais por parte do paciente, portanto, não sendo mais necessária a reaplicação desse instrumento.

Intervenção clínica e técnicas utilizadas

A intervenção clínica estabeleceu como metas de tratamento a redução dos pensamentos intrusivos em relação à vida por meio do RPD e do questionamento socrático, também o desenvolvimento de hábitos mais saudáveis de alimentação com o estabelecimento de uma rotina alimentar mais regrada, o estabelecimento de uma rotina regular de sono, o desenvolvimento de padrões mais realistas de desempenho, e o desenvolvimento da autoestima acerca das suas potencialidades.

Entre as técnicas aplicadas durante o percurso psicoterapêutico estão a psicoeducação, registro de pensamentos disfuncionais (RPD), tarefas de casa, questionamento socrático, seta descendente e reestruturação cognitiva.

Psicoeducação: foi explicado sobre o processo psicoterapêutico na Terapia Cognitivo Comportamental, de modo que percebesse como funciona sua tríade cognitiva, ou seja, estrutura de pensamento, sentimento e comportamento. O RPD (registro dos pensamentos disfuncionais) foi apresentado e explicado ao paciente, de modo que compreendesse o seu preenchimento. De acordo com Wright, Basco e Thase (2008, p. 70), "a psicoeducação eficaz durante todo o processo de terapia deve instrumentalizar os pacientes com conhecimento que os ajudará a reduzir o risco de recaída". A adesão do paciente ao processo psicoterapêutico foi muito positiva desde o início, uma vez que se demonstrou participativo e interessado em conhecer mais a respeito da Terapia Cognitivo Comportamental, assim como de si mesmo.

Registro de Pensamentos Disfuncionais (RPD): foi utilizado para que F. adquirisse o hábito de monitorar seus pensamentos, emoções e comportamentos desencadeados por situações ativadoras. De acordo com Wright, Basco e Thase (2008), o processo de registro desperta a atenção do paciente para cognições importantes, possibilitando uma sistematização para a identificação de pensamentos automáticos, de modo a estimular a indagação sobre a validade dos padrões de pensamento do paciente.

Tarefas de casa: No percurso das sessões, à medida que os pensamentos automáticos foram sendo trazidos e identificados por F, foi solicitado que adquirisse o hábito de monitorar seus pensamentos, emoções e comportamentos desencadeados por situações ativadoras que são demonstrados no Quadro 2.

Quadro 2: Monitoramento de pensamentos por Registro de Pensamento Disfuncional (RPD)

Situação	Pensamento	Sentimento	Comportamento
Pensar acerca de si mesmo	"Não sou capaz".	Fracasso, inutilidade.	Desacreditar de si mesmo.
Pensar no futuro	"Nunca vou passar em uma faculdade". "É triste saber que o futuro depende de mim".	Angústia, tristeza, medo.	Não realizar planos acerca do futuro.

Situação	Pensamento	Sentimento	Comportamento
Pensar que não consegue manter as amizades	"Não sou interessante".	Angústia, tristeza.	Não procurar os amigos, evitando prolongar conversas no whatsapp.
Pensar acerca das outras pessoas	"As pessoas que não compram balas dos vendedores na rua, são muito egoístas".	Surpresa, indignação	Julgar as pessoas, generalizando que não são boas e dignas de confiança.

Fonte: os autores (2020).

Questionamento socrático: o questionamento socrático foi aplicado, e conduzido também com a utilização de um baralho terapêutico com a temática de Auto Estima para trabalhar a auto percepção do paciente em determinadas sessões. Também foi trabalhado acerca da sua relação com a mãe, que busca realizar esforços para o satisfazer, mas que, no entanto, atualmente vê a necessidade de limitar suas aspirações, uma vez que o lidar com a frustração é uma tarefa diária designada à vida adulta, fase na qual irá adentrar em breve. Sendo assim, o questionamento socrático buscou desenvolver junto ao paciente, pensamentos mais funcionais no que se refere a não ser atendido nas suas expectativas.

Em uma das sessões, o paciente relatou que gostaria de fazer um curso de fotografia e, para isso precisaria adquirir uma câmera com valor bastante elevado. A indagação neste aspecto, buscou conduzi-lo à reflexão de que o aprendizado gradual de maquinários fotográficos mais acessíveis, lhe possibilitaria desenvolver maior excelência na execução de fotos, permitindo que futuramente consiga manusear qualquer equipamento (do mais simples ao mais moderno). Realizada a intervenção, o paciente expressou que "Não havia pensado dessa forma". De acordo com Wright, Basco e Thase (2008), o questionamento socrático consiste na espinha dorsal das intervenções cognitivas para alterar pensamentos disfuncionais, tendo como principais benefícios o melhor entendimento de cognições e comportamentos importantes, assim como a promoção do engajamento ativo do paciente na terapia.

Crenças e pressupostos intermediários: Para Wright, Basco e Thase (2008) se caracterizam como regras condicionais afirmativas do tipo se... então, que influenciam a autoestima e a regulação emocional. No caso do paciente F. foram identificadas como crenças e pressupostos intermediários nas afirmativas "Eu preciso oferecer alguma coisa para receber outra" (Se eu não oferecer algo a alguém então não receberei nada em troca). "Gosto de ter a segurança ao poder contar com as pessoas" (se eu puder contar com as pessoas, então me sentirei seguro). A narrativa do paciente conduz para uma forma de pensar as relações baseada em trocas, expressando que vê as pessoas considerando a utilidade que as mesmas têm, ou seja, o que podem oferecer a ele e vice-versa.

Crenças nucleares sobre si mesmo: Os autores Wright, Basco e Thase (2008, p. 23) salientam que são "regras globais e absolutas para interpretar as informações ambientais relativas à autoestima". O paciente F. expressou crenças: "Não sou interessante"; "Não posso confiar, pois as pessoas mentem"; "Sempre procurei ser o mais correto possível". A identificação dessas crenças foi apoiada nas contínuas narrativas do paciente, que trouxeram os pensamentos depreciativos sobre si mesmo e também com relação a outras pessoas, considerando que irão lhe enganar, não sendo dignas de confiança.

Reestruturação cognitiva: Segundo Wright, Basco e Thase (2008) consiste na identificação de pensamentos automáticos e crenças expressas nas sessões, de modo a ensinar habilidades para alterar cognições por meio de uma série de exercícios planejados para expandir os aprendizados psicoterapêuticos às situações cotidianas. Considerando esses autores, o trabalho psicoterapêutico com o paciente, buscou por meio das técnicas mencionadas, desenvolver uma nova forma de pensar, de modo que o mesmo identificasse suas principais distorções cognitivas e, a partir disso, reinterpretasse sua visão sobre si mesmo e sobre as outras pessoas. As distorções cognitivas trazidas pelo paciente foram a leitura mental e a rotulação, considerando sua estrutura de pensamento com relação as outras pessoas, e a personalização quando seu pensamento é acerca de si mesmo, as quais estão demonstradas no quadro 3.

Quadro 3: Distorções cognitivas

Distorção cognitiva	Pensamento disfuncional ou desadaptativo	Pensamento funcional ou adaptativo
Pensamento do tipo tudo ou nada	Se eu não comprar aquela câmera fotográfica, não terei êxito no aprendizado do curso de fotografia.	O aprendizado poderá ocorrer com recursos mais simples, possibilitando que o meu aprendizado seja mais amplo e direcionado para vários equipamentos e não para um em específico.
Rotulação	As pessoas egoístas são as que não ajudam o vendedor de bala na rua.	As pessoas podem ter comprado balas em outro momento e/ou podem estar com as finanças designadas para outros compromissos.
Personalização	Minha conversa está desagradável e por isso meu amigo não me responde.	Meu amigo pode estar ocupado com outra tarefa e/ou ter deixado para me responder mais tarde.

Fonte: os autores (2020).

De acordo com Beck (2013), o "pensamento do tipo tudo ou nada" consiste em enxergar uma situação somente por meio de duas categorias, desconsiderando um continuum. Na distorção cognitiva denominada de "rotulação", o sujeito atribuiu nele mesmo ou nas outras pessoas um rótulo fixo e global, desconsiderando que as evidências conduzam a uma conclusão menos desastrosa. E a "personalização" caracteriza um modo de pensar no qual o sujeito acredita que as outras pessoas estão agindo de forma negativa por sua causa, desconsiderando outras explicações mais coerentes para tais comportamentos.

Resultados

A partir de todo o processo psicoterapêutico F. demonstrou estar empenhado para o processo de autoconhecimento, se apresentando de modo questionador e investigativo diante das intervenções propostas. F. chegou considerando que nas suas relações de amizade, não fazia o suficiente para manter os amigos perto dele, e essa forma de pensar se estendia pelo descrédito que depositava em si mesmo. A falta de uma relação mais próxima com o pai contribuiu para desencadear sentimentos não expressados pelo paciente. Desde a morte da avó paterna, demonstra dificuldade em expressar emoções como a tristeza causada por essa perda. Essa vulnerabilidade cognitiva, desencadeou pensamentos auto depreciadores e um padrão mais elevado de exigência sobre si mesmo, principalmente associado as relações sociais.

Os resultados obtidos com F. foram aparecendo de forma gradativa como na quarta sessão, na qual o paciente relatou não ter chorado nenhuma vez durante a semana anterior, aspecto que foi considerado como uma melhora nos sintomas iniciais relatados.

Na sequência do acompanhamento, o paciente relatou que iniciou uma rotina alimentar mais saudável com a inserção de frutas e outros itens, assim como buscou gradativamente o retorno para a atividade física conforme foi indicado nas intervenções. Quando indagado a respeito de quais foram os benefícios alcançados com essas mudanças, F. respondeu que está se sentindo mais disposto, dormindo melhor, percebendo que está mais autoconfiante e acreditando ser mais interessante: "Agora tenho algo a oferecer". Essa expressão corrobora com o pensamento que possui sobre o fato de que sempre precisará retribuir o que recebe das pessoas, comportamento que possivelmente se ampara nas trocas que aconteceram no seu âmbito familiar durante sua infância e juventude.

Os instrumentos utilizados para o acompanhamento dos sintomas permitiram visualizar semanalmente como estava a evolução do paciente, possibilitando que as intervenções ocorressem de forma mais assertiva, com a compreensão do paciente acerca de cada passo seguinte no processo psicoterapêutico.

A identificação das distorções cognitivas foi realizada pelo paciente, de modo que conduzisse para a reestruturação cognitiva mediante o estabelecimento de respostas mais funcionais a serem adotadas nas situações ativadoras de pensamentos automáticos.

Considerações finais

A fase final da adolescência corresponde a um período de significativas mudanças para a entrada do sujeito na vida adulta. Deste modo, o estudo específico dessa fase da vida se torna fundamental para que determinados comportamentos sejam identificados e analisados, assim como para que medidas preventivas sejam estabelecidas ao que se refere a saúde mental dos adolescentes, incluindo o trabalho de orientação aos pais e responsáveis.

No presente estudo de caso, foram contemplados os aspectos psíquicos que desencadeiam pensamentos automáticos disfuncionais que contribuem para o desenvolvimento do Transtorno Depressivo Persistente (Distimia) na fase final da adolescência do paciente F. sob o viés da Terapia Cognitivo- Comportamental.

Esta abordagem psicológica possibilitou um atendimento breve com o estabelecimento de 12 (doze) sessões, mediante a aplicação de técnicas e instrumentos norteadores do trabalho de acompanhamento psicoterapêutico, com a redução significativa dos sintomas trazidos pelo paciente F.

Sendo assim, referenciando Beck (2013), a Terapia Cognitivo- Comportamental ao se amparar em evidências, consolidou seus princípios teóricos fundamentais, expandindo sua prática e abrangência, de modo a demonstrar sua eficácia em uma ampla variedade de transtornos mentais, como no caso em questão. No entanto, cabe enfatizar que tal temática possui escassez de estudos direcionados para essa fase da adolescência, surgindo a necessidade de estudos futuros complementares.

Referências

APA. American Psychiatric Association. **Manual Diagnostico dos transtornos mentais- DSM-5.** Porto Alegre: Artmed, 2014.

BECK, J. **Terapia Cognitivo-Comportamental: teoria e prática.** Porto Alegre: Artmed, 2013.

GREENBERGER, D.; PADESKY, C. A. **A mente vencendo o humor: mude como você se sente, mudando o modo como você pensa.** Porto Alegre: Artmed, 1999.

LOVIBOND, P.; LOVIBOND, S. The structure of negative emotional states: Comparison of the depression anxiety stress scales (DASS) with the Beck Depression and Anxiety Inventories. **Behaviour Research and Therapy,** v. 33, n. 3, n. 335-343.

NEUFELD, C. B. **Terapia cognitivo-comportamental para adolescentes: uma perspectiva transdiagnóstica e desenvolvimental.** Porto Alegre: Artmed, 2017.

PAIS-RIBEIRO, J. L.; HONRADO, A.; LEAL, I. Contribuição para o estudo da adaptação portuguesa das escalas de ansiedade, depressão e stress (EADS) de 21 itens de Lovibond e Lovibond. **Psicologia, Saúde e Doenças,** v. 5, n. 2, 229-239, 2004.

PECHORRO, P.; et al. Validação da Escala de Auto-estima de Rosenberg com adolescentes portugueses em contexto forense e escolar. **Arquivos de Medicina**, v. 25, n. 5-6, dezembro 2011.

PETERSEN, C. S.; et al. **Terapias cognitivo-comportamentais para crianças e adolescentes: ciência e arte.** Porto Alegre: Artmed, 2011.

RESENDE, C.; et al. Depressão nos adolescentes: mito ou realidade? Nascer e Crescer - **Revista de Pediatria do Centro Hospitalar do Porto**, v. XXII, n. 3, 2013.

RODRIGUES, V. S.; HORTA, R. L. **Manual prático de terapia cognitivo-comportamental.** São Paulo: Casa do Psicólogo, 2011.

WANG, L.; et al. Cognitive trio: relationship with major depression and clinical predictors in Han Chinese women. **Psychological medicine**, 43, 2265-2275.

WRIGHT, J. H.; BASCO, M. R.; THASE, M. E. **Aprendendo a terapia cognitivo-comportamental: um guia ilustrado.** Porto Alegre: Artmed, 2008.

WRIGHT, J. H.; SUDAK, D. M.; TURKINGTYON, D.; THASE, M. E. **Terapia Cognitivo-Comportamental de alto rendimento para sessões breves.** Porto Alegre: Artmed, 2012.

CAPÍTULO 14

A TERAPIA COGNITIVO-COMPORTAMENTAL E O MANEJO DA IDEAÇÃO SUICIDA EM PESSOAS COM DEPRESSÃO

Andréa do Carmo Bueno
Kelly de Lara Soczek

Introdução

A Terapia Cognitivo Comportamental (TCC) é uma abordagem na qual o terapeuta busca compreender o viés que o paciente usa para elaborar seus pensamentos, o modo como percebe as situações, as emoções que desencadeia e suas ações no ambiente. Esta abordagem conceitua que o comportamento é eliciado em decorrência das crenças que este sujeito construiu ao longo de sua vida, as quais podem interferir de modo negativo na sua saúde emocional e física, laboral, social e familiar, resultando na perda da qualidade de vida e/ou adoecimento.

O precursor da TCC, Aaron Beck, propôs a análise dos conteúdos cognitivos que interferem nas demandas do presente recente, atuando de forma que os sintomas sejam monitorados pelo próprio sujeito, trazendo à consciência os eventos que eliciam os sintomas, as crenças que adoecem e impossibilitam e podem levar o sujeito à depressão.

Beck iniciou o estudo do funcionamento cognitivo na depressão e o estudo do funcionamento do processo da cognição na terapia; isto é, a capacidade de o sujeito aprender e compreender as técnicas e aplicá-las ao seu cotidiano e vislumbrar as mudanças que poderão ocorrer em suas interpretações, emoções e comportamentos. Para Beck e Knapp, (2008, p. 2), os "sintomas de depressão poderiam ser explicados em termos cognitivos, como interpretações tendenciosas das situações atribuídas à ativação de representações negativas de si mesmo, do mundo pessoal e do futuro (tríade cognitiva)".

Corroborando com o estudo de Beck e Knapp (2008), Cizil e Beluco (2019, p.5) afirmam que a TCC "inicialmente enfatiza o presente, foca nos problemas atuais e em situações específicas que são angustiantes a eles, de início começa por um exame dos problemas no aqui e agora".

É característico que pacientes com depressão apresentem pensamentos recorrentes negativos e depreciativos de si mesmos, voltados ao passado e enfatizando as crenças negativas, mantendo o foco em pensamentos que inferiorizam e culpabilizam a si próprios. Para Beck *et al* (1997 apud CIZIL; BELUCO, 2019, p. 05), "o tratamento da depressão está baseado em modificações de crenças específicas e padrões de comportamento, o terapeuta procura produzir de várias formas uma alteração cognitiva. [...] uma reorganização [...]". Justificando-se, portanto a importância do processo de terapia para a promoção de mudanças nos padrões de pensamento.

De acordo com Feliciano e Moretti (2015, p. 5), "[...] As intervenções psicoterapêuticas cognitivo-comportamentais modificam certas estruturas do cérebro". Ocorrendo a mudança nestas estruturas cognitivas da forma/conteúdo do pensar, será possível o desenvolvimento de habilidades de controle e, dessa forma o sujeito será psicoeducado a questionar-se sobre suas crenças.

O desenvolvimento de habilidades de controle em pessoas com depressão e ansiedade é relevante, pois a falta de controle dos impulsos, pode conduzir o sujeito a desenvolver comorbidades, isto é, além de sentir-se sem utilidade, culpado e sem perspectiva de vida, pode ainda ocorrer o pensamento/comportamento de autoagressão e num quadro grave levar à ideação ou ao suicídio, isto, no intuito de aliviar o sofrimento psíquico. Quando isso ocorre, é fundamental que, concomitante ao processo terapêutico, introduza-se o uso de fármacos.

De acordo com o estudo de Feliciano e Moretti (2015), corroborando com o estudo de Minayo (2010) sobre o efeito da psicoterapia e a terapia com fármacos, é importante ressaltar os efeitos de ambos no processo neurológico, os quais resultarão em uma 'reprogramação' cognitiva, já que para os autores, "o sistema nervoso central constitui o local comum às intervenções psicológicas e farmacológicas" (FELICIANO; MORETTI, 2015, p. 5). Dessa forma, os fármacos reduzem os sintomas e a psicoterapia cognitivo-comportamental proporciona aprendizagem, capacidade de avaliação, reflexão e planejamento.

No caso do tratamento de depressão com comorbidades psíquicas, (autoagressão e ideação suicida), ao qual este artigo faz referência, a reorganização mental ocorre primeiramente através de investigação junto ao paciente, das emoções, pensamentos recorrentes e sintomas, com o objetivo de verificar quais são os gatilhos que eliciam à ideação suicida e quais as representações cognitivas do contexto de autolesão, bem como o sentimento de não querer mais existir. Para Cizil e Beluco (2019, p. 3), "as pessoas com depressão podem apresentar [...] sentimentos de inutilidade, culpa ou desesperança; e pensamentos de autolesão ou suicídio".

A TCC incorpora aos objetivos do tratamento, os esquemas que o sujeito construiu, os quais são responsáveis pelas representações e significados atribuídos que podem desencadear possíveis distorções cognitivas, sendo esta, a causa primeira das incapacitações, prejuízos e adoecimentos, podendo levar à ideação suicida. Ainda de acordo com os autores citados, "os objetivos no tratamento da depressão são de promover o alívio dos sintomas, facilitar a remissão do transtorno, ajudar o paciente a resolver seus problemas mais urgentes e ensinar habilidades para evitar as recaídas" (p. 5).

Além das já citadas, a habilidade em auto monitoramento é fundamental, uma vez que proporciona, que as informações externas sejam processadas internamente com mediação cognitiva eficaz, para que ocorra gradualmente a extinção de comportamentos auto lesivos e ideação suicida. Este método conduz o paciente a ser seu próprio terapeuta e a manter repertórios comportamentais mais funcionais

Apresentação do caso clínico

Paciente do sexo feminino, dezoito anos de idade, acadêmica do curso de artes, apresenta boa saúde física. É filha adotiva, vindo a saber do fato através de sua mãe aos seis anos de idade concomitante à separação dos pais.

Seu pai, policial aposentado, já é falecido devido a complicações por uso excessivo de álcool, era bastante agressivo e violento verbal e fisicamente com a esposa. A mãe relata que a paciente quando bem pequena, presenciou o pai tentando enforcá-la, *"Eu acho que isso ficou na cabeça dela"* (sic). No relato da mãe, a paciente antes de completar um ano de idade, já apresentava comportamentos de autoagressão (puxava seus cabelos) e chorava muito. *"Era muito raivosa, friccionava repetidas vezes as pernas"* (sic).

Aos dois anos de idade iniciou o uso de calmante prescrito pelo neurologista, e após, com quatro anos, iniciou acompanhamento psicológico, sendo que os comportamentos de autoagressão permaneceram até os seis anos e com oito anos apresentou agressividade direcionada aos outros. De acordo com a mãe, *"Ela era muito revoltada, falava muito alto e xingava as pessoas"* (sic).

Aos quinze anos desenvolveu bulimia, sofreu *bullying* na escola e em casa pelo irmão, por estar acima do peso. *"Meu irmão me chamava de gorda, burra e debochava, dava risada de mim a toda hora"* (sic). Quando criança apresentou comportamento de se ausentar da sala de aula, o que se repetiu também na faculdade, onde se ausentava devido ao sentimento de insuficiência, inferioridade e baixa estima, que eliciavam crises de choro e vômitos. A mãe relata que várias vezes teve que sair do trabalho para buscar a filha na escola por que ela ficava trancada no banheiro.

No mesmo período descrito, durante os episódios de bulimia, sua mãe encontrou maconha em sua bolsa e relata *"Aos quinze anos, ela resolveu se cortar"* (sic), e neste período tentou suicídio com remédios. Iniciou o uso de medicações psiquiátricas e foi diagnosticada aos 17 anos com Transtorno Depressivo (CID-10 = F32).

A mãe demonstra ser bastante exigente e autoritária e, segundo a paciente, sentir-se pressionada e controlada são os eliciadores da sua agressividade. A paciente relata que sua mãe esteve sempre presente quando solicitada, nos momentos de crise de choro e ansiedade, apoiando e incentivando sua melhora.

No presente momento a mãe procurou a terapia por encontrar uma corda amarrada na janela e perceber cortes nos braços da filha. O plano terapêutico teve como objetivo a extinção de comportamentos auto lesivos, da ideação suicida e a redução da agressividade direcionada aos outros, sair do isolamento, bem como favorecer a interação familiar.

Métodos de avaliação

O método de avaliação aplicado para este caso teve início com a realização de entrevista investigativa não estruturada e anamnese, possibilitando a avaliação cognitiva das percepções e potencialidades/dificuldades da paciente, com a finalidade de enquadre das estratégias, instrumentos, objetivos da terapia e levantamento de hipóteses.

As sessões foram realizadas semanalmente, com duração de uma hora, totalizando 20 sessões, sendo que a partir da 15ª sessão, devido a melhora apresentada, os encontros passaram a ocorrer quinzenalmente. A coleta de dados com a rede de apoio foi efetuada por meio de entrevistas não estruturadas, no início e no decorrer da terapia, a fim de vislumbrar a efetividade das técnicas, o alcance das metas e levantamento de parâmetros dos objetivos alcançados.

Fez-se uso ainda de outros instrumentos a fim de coletar dados, tais como:

- *Inventário de Ansiedade* (BAI), aplicado para avaliação dos sintomas de ansiedade e também, para obtenção de dados sobre o impulso de autoagressão, com objetivo de favorecer a elaboração de estratégias de habilidade de controle, de forma gradual e sistemática;

- *Inventário de Depressão* (BDI), utilizado como instrumento auxiliar para uma melhor compreensão do funcionamento interno da paciente em relação a si mesma, ao meio e suas expectativas;

- *Inventário de Desesperança* (BHS) foi aplicado para avaliar os níveis de estímulos internos em relação ao futuro e para avaliar cognições negativas/depreciativas.

- Entrevistas estruturadas, semiestruturadas e não estruturadas, para investigar o funcionamento global da paciente, antes e durante o processo terapêutico.

- Atividades: Agenda de criação de metas para avaliar o processo de mudança e verificação de potencialidades e anseio por controle.

As potencialidades e disposição ao enfrentamento foram avaliadas por meio de frases escritas na agenda pela paciente, onde foi possível perceber seu anseio por controle, manejo dos sintomas ansiosos e dos impulsos de autoagressão, tal qual na frase: *"Quando eu pensar coisas ruins, eu vou ler essas frases para lembrar que eu posso mudar e não me cortar mais"* (sic).

Neste interim, foi solicitado à paciente a monitoração e descrição, por meio de um diário dos pensamentos/sentimentos negativos, elencando os eventos e ambientes a que está exposta. Esse método, RPD, teve como objetivo o treino das habilidades de discriminação de suas emoções, a fim de evidenciar o padrão comportamental (ações), por meio da tomada de consciência, proveniente da análise da relação entre pensamento e comportamento, gerando uma melhor compreensão e percepção de seu funcionamento.

Após, foi introduzido o *Método dos Níveis* dos comportamentos disfuncionais, avaliando-os em forma de porcentagens, atribuindo o antes da psicoterapia e o depois, com objetivo de vislumbrar os parâmetros de mudanças e aprendizagens que ocorreram.

Em suma, o método do processo terapêutico teve como foco os erros nas interpretações (tríade cognitiva) advindas das crenças irracionais promotoras do sofrimento e da ideação suicida. Os métodos descritos favoreceram a avaliação dos pensamentos geradores do sofrimento, responsáveis pelo entorpecimento das potencialidades, eliciando pensamentos de desvalor, desamor e desamparo. É possível vislumbrar este contexto de dor e angústia, na fala da paciente *"Eu não devia existir" (sic)*.

No caso em questão, foi possível identificar a existência de um ciclo cognitivo vicioso (tendência a pensamentos disfuncionais), o qual era mantenedor do estado depressivo e ansioso e eliciava sentimentos de baixa estima, incompetência, autoagressão e ideação suicida, embora desde o início do processo terapêutico tenha sido possível identificar também, potencialidades à mudança, engajamento e adesão aos métodos e técnicas, elementos cruciais para um processo terapêutico eficaz.

Intervenções e técnicas utilizadas

No primeiro encontro, após a aplicação da anamnese, foi aplicado o RPD para melhor perceber o funcionamento da paciente. Dessa forma a primeira sessão já se configura como interventiva, pois a paciente pôde vislumbrar seu processo cognitivo por meio da psicoeducação sobre suas crenças. De acordo com Beck et al (1997, p.05), "as técnicas terapêuticas são projetadas para identificar, testar a realidade e corrigir as conceituações distorcidas e as crenças disfuncionais (esquemas) por trás destas cognições". A paciente tomou conhecimento de seus pensamentos automáticos, por meio dos apontamentos efetuados, pensamentos estes advindos de crenças disfuncionais e percebeu como constrói sua realidade.

Assim, a sessão inicial serviu também para a paciente compreender o processo terapêutico e a importância colaborativa no entendimento da realidade (idiossincrática). Segundo Beck *et al* (1997, p.24) "Quando um indivíduo sustenta uma crença importante [...] ele aprende a 'confiar' neste sentimento subjetivo de que a crença está certa", e essa confiança na crença errônea provoca no sujeito um desconforto e o direciona ao sofrimento, podendo leva-lo a estagnar-se, mantendo-se sob opiniões formadas de maneira equivocada.

Para eliciar a percepção das crenças errôneas, foi inserida a técnica de Reestruturação Cognitiva, possibilitando o questionamento sobre suas próprias crenças e modos comportamentais mais funcionais. Percebe-se a mudança no significado atribuído (forma e conteúdo) ao pensamento, onde no relato na 17ª sessão sobre o *feedback* do processo terapêutico foi: *"Tenho percebido minha auto competência comparando a maneira que eu me comportava antes com a de agora, mais competente em ter controle sobre minha vida (reduziu automutilação-suicídio)"* (sic). Para tomada de consciência mais realista dos eventos eliciadores dos sentimentos, foi inserida a técnica de Descoberta Guiada, o que possibilitou compreender melhor as experiências vivenciadas. As tarefas de casa englobaram Respiração Diafragmática, realizada diariamente, a qual possibilitou à paciente, sentir-se mais relaxada durante os eventos eliciadores de ansiedade e obter percepções mais realistas de seus pensamentos.

A técnica de Imagens Mentais possibilitou o treino de habilidades de controle, identificação de situações desencadeantes de ansiedade e impulso de autoagressão, possibilitando a paciente a aprendizagem da técnica de Resolução de Problemas (autocontrole) a fim de operar de modo mais eficaz no ambiente.

Por meio das técnicas do Questionamento Socrático e RPD, foi possível observar e dialogar sobre os sentimentos de Desvalor, Desamor e Desamparo. Para refutar as interpretações (crenças) errôneas, foi aplicada a técnica do Exame de Evidências trazendo à consciência as percepções e pensamentos de forma mais realista, saudável e eficaz.

Pode-se observar abaixo as intervenções e técnicas utilizadas no decorrer do processo terapêutico deste caso.

Quadro 1: Intervenções e Técnicas

Sessão	Tecnicas aplicadas	Objetivos
01	Psicoeducação em RPD e Aplicação BAI	Perceber as crenças de desvalor e desamparo. Perceber as potencialidades e vontade de mudança. BAI (39pts)
02	Relaxamento, Exame de Evidências e Aplicação do BDI	Perceber as crenças de desamor e desamparo. Obter melhora subjetiva e Assertividade BDI (64 pts)

Sessão	Tecnicas aplicadas	Objetivos
03	Questionamento Socrático e Exame de Evidências de suas potencialidades.	Percepções de crenças errôneas trazendo à consciência a observação de suas capacidades.
04	RPD, Exame de Evidências de suas potencialidades	Controle de autoagressão, valorização e auto estima
05	BAI, Gráfico das crises em porcentagens (antes e depois). Descoberta Guiada dos erros cognitivos eliciadores de automutilação e culpa.	BAI (37 pts), redução de autoagressão/mutilação 70% para 30% e culpa de 80% para 40%. Aumento de habilidades.
06	Criação de Metas, Vantagens e Desvantagens	Aumento da autoestima e Competências. Planos para estudo e emprego
07	Psicoeducação em Erros Cognitivos, Relaxamento e Cartões de Enfrentamento	Autoagressão, Percepção de pensamentos/ comportamentos disfuncionais. Aumento da auto estima e Enfrentamento.
08	BHS, BAI, Exame de Evidências de habilidades.	BAI (45pts), BHS (04pts) melhora subjetiva. Controle de autoagressão.
09	Escuta e Exame de Evidências de suas potencialidades.	Redução de ideias suicidas e autoagressão. Planos de voltar a lutar boxe (metas). Foco no vestibular.
10	Reforço nas potencialidades. Escuta e Diálogo sobre mudanças na dinâmica familiar às novas formas de cognição e interpretações dos eventos.	Melhora no convívio familiar, Assertividade, Redução na dependência afetiva. Inscreveu-se no Vestibular para Biologia
11	RPD, Relaxamento, Imagens Mentais, Estratégias de Manejo de Emoções,	Vontade, autoagressão, Controle dos impulsos, Percepção dos Pensamentos (desvalor e desamparo) e Responsividade.
12	RPD, Exame de Evidências (erros cognitivos) Técnica de Reatribuição.	Percepção dos pensamentos automáticos, redução do medo e da preocupação com desempenho.
13	BAI, Relaxamento, Imagens Mentais e Reestruturação Cognitiva.	BAI (29 pts). Redução da autoagressão, elevar a baixa estima, desenvolver interpretações mais realistas
14	Imagens Mentais, Exame de Evidências (validação dos pensamentos), Rede de apoio (gráfico pizza).	Controle da Autoagressão, Imagens Mentais para ensaio na resolução de problemas.

Sessão	Técnicas aplicadas	Objetivos
15	Escuta e Exame de Evidências de potencialidades. Reforço dos pontos positivos. Alteração para sessões quinzenais	Reflexões sobre seus pensamentos, Estratégia para foco nos estudos.
16	Validação e Reforço das Estratégias e das Competências às Tomadas de Decisões e Resoluções de Problemas por meio de Vantagens e Desvantagens	Controle da autoagressão, estratégias de resolução de problemas e elevar a baixa estima.
17	Reestruturação Cognitiva e Automonitoramento	BAI (29pts), redução nas Crenças de Desamor e Desamparo e Controle da Autoagressão.
18	Elaboração de metas a curto, médio e longo prazo. Elaboração de um plano de vôo para atingir os objetivos das metas.	Controle da autoagressão e pensamentos suicidas, elevar a baixa estima e insuficiência. Percepção de suas potencialidades e sonhos.
19	Exame de Evidências dos erros cognitivos e Reestruturação Cognitiva em forma e conteúdo de pensamentos	Controle da autoagressão e ideias suicidas, elevar auto estima, regulação da emoção. BDI (10 pts).
20	*Feedback* do processo terapêutico e expectativas futuras.	Escuta e Validação dos esforços, potencialidades e objetivos alcançados.

Fonte: as autoras (2020)

A auto causalidade vivenciada pela paciente, por sentir-se incompetente/ insuficiente e sempre comparar-se com os outros, causava grande sofrimento, tristeza extrema e imensa culpa, desencadeando a ansiedade e no desespero dessa irrealidade, sentia que não queria mais existir, o que eliciava pensamentos/ideias suicidas.

A intervenção para desenvolver o aprendizado de Monitoração da Cognição e compreensão de suas emoções, demonstrou-se eficaz, podendo ser percebida através do relato da paciente *"Eu penso no meu pensamento para saber se eles são verdade"* (sic). A paciente tornou-se sua própria terapeuta com a aprendizagem de automonitoração.

As crenças centrais e intermediárias, com ideias formadas na infância, foram por meio da técnica da Descoberta Guiada impulsionando a paciente a melhor perceber os erros cognitivos e ao mesmo tempo elevar as suas potencialidades, valorizando as conquistas já alcançadas no decorrer de sua vida.

A Técnica de Imagens Mentais foi eficaz no ensaio da Resolução de Problemas, sendo uma técnica que possibilita a paciente, colocar-se num lugar de operacionalização, saindo do contexto de dependência ou insuficiência. Foi por meio de estratégias por si mesma elaboradas, assim desenvolvendo a responsabilização pela sua melhora. Os cartões de Enfrentamento confeccionados pela própria paciente foram eficazes na manutenção de pensamentos funcionais e assertividade. A paciente escreveu frases para direcioná-la a manter o controle dos impulsos negativos eliciadores da vontade de autoagressão.

A Técnica de Reestruturação Cognitiva ocorreu durante todo o processo terapêutico, em relação às percepções mais realistas da forma e conteúdo do pensamento, por meio da atribuição da paciente em níveis de porcentagens do antes e depois das intervenções, favorecendo o *insight* (de que forma posso pensar sobre mim mesma?) o que também possibilitou a Reestruturação sobre o afeto doloroso que eliciava comportamentos desadaptativos (autoagressão).

Resultados

Ao longo do processo terapêutico foi possível observar por meio das atividades em sessão e do diálogo com a paciente, uma melhor percepção da constituição psíquica da patologia (forma e conteúdo dos pensamentos idiossincráticos), dinâmica intrafamiliar, elementos reforçadores ao diagnóstico e possíveis intervenções e prognóstico.

Percebe-se uma melhora clínica no que se refere ao processo cognitivo, em como elabora os eventos causadores da tristeza e auto agressividade. No relato da mãe podemos notar que a paciente desenvolveu habilidades no manejo e enfrentamento dos sintomas, possibilitando a mudança de comportamento: *"Dá para notar que a minha filha está bem melhor sim, agora não fica só trancada no quarto e não se cortou mais"* (sic).

A mudança nas percepções causou um estímulo para a paciente continuar na busca da testagem de seus pensamentos, assumindo responsabilidade por si mesma e pela transformação do meio, inserindo-se de modo operante no ambiente de forma eficaz. Tal questão corrobora-se através da fala: *"No começo eu tinha muito medo de perder o controle e voltar à depressão profunda que já tive nos anos passados. Em pouco tempo, as terapias foram me auxiliando a ter mais confiança em mim mesma, a valorizar minhas pequenas conquistas e a não me culpar por ser humana. Me vejo mais madura e segura com meus objetivos, acredito cada vez mais na minha capacidade e sei que vou melhorar ainda mais"* (sic).

Ela sentia-se desvalorizada e essas crenças eliciavam interpretações errôneas sobre si mesma, de incapacidade e insuficiência, desencadeando a depressão e por consequência a ansiedade por não conseguir corresponder às exigências do meio. Sentia baixa estima e sofria de bulimia, resultando em um ciclo cognitivo que desencadeava a ansiedade em autoagressão e tentativas de suicídio.

A paciente demonstrou engajamento desde o início da terapia, embora perceba-se que no decorrer da terapia (quadro das técnicas) houveram inúmeras oscilações (ansiedade) representando um certo 'hábito cognitivo' eliciador de sofrimentos em relação a si mesma e ao futuro. Através do seu relato percebe-se que há o início de uma responsividade e tomada de consciência de suas potencialidades, desenvolvimento da regulação de suas emoções e consecutivamente o controle da autoagressão.

O resultado positivo da regulação das emoções, a validação/testagem de seus pensamentos proporcionou à paciente uma visão mais realista dos eventos e positiva de si mesma, obtendo maior motivação e possibilitando o surgimento de novos planos para a realização de seus sonhos, os quais foram sendo expressados no decorrer da terapia.

O objetivo da terapia foi alcançado, conforme a paciente foi sentindo-se mais segura, saindo do contexto depressivo e isolamento, desenvolvendo habilidades, manejo e estratégias de controle da autoagressão, chegando progressivamente à extinção desta e das ideações suicidas.

No método da coleta de cognições e crenças obtido pelo RPD. (1ª sessão) obteve-se como resultado: Pensamento: "Eu não devia existir" (sic), Sentimento: "Ansiedade e culpa" (sic) e Comportamento "Cortes e agressão" (sic). Na 2ª sessão a paciente obteve escore de 64 pontos (BDI) uma redução substancial em comparação com a 19ª sessão, na qual obteve escore de 10 pontos (BDI).

Como exemplo destes resultados pode-se citar a inscrição para o vestibular, cursinho *online* pré-vestibular, busca de emprego / distribuição de currículos pessoalmente e via internet, retorno à academia de ginástica, extinção do isolamento, melhora da convivência familiar, estando mais colaborativa em casa e reduzindo consideravelmente a agressividade direcionada aos outros.

Considerações finais

A partir dos dados obtidos, acredita-se que a Terapia Cognitivo-Comportamental foi eficaz de uma forma global e satisfatória no alcance das metas da terapia e dos objetivos da paciente e de sua família.

No caso descrito, se faz necessário acompanhamento terapêutico, no que se refere a manutenção dos novos repertórios cognitivos-comportamentais alcançados, principalmente no controle da autoagressão e ideação suicida, bem como na solidificação da aprendizagem do novo modo de avaliar e perceber a si mesma, as vivências e o futuro.

Através da aprendizagem obtida por meio da Reestruturação Cognitiva e Metacognição, responsáveis pela observância do modo de processamento de informações dos eventos que ocorrem interna ou externamente e que contribuem para sua segurança física, emocional e saúde mental, a paciente conseguiu superar afetos dolorosos do passado que eram recorrentes em seus pensamentos, devido a elaboração idiossincrática, que causavam o adoecimento emocional e psíquico.

Com a mudança na elaboração cognitiva sobre suas crenças, as quais acionavam os sintomas de ansiedade, depressão, sentimento de culpa e de insuficiência causadores de intenso sofrimento e eliciadores de autoagressão e ideação suicida, a paciente pôde retomar a saúde mental e emocional de forma significativa e a mudança no funcionamento cognitivo foram alcançadas de forma satisfatória.

A relevância deste caso clínico (autoagressão e ideação suicida), juntamente com a psicoterapia na Terapia Cognitivo Comportamental vem de encontro aos problemas atuais, pois sabe-se que atualmente o índice de suicídio apresenta considerável elevação. Segundo a Revista Ciência e Saúde de 2019, no Brasil houve um aumento de 7% neste índice.

A TCC no caso de ideação suicida e autoagressão foi eficaz, pois o viés cognitivo que antes impulsionava a paciente a emitir comportamentos disfuncionais sobre si mesma, foi extinguido com os métodos e as técnicas da TCC, proporcionou à paciente ter a experiência de olhar para si mesma de fora para dentro, distanciando-se de si, para reaproximar-se transformando a si mesma.

Sendo assim, pela relevância do tema e pelos resultados obtidos, acredita-se ser de grande valia, a sugestão de um plano direcionado para as escolas, às crianças e adolescentes na prevenção do suicídio sob a ótica da TCC, com objetivo de ensinar os jovens a identificar seus pensamentos, nomear e reconhecer os sentimentos e observar o seu próprio comportamento. Neste contexto pode-se psicoeducar um grupo maior de crianças e adolescentes, a auto monitorar-se, desenvolvendo habilidades sociais, controle dos impulsos e assertividade, o que resultaria em comportamentos mais funcionais no contexto escolar, nas relações sociais, familiares, profissionais, dentre outras.

Referências

BALLONE, G. J. **Causas da Depressão**. In. PsiqWeb, Internet. Disponível em http://www.psiqweb.med.br/, atualizado em 2005.Acesso 19/10/2020.

BECK, A.T.; RUSH, J.; SHAW, B.F.; EMERY G. **Terapia Cognitiva da Depressão**. Porto Alegre: Artmed. 1997.

BECK, A.; KNAPP P. Fundamentos, modelos conceituais, aplicações e pesquisa da terapia cognitiva. **Braz. J. Psychiatry** 30 (suppl 2) Out, 2008.

CIZIL, M. J.; BELUCO, A.C.R. As Contribuições da Terapia Cognitiva Comportamental no Tratamento da Depressão. **Revista Uningá** ISSN 2318-0579, 2019. http://revista.uninga.br/index.php/uninga/article/view/88. Acesso em 07/11/2020.

FELICIANO, M. F. C.; MORETTI, L.H.T. **Depressão, Suicídio e Neuropsicologia: Psicoterapia Cognitivo comportamental como Modalidade de Reabilitação**. 2015. https://scholar.google.com.br/scholar?hl=ptBR&as_sdt=0%2C5&q=terapia+cognitiva+comportamental+estudo+de+caso+depress%C3%A3o+e+suicidio++2015+a+2020&btnG=. Acesso em 07/11/2020.

FIGUEIREDO, P. Na contramão da tendência mundial, taxa de suicídio aumenta no Brasil 7% em seis anos. **Ciência e Saúde**. 2019. https://g1.globo.com/ciencia-e-saude/noticia/2019/09/10/na-contramao-da-tendencia-mundial-taxa-de-suicidio-aumenta-7percent-no-brasil-em-seis-anos.ghtml. Acesso em 04/01/21.

FREITAS, P.; RECH, T. Uso da Terapia Cognitivo Comportamental no tratamento do Transtorno Depressivo: Uma abordagem em grupo. **Barbaroi**, Santa Cruz do Sul, n. 32, p. 98-113, jun. 2010.

MORENO, A. L.; CARVALHO R G N. Terapia cognitivo-comportamental breve para sintomas de ansiedade e depressão. **Rev. bras.ter. cogn**. [online]. 2014, vol.10, n.2 Rio de Janeiro 2014.

OLIVEIRA, M. I. S. Intervenção Cognitivo-comportamental em Transtorno de Ansiedade: relato de caso. **Rev. bras.ter. cogn.** [online]. vol.7, n.1, 2011.

PARTE 3

OUTROS TRANSTONOS

CAPÍTULO 15

A TERAPIA COGNITIVO-COMPORTAMENTAL COMO INTERVENÇÃO NO TRANSTORNO POR USO DE ÁLCOOL

Edivaldo Cordeiro dos Santos
Maurício Wisniewski
Solange Regina Signori Iamin

Introdução

A dependência e o uso abusivo de bebida alcoólica é um tema de grande relevância clínica e social e vem tomando força desde o século XIX. Já nesta época na Europa devido as grandes mudanças socioculturais, como a industrialização, nacionalismo e o doutrinamento político da sociedade. O consumo demasiado de álcool foi considerado uma grave calamidade pública, capaz de gerar "desordem, desagregação, promiscuidade, indisciplina, ameaçando a produtividade, o Estado-nação e até a integridade da espécie humana" (SOUZA; MENANDRO; MENANDRO, 2015, p. 1336). E a partir deste momento e neste contexto surgiu a palavra alcoolismo.

Um dos precursores no estudo do alcoolismo foi Jellinek (1952). Para ele, o alcoolismo envolve dois elementos em comum, o beber e os danos individuais ou sociais, ou ambos, que fazem parte do beber. Foi a partir dos estudos de Jellinek que o alcoolismo foi considerado uma enfermidade e sua patogenia estaria relacionada à perda do controle do uso do álcool e as consequencias prejudiciais que acarretaria ao sujeito e seu entorno devido ao uso do álcool.

Segundo dados da OMS (WHO, 2018), estima-se que no mundo inteiro, 237 milhões de homens e 46 milhões de mulheres sofrem de transtornos relacionados ao uso de álcool. O Ministério da saúde (BRASIL, 2019), em levantamento sobre uso de álcool no Brasil identificou que 17,9% da população adulta no Brasil faz uso abusivo de bebida alcoólica, sendo que houve um aumento de 14,7% a mais do que o registrado no país em 2006 (15,6%). E neste cenário as mulheres apresentaram maior crescimento em relação aos homens. Em 2006 elas representavam 7,7% e em 2018 passou para 11%. E os homens passaram de 24,8% para 26%, no mesmo período.

As questões mais preocupantes relacionadas ao uso de bebidas alcoólicas são as consequencias que sofrem as pessoas, as famílias e as comunidades por meio de violência, lesões, problemas de saúde mental e doenças cardiovasculares, câncer e derrame (WHO, 2018). Assim, "a mesma substância que irmana, comunga e alegra, também estimula a agressividade, a discórdia e a dor, rompendo laços de família, de amizade e de trabalho" (GIGLIOTTI; BESSA, 2004, P. 11).

Quando se fala em alcoolismo é importante avaliar de acordo com Araújo (2007), a "quantidade e periodicidade de consumo, a perda de controle, dependência física e a quem esse beber incomoda" (pg. 25). E o "diagnostico deve incluir, além dos fatores biológicos e psicológicos outros associados a vivencia individual de cada pessoa" (pg. 28). Observa-se então que os danos causados pelo uso excessivo da bebida alcoólica trazem uma grande repercussão na vida de uma pessoa, sendo necessário utilizar critérios específicos para sua avaliação.

O DSM-5 (APA, 2014), traz estes critérios e divide os transtornos relacionados ao uso do álcool em: transtorno por uso de álcool, intoxicação por álcool, abstinência de álcool, outros transtornos induzidos por álcool, transtorno relacionado ao álcool não especificado.

Alguns dos critérios do transtorno por uso de álcool (APA, 2014, pg. 491) são: 1. O álcool é frequentemente consumido em maiores quantidades ou por um período mais longo do que o pretendido. 2. Existe um desejo persistente ou esforços malsucedidos no sentido de reduzir ou controlar o uso de álcool. 3. Muito tempo é gasto em atividades necessárias para a obtenção de álcool, na utilização de álcool ou na recuperação de seus efeitos. 4. Fissura ou um forte desejo ou necessidade de usar álcool. 5. Uso recorrente de álcool, resultando no fracasso em desempenhar papéis importantes no trabalho, na escola ou em casa. 6. Uso continuado de álcool, apesar de problemas sociais ou interpessoais persistentes ou recorrentes causados ou exacerbados por seus efeitos.

A partir do diagnóstico de alcoolismo se inicia o delineamento do tratamento e uma das abordagens que mais tem sido utilizada para este tratamento é a terapia cognitivo-comportamental (TCC), pois tem demonstrado ao longo do tempo uma eficácia importante na recuperação de pessoas que estão em tratamento para este transtorno (MORIN; HARRIS; CONROD, 2017; LEFIO; et al, 2013; HODGE, 2011).

De acordo com Wright, et al (1993), "certos indivíduos desenvolveram uma vulnerabilidade cognitiva ao uso de drogas" (p. 123). A vulnerabilidade cognitiva diz respeito às crenças disfuncionais que são ativadas em determinadas situações e que aumentam a probabilidade de uso de substâncias. Um exemplo seria a pessoa pensar: eu só consigo me divertir se estiver bêbado. Pode haver uma crença **antecipatória**, onde a pessoa acredita que a substancia lhe deixará mais forte, uma crença **orientada para o alivio**, onde a pessoa acredita que a substancia irá remover um estado emocional indesejado e uma que seja **facilitadora ou permissiva** onde a pessoa considera aceitável usar a droga pois merece um descanso, a substância vem como um prêmio, uma recompensa mesmo sabendo que poderá ter consequências negativas (WRIGHT; et al, 1993).

No momento em que o terapeuta identifica o modus operandi da pessoa que usa ou abusa da bebida alcóolica será necessário pensar o programa de tratamento. "A escolha dos recursos técnicos e do momento adequado para sua utilização deve considerar o contexto de cada caso e a capacidade do paciente de se adaptar às propostas do terapeuta", afirma Rangé (2011, pg 412). Sendo de fundamental importância a "formulação cognitiva, isto é, a coleta, integração e síntese de dados sobre o paciente que permita fazer hipóteses sobre as crenças disfuncionais e sintomas do paciente" (KNAPP, 2004, pg. 281). Em outras palavras, realizar um exame clinico completo no indivíduo com entrevista da história pessoal, do problema atual, do perfil cognitivo e do seu desenvolvimento, além de um diagnóstico assertivo, utilizando o CID- 10 ou DSM- 5.

Apresentação do caso clínico

M. do sexo masculino, porteiro, 47 anos, casado, filho caçula de 11 irmãos, começou a fazer uso de bebidas alcóolicas aos 14 anos com grupo de amigos da adolescência. Aos seis anos de idade ficou internado devido a um diagnóstico de hepatite, foi desenganado pelos médicos segundo comentam seus familiares. Poucos dias após sua alta do hospital, seu pai veio a falecer devido a um AVC por motivos de alcoolismo crônico. Sua mãe passou a cuidar dos filhos com a ajuda do irmão mais velho que era

Militar, o qual foi assassinado em uma emboscada em serviço quando o paciente tinha 16 anos de idade. Alguns de seus irmãos fazem ou já fizeram uso de bebidas alcoólicas. Uma das irmãs mais velhas veio a falecer por complicações de uso abusivo de álcool, a qual quando não tinha bebida alcoólica ingeria perfume. Nos últimos dez anos M. tem consumido bebida alcoólica (cerveja e vodka) diariamente, além do consumo de tabaco. Contexto este que o levou a desenvolver problemas financeiros e conflitos familiares. Não pratica atividades físicas e não participa de atividades sociais com a família.

Procurou apoio psicológico após separação conjugal, o que, segundo M. o fez aumentar o consumo de bebidas alcoólicas e cigarro devido ao aumento das crises de ansiedade. No processo diagnostico M. preencheu os critérios para transtornos relacionados ao uso de álcool.

Métodos de avaliação

Foi realizada a coleta e sintetização de dados obtidos através da anamnese. Também foram utilizados os critérios do DSM-5 (APA, 2014), para avaliar possíveis transtornos relacionados ao uso de álcool (quando o indivíduo apresenta dois a três sintomas é classificado como **transtorno leve**, quatro a cinco sintomas **transtorno moderado**, seis a onze sintomas **transtorno grave**). Conforme os critérios do DSM-5, o paciente M. apresentou sete dos onze critérios necessários para o diagnóstico indicando um **transtorno grave**.

Para corroborar com a avaliação do transtorno relacionado ao uso do álcool também foi utilizado o questionário AUDIT (Alcohol Use Disorders Identification Test - método de investigação de uso excessivo de álcool) de Mendez, et al. (1999). O escore alcançado pelo paciente foi de 27 pontos, o qual apresentou **nível de risco** e **uma provável dependência**.

Foi aplicada também a escala de avaliação de Depressão, Ansiedade e Stress - DASS- 21 (VIGNOLA; TUCCI, 2013). Os escores apresentados pelo paciente foram de depressão leve, ansiedade moderada e estresse moderado.

Diante dos resultados obtidos, foi realizado encaminhamento do paciente a um médico especializado (Psiquiatra) para uma reavaliação do diagnóstico, e orientado sobre a importância da consulta para a eficácia no seu tratamento.

Intervenção clínica e técnicas utilizadas

Esta intervenção foi realizada em quatorze encontros, com sessões semanais de 50 minutos cada. Na fase inicial do processo terapêutico foi informado ao paciente que o tratamento seria de curta duração, e que o objetivo era a redução do consumo de álcool. O desenvolvimento do processo terapêutico deu-se da seguinte maneira:

Psicoeducação: foi realizada a orientação sobre os efeitos nocivos do uso continuo de álcool para o organismo a curto e longo prazo. Foi apresentada a teoria dos estágios de mudança sobre o uso de álcool, desenvolvida por Prochaska e DiClemente(1982) e Prochaska, Diclemente, e Norcross, (1992), e solicitado a M. a identificar em qual dos estágios ele transita. **Pré-contemplação:** não há intenção de mudança nem mesmo crítica a respeito do conflito comportamento-problema. **Contemplação:** conscientização de que existe um problema, no entanto há uma ambivalência quanto à perspectiva de mudança. **Ação:** escolhe uma estratégia para a realização desta mudança e toma uma atitude neste sentido. **Manutenção:** onde se trabalha a prevenção à recaída e a consolidação dos ganhos obtidos durante a Ação.

M. colocou-se no estágio de **contemplação,** "a bebida está me fazendo mal, eu bebo de idiota, é só eu querer parar" (sic). Assim, foi explicado ao paciente que durante o tratamento é possível alternâncias nesses estágios, que uma mudança significativa dependeria muito de uma terapia colaborativa entre terapeuta e paciente, começando com planejamento de metas a serem alcançadas através das técnicas e ferramentas da TCC. Também foi explicado sobre a natureza das emoções e pensamentos, bem como das distorções cognitivas que influenciam sobre o comportamento.

Treino de respiração e relaxamento: no início da terapia, M. verbalizava sua ansiedade, também mexia incessantemente as pernas. Diante disso, foi ensinado a técnica de relaxamento e controle da ansiedade através da respiração e concentração por meio do **Mindfulness** (WILLIAMS, 2015) e sugerido que realizasse essa pratica por 5 minutos diariamente, durante todo o tratamento.

Nas sessões seguintes M. relatou que após ter praticado o Mindfulness, conseguiu controlar sua ansiedade. Nas sessões também apresentava-se mais relaxado, "me sinto mais calmo agora, nas primeiras sessões ficava muito ansioso ao falar sobre mim e sobre o uso de álcool" (sic). Também foi possível observar uma diminuição expressiva nos movimentos das pernas e na sua postura.

Análise das Distorções Cognitivas: apresentado ao paciente as distorções cognitivas (KNAPP, 2004) e solicitado que identificasse situações ou eventos recentes que tivesse vivenciado e observasse se algumas delas afetavam seus pensamentos. Ele identificou as seguintes distorções cognitivas:

Desqualificação do positivo: M. não valorizava a redução que vinha fazendo da bebida ("eu não sou capaz de abandonar a bebida"), mesmo tendo evidencias que já ouve uma diminuição de seu consumo tanto em número de doses diárias quanto nos gastos mensais. Intervenção (**questionamento socrático**) sobre seus pontos fortes, pois aqui ele desqualifica o seu resultado de maneira tendenciosa, transformando um ato positivo em negativo.

Leitura mental: M. relatava, "o que mais me preocupa é o que as pessoas ficam pensando e falando de mim". Aqui foi realizado questionamento socrático avaliando as evidencias que o paciente tem sobre a veracidade, o quanto ele acredita nisso em %. E se esse pensamento poderia ser uma distorção. No final M. mostrou um novo pensamento, conforme seu relato "Acho que é normal que pessoas falem de outras pessoas, mas isso não significa que seja o tempo todo de mim" (sic).

Abstração Seletiva: no início do tratamento o paciente referia "preciso beber para me distrair, não fico embriagado ou violento, não é porque eu bebo todo dia que ando gatinhando" (sic). Após a intervenção passou para "eu não me dava conta que a bebida causava problemas, agora sei que minha separação aconteceu por este motivo" (sic). Observa-se aqui que M. refletiu que apesar de não perceber o seu consumo de álcool como prejudicial pois não ficava embriagado ou violento, foi em decorrência do uso da bebida, que seus problemas familiares e financeiros surgiram.

Tarefa de casa: identificar os pensamentos automáticos disfuncionais e anotar na ficha de Registros de Pensamentos Automáticos (RPD) conforme tabela abaixo:

Tabela 1: Registro de pensamento automático (*RPD*)

Situação	PAs disfuncional.	Sentimento	comportamento	PAs funcional.
Trabalhar no dia seguinte	Já que amanhã eu trabalho, vou aproveitar a folga para beber	Ansiedade	Ir para o bar	Fazer alguma atividade em casa nos dias de folga, para economizar dinheiro e ir menos ao bar. Procurar relaxar
Término do expediente de trabalho	Eu mereço tomar uma para relaxar	Ansiedade	Ir direto para o bar após trabalho	Ir direto para casa
Jogo de futebol televisão	Vou assistir jogo no bar	Prazer	Consumo de bebida alcoólica e cigarro.	Assistir jogo em casa
Ligação de amigos convidando para beber	Eu quero ficar com os amigos	Alegria	Fazer uso de bebidas alcoólicas	Aprender a dizer não para os amigos
Separação	Estou arrependido de um relacionamento fora do casamento	Culpa	Aumentar consumo de bebidas diariamente	Cuidar da família, diminuir idas ao bar.

Fonte: os autores (2020).

Reestruturação cognitiva: A partir do RPD, foi realizada a contestação dos PAs disfuncionais a fim de motivá-lo para a mudança e ressignificação dos pensamentos, crenças e distorções cognitivas, reformulando a forma de pensar e interpretar as situações relacionadas ao uso do álcool e incentivando-o a praticar formas diferentes de ver a realidade e de fazer escolhas. Um fator importante é aprender a dizer não para os amigos, pensar em como seria positivo assistir jogos de futebol em casa, após expediente de trabalho ir direto para casa em vez de passar primeiro no bar, ficando mais com a família.

Auto monitoramento: M. preencheu a tabela. Na parte superior da folha ele escreveu: "resumindo, o que eu faço é igual quase todos os dias, sendo de folga ou serviço, esta é a cota que eu estou bebendo ultimamente" (sic).

Tabela 2: Auto monitoramento da ingesta de bebida alcoólica.

Data/hora/ local	Pensamento	Quantidade	Consequência
05/10/2020: 19h: **após serviço**: bar	Estou com vontade de beber	Três garrafinhas de cerveja e três doses de vodka.	Gasto de dinheiro
06/10/2020 10h 18h30min **Dia de folga**: bar	Estou com vontade de beber	**Manhã**: duas garrafinhas de cerveja e duas doses de vodka. **Noite**: três garrafinhas de cerveja e três doses de vodka.	Discussão com amigos

Fonte: os autores (2020).

Este auto monitoramento foi importante para conscientizá-lo sobre o tempo e dinheiro que gastava, a quantidade ingerida e as possíveis consequências após o uso.

Resolução de Problemas: foi usado para ajudar M. a identificar e delimitar o problema, pensar nas mais diversas soluções possíveis, examinar os pros e contras para cada solução pensada, escolher a melhor solução e avaliar a efetividade e adequação da solução escolhida (KNAPP, 2004). Assim, utilizando os resultados até aqui alcançados e ajudando-o na resolução de problemas, foi sugerido a M. que, "quando percebesse muita dificuldade em abandonar o hábito de beber, procurasse adia-lo por alguns minutos ou horas, e gradualmente aumentasse o tempo do adiamento". Essa ferramenta conscientiza o paciente a engajar-se em um experimento de abandonar aos poucos seu hábito de beber.

Vantagens e desvantagens de beber: para reforçar o engajamento de M. na mudança do hábito de beber, tendo em vista uma pequena alteração no seu consumo semanal, "esta semana consegui diminuir um pouco a bebida, bebi menos, mas todos os dias" (sic), foi solicitado que preenchesse a tabela de vantagens e desvantagens da ingestão de álcool em seu dia a dia.

Tabela 3: Vantagens e desvantagens sobre ato de beber

Vantagens de não beber	Desvantagens de beber
Economizar dinheiro, Comprar um carro e aumentar a casa, ficar mais com a família, ter um futuro melhor ser mais saudável e não ficar de cama na velhice.	Gastar muito dinheiro, Conflitos familiares (separação). Um novo relacionamento que não deu certo. Marcar compromissos com as pessoas e não realiza-los, ficar muito cansado, discutir por acontecimentos banais, prejudicar a saúde física e mental.

Fonte: os autores (2020).

A partir desse quadro foi possível conscientizá-lo através do exercício da **balança decisional** sobre as vantagens e desvantagens de mudar ou permanecer o mesmo. M. refletiu que o abuso de álcool, pode trazer perdas imensuráveis a curto e longo prazo, bem como conquistas inimagináveis, conforme M. citou, "quero comprar um carro para minha família, pois ainda não temos, esse sonho poderia ser realizado se eu abandonasse ou reduzisse o habito de beber, pois os gastos com a bebida poderiam ser revertidos numa prestação do carro" (sic).

Prevenção à recaída: o objetivo foi a identificação de armadilhas mentais ou situacionais, as quais poderiam ocasionar a recaída, reconhecendo as situações de alto risco (BARLOW, 2016). No caso aqui estas situações estavam relacionadas a convites de amigos para beber, ansiedade no trabalho, habito diário de idas ao bar, assistir jogos de futebol e conversar com amigos, ter crédito para beber em diferentes bares.

A partir deste levantamento, foi desenvolvido com o paciente estratégias alternativas de prevenção e resposta a recaída como, reconhecer as situações de alto risco, evitar e aprender a lidar com elas, ter discernimento sobre **lapso** (um episódio de ingestão) e **recaída** (tomada do antigo padrão de consumo) (MARLATT, 2005). M. então relatou, "preciso quitar minhas dividas em bares para evitar beber, aprender a dizer não para os amigos quando me convidam para beber, controlar minha ansiedade e solicitar apoio da família e amigos quando não for capaz de evitar o uso" (sic). Observou-se aqui que c paciente além de compreender e reconhecer as situações de alto risco compreendeu a importância da família e amigos envolvidos no seu processo de mudança como fatores de proteção e suporte para sua transformação.

Por fim, para auxiliar M. na manutenção e prevenção a recaída, diante da finalização do processo terapêutico foi construído juntamente com M. **cartões de enfrentamento** (KNAPP, 2004), com frases criadas por ele mesmo como, "trabalhar nas minhas folgas para ganhar um dinheiro extra e evitar ficar muito em bares", "procurar relaxar e controlar a ansiedade com mais frequência", "sair do serviço e ir direto para casa ficar com a família", "assistir jogos de futebol em casa e não usar como desculpa para ir ao bar", "dizer não para amigos quando convidam para beber é a melhor solução" e "fazer palavras cruzadas ou atividades físicas para passar o tempo livre" (sic).

Assim foi sugerido a M. a carregar consigo os cartões ou colocá-los em pontos visíveis como, espelho, geladeira, perto da televisão em sua mesa de trabalho, entre outros lugares de fácil acesso, a fim de auxilia-lo na prevenção a recaída.

Resultados

Após três meses e meio de processo terapêutico foi reaplicado o AUDIT (Alcohol Use Disorders Identification Test) e a DASS-21 a fim de avaliar os resultados apresentados. Na reaplicação do AUDIT, o paciente apresentou um escore de 25, dois escores a menos que a primeira aplicação que foi de 27, ficando na mesma tabela de pontuação acima de 20 escores que representa **nível de risco** e **uma provável dependência**.

Gráfico 1: Resultado dos escores do AUDIT

Fonte: os autores (2020).

A aparente pouca diferença neste resultado pode estar relacionado ao pouco tempo de intervenção e a gravidade do problema. Mas apesar do resultado quantitativo não ter apresentado uma diferença significativa, houve diminuição na quantidade de ingesta diária levando a uma economia financeira, "eu gastava com bebidas alcoólicas, aproximadamente R$ 900,00 a R$ 1100,00 reais mensais, e consegui diminuir os gastos em bares para R$ 300,00 reais mensais aproximadamente" (sic). "A bebida só traz prejuízos financeiros e de saúde, não traz benefício nenhum" (sic). "Eu na verdade, não deveria nem beber, devido ter tido hepatite quando criança" (sic). Observa-se uma conscientização do paciente sobre seus problemas financeiros relacionados aos gastos com a bebida, bem como, o risco com sua saúde.

Na a avaliação do DASS-21, os escores apresentados pelo paciente foram os seguintes:

Gráfico 2: Resultado dos escores do DASS-21.

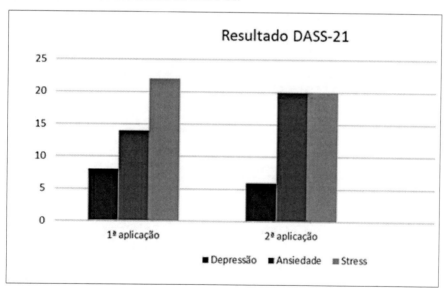

Fonte: os autores (2020).

Aqui foi possível observar uma diminuição dos escores na segunda aplicação no item relacionado a depressão em comparação com a primeira aplicação, de um escore de 8 pontos baixou para 6 pontos, o que indica normalidade. O stress teve uma redução, porém se manteve em um nível moderado. A ansiedade apresentou uma elevação importante passando de moderada a grave. Esta elevação pode estar relacionada a um fato acontecido no dia anterior a aplicação da DASS-21. O paciente acredita que está sendo vítima de macumba, o que causou medo e apreensão. Esta questão está sendo trabalhada no processo terapêutico e não fez com que ele aumentasse o uso de bebida alcóolica.

Por outro lado, a partir do plano para manutenção da mudança, (DIEHL; CORDEIRO; LARANJEIRA, 2011) M. conseguiu monitorar os comportamentos que traziam angustia e sensação de vazio. Também identificou estratégias negativas de enfrentamento como ser autocritico, ser permissivo, fumar, não aceitar conselho dos familiares, brigar com amigos, o que permitiu a construção de relações saudáveis, a adoção de um estilo de vida equilibrado com atividades prazerosas em vez de apenas mudar o comportamento de não usar o álcool. Foram estabelecidas metas de longo prazo como, por exemplo, fazer uma terapia de família e participar do AA (alcoólicos anônimos), para contribuir no tratamento e dar o apoio necessário na recuperação e prevenção de recaída.

Outra questão importante na manutenção da mudança foi o controle de estímulos (BARLOW, 2016), proposto ao paciente para identificar os sinais ambientais que o levavam a beber, a fim de reprogramar respostas diferentes no mesmo ambiente. E como forma de enfrentamento foi feita uma lista de pessoas a quem ele pudesse recorrer quando estivesse ansioso e quisesse ir beber, bem como foram estabelecidas atividades de rotina como atividade física, ouvir música, fazer relaxamento, monitorar os pensamentos, fazer jardinagem, um maior convívio com a família e com pessoas que não estão envolvidas em uso de álcool ou outras drogas.

Considerações finais

O tratamento da terapia cognitivo comportamental para abuso de substancias tem se mostrado eficaz ao longo do tempo. Os pontos abordados no tratamento devem considerar que algumas situações surgem como desencadeadoras do agravamento do uso do álcool, no caso aqui apresentado, a situação de separação foi um dos gatilhos deste aumento do consumo e da ativação da ansiedade do paciente. Outra questão importante é que alguns pensamentos automáticos como "eu mereço tomar uma para relaxar", surge como permissão ao uso o que leva ao consumo constante quando a pessoa se sente ansiosa, triste ou estressada. Outro fator é o a diversão, "vou assistir ao jogo no bar", o que torna um ambiente facilitador da manutenção do consumo.

Após examinar fatores atuais e mantenedores do paciente quanto ao seu hábito de beber se verificou que estão relacionados a fatores interpessoais, ambientais e de pensamentos disfuncionais, os quais foram trabalhados por meio de técnicas como a de solução de problemas, questionamento socrático e relaxamento buscando estratégias de enfrentamento a situações estressoras.

Conforme relatos de M. este aprendeu durante o processo terapêutico a monitorar e acompanhar suas respostas emocionais com mais atenção e desenvolveu uma maior consciência dos seus próprios padrões de resposta emocionais, incluindo fatores de manutenção.

Enfim, foi um trabalho desafiador e gratificante. Quando "os pacientes conseguem mudar, o profissional tem a rara oportunidade de fazer parte do processo de ajudar pessoas a fazer mudanças importantes e satisfatórias em suas vidas" (BARLOW 2016, p. 532).

Referências

AMERICAN PSYCHIATRY ASSOCIATION (APA). **Manual diagnóstico e estatístico de transtornos mentais**: DSM-5. Porto Alegre: Artmed, 2014.

ARAÚJO, I. S. Alcoolismo como processo: da identidade construída à (des) construção da pessoa. **Dissertação de Mestrado**. Universidade de São Paulo: São Paulo, SP, 2007.

BARLOW, D. H. **Manual clínico dos transtornos psicológicos**: tratamento passo a passo. Porto Alegre: Artmed, 2016.

BRASIL. Ministério da saúde. **Consumo abusivo de álcool aumenta 42,9% entre as mulheres. 2019.** Disponível em https://saude.gov.br/noticias/agencia-saude/45613-consumo-abusivo-de-alcool-aumenta-42-9-entre-as-mulheres.

DIEHL, A.; CORDEIRO, D. C.; LARANJEIRA, R. e Cols. **Dependência química: prevenção, tratamento e políticas públicas**. Porto Alegre: Artmed, 2011.

GIGLIOTTI, A.; BESSA, A. Síndrome de Dependência do Álcool: critérios diagnósticos. **Rev. Bras. Psiquiatr.** vol.26 suppl.1. São Paulo, 2004.

HODGE, D. R. Alcohol Treatment and Cognitive–Behavioral Therapy: Enhancing Effectiveness by Incorporating Spirituality and Religion. **Social Work,** Vol. 56 (10), 2011.

JELLINEK, E. M. Phases of alcohol addiction. **Quarterly Journal of Studies on Alcohol,** 13, 673–684. 1952.

KNAPP, P. **Terapia cognitivo-comportamental na prática psiquiatra.** Porto Alegre: Artmed, 2004.

LEFIO, L. A. et al. Intervenciones eficaces en consumo problemático de alcohol y otras drogas. **Rev Panam Salud Publica**: 34(4):257–66, 2013.

MARLATT, G.A.; WITKIEWITZ, K. Relapse Prevention for Alcohol and Drug problems. In: MARLATT, G.A.; DONAVAN, D. M. **Relapse Prevention**: maintenance strategies in the treatment of addictive behaviors (pp.1-44) New York-London Guilford Press: 2005

MÉNDEZ, E. B. et al. **Uma versão brasileira do AUDIT-Alcohol Use Disorders Identification.** Dissertação de Mestrado. Universidade Federal de Pelotas, 1999. Disponível em: <http://www.who.int/substance_abuse/activities/sbi/en/index.html>.

MORIN, J. F. G.; HARRIS, M.; CONROD, P. J. **A Review of CBT treatments for substance use disorders**. Psychology, Clinical Psychology Online Publication, 2017.

PROCHASKA, J. O.; Di CLEMENTE, C. Transtheorical therapy: Toward a more integrative model of change. **Psycotherapy: Theory, Research and Practice,** v. 20, p. 161-173, 1982.

PROCHASKA, J. O.; Di CLEMENTE, C. C.; NORCROSS, J. C. In search of how people change: applications to addictive behaviour. **American Psychologist,** Washington, v. 47, p. 1102-1114, 1992.

RANGÉ, B. e Cols. **Psicoterapias cognitivo-comportamentais: um diálogo com a psiquiatria.** Porto Alegre: Artmed, 2011.

SOUZA L.G.S.; MENANDRO M.C. S.; MENANDRO, P. R. M. O alcoolismo, suas causas e tratamento nas representações sociais de profissionais de Saúde da Família. **Physis. Revista de Saúde Coletiva,** Rio de Janeiro, 25 [4]: 1335-1360, 2015.

VIGNOLA, R. C. B.; TUCCI, A. M. **Depression, Anxiety and Stress Scales (DASS). Adaptation and Validation to Portuguese of Brazil.** Dissertação Mestrado. Universidade Federal de São Paulo, 2013.

WHO-World Health Organization. **Global status report on alcohol and health 2018.** Geneva, Switzerland: WHO Press, 2018.

WILLIAMS, M.; PENMAN, D. **Atenção plena: Mindfulness, como encontrar a paz em um mundo frenético.** Rio de Janeiro: Sextante, 2015.

CAPÍTULO 16

INTERVENÇÕES COGNITIVO-COMPORTAMENTAIS EM COMUNIDADE TERAPÊUTICA COM PACIENTES DEPENDENTES QUÍMICOS

Alberto Luiz Chemin
Solange Regina Signori Iamin

Introdução

O Relatório Mundial sobre Drogas publicado pela Organização das Nações Unidas (UNITED NATIONS, 2021) em 2021 apresenta números alarmantes. Aproximadamente 275 milhões de pessoas, que correspondem a 3,53% da população mundial, consumiu algum tipo de droga ilícita no ano de 2020. Segundo o relatório, em todo o mundo, existem cerca de 36 milhões de usuários de drogas ilícitas (0,46% da população mundial) com algum transtorno desencadeado e/ou agravado pelo uso de drogas e que, portanto, precisam de tratamento. Isso demonstra que as questões inerentes ao uso de drogas são um problema social, de saúde pública e um problema econômico, devendo-se buscar estratégias para prevenção e tratamento dos usuários, além de acompanhamento com os familiares (DIEHL; CORDEIRO; LARANJEIRA, 2018; ALVAREZ, 2012; DUARTE, et al, 2009; RANGÉ; MARLATT, 2008).

A dependência química de álcool e outras drogas pode ser descrita como um agrupamento de sintomas cognitivos (diminuição da capacidade de raciocínio, reflexos lentos, torpor, sonolência), comportamentais (comportamentos de risco, conflitos sociais, entre outros), psicológicos (fuga da realidade, ansiedade, depressão, etc) e fisiológicos (contração ou dilatação da pupila, corrimento nasal, náuseas, etc) que indicam, entre outras características, a perda do controle sobre a utilização e um uso continuado da substância psicoativa, mesmo que haja problemas significativos (colocar-se em situações de perigo ou se colocar em risco de vida, por exemplo) por conta desse uso (NICASTRI, 2008). Essa perda de controle e negligência das atividades normais se dá principalmente pela ativação direta e intensa do sistema de recompensa do cérebro, que está envolvido no reforço de comportamentos e na produção de memórias, através de sensações de prazer (APA, 2014).

Almeida, Bressan e Lacerda (2018) discorrem que, do ponto de vista neurobiológico, podemos compreender os mecanismos genéticos e epigenéticos envolvidos no uso de substância, entendendo a transição do uso "recreacional" para padrões de quadros de dependência química. Essa transição envolve processos de motivação, recompensa, memória, condicionamento, habituação, funcionamento executivo, controle inibitório e reatividade ao estresse. Segundo os autores, os circuitos neuronais responsáveis por esse padrão patológico encontram-se no *nucleus accumbens* (sistema de recompensa); córtex orbitofrontal (motivação); amígdala e hipocampo (memória e aprendizagem) e córtex pré-frontal e giro do cíngulo (controle e planejamento). Esses circuitos são interligados pelo sistema glutamatérgico (excitatório) e principalmente por neurônios dopaminérgicos, responsáveis pela sensação de bem-estar e euforia (ALMEIDA; BRESSAN; LACERDA, 2018 pg. 36).

Entendendo, portanto, o desenvolvimento biológico da dependência química e podemos compreender o caráter patológico dessa condição, sendo uma doença neuropsíquica crônica e recidivante[6] (VOLKOW; et al., 2016). O Manual Diagnóstico e Estatístico de Transtornos Mentais (DSM-5) e a Classificação Estatística Internacional de Doenças (CID-10) orientam quanto ao diagnóstico dos transtornos decorrentes do uso de substâncias psicoativas. Com pequenas diferenças de nomenclatura e subdivisão das classificações, nos ateremos aos critérios diagnósticos do DSM-5.

---

[6] Refere-se ao ressurgimento de uma doença supostamente curada.

Quadro 1: Critérios diagnósticos do DSM-5

- Uso em quantidades maiores ou por período maior que o pretendido;
- Desejo persistente ou esforço malsucedido de redução ou controle do uso;
- Muito tempo gasto em atividades para obter, utilizar e recuperar os efeitos da substância;
- Fissura;
- Fracasso em desempenhar atividades sociais, laborais ou familiares devido ao uso;
- Uso continuado, apesar de problemas sociais ou interpessoais;
- Abandono ou redução de atividades sociais, profissionais ou recreacionais em função do uso;
- Uso em situações de perigo para a integridade física;
- Uso recorrente apesar de prejuízos físicos ou psicológicos;
- Tolerância;
- Abstinência.

Fonte: APA (2014) - adaptado

Segundo Zanelatto e Laranjeira (2013), qualquer modelo de entendimento da dependência química é uma redução de um fenômeno complexo, portanto, falho em algum ponto. Com isso, não se pretende aqui esgotar os aspectos que envolvem a dependência química desde os primeiros usos da substância até a instalação e manutenção de padrões de uso nocivos ou de dependência, mas sim voltar o olhar para alguns pontos em específico. Os autores comentam que um dos modelos que preenche todos os requisitos para um bom estudo da dependência química é o modelo cognitivo de Aaron Beck. De acordo com essa perspectiva, a forma como alguém interpreta uma situação influencia suas emoções e comportamentos. Portanto, mais significativo do que a situação real é o entendimento que a pessoa tem dela. Beck (2013) nos indica que o papel fundamental do terapeuta é encontrar formas para que haja uma mudança cognitiva nos pacientes, tanto de forma individual, como em grupo, fazendo com isso que o indivíduo mude comportamental e emocionalmente, modificando suas crenças e pensamentos disfuncionais.

Fundamentais para esse modelo teórico são as definições de esquemas cognitivos (superestruturas que organizam nossa percepção da realidade), crenças (ideias tomadas como verdades) e pensamentos automáticos (representação esquemática do real) (LARANJEIRA, 2004). O modelo cognitivo para abuso de substâncias propõe o papel de uma estrutura cognitiva disfuncional que torna o indivíduo propenso a desenvolver um transtorno por uso de substâncias.

Figura 1: Modelo cognitivo de desenvolvimento do transtorno de abuso e dependência de substâncias psicoativas.

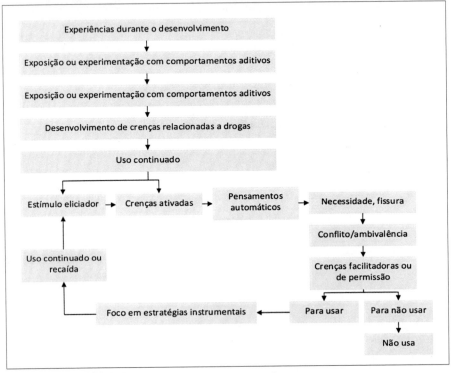

Fonte: LARANJEIRA, 2004.

O histórico de vida do indivíduo desenvolve seu sistema de esquemas e crenças, muitas vezes rígidas e não realistas. Juntamente com a estrutura cognitiva no momento da exposição inicial à substância, torna o indivíduo suscetível à problemas como o abuso e a dependência em substâncias psicoativas. Uma estrutura cognitiva fragilizada predispõe o indivíduo a desenvolver estratégias compensatórias para "resolver os problemas", visto que inicialmente as crenças disfuncionais não são necessariamente relacionadas às substâncias, mas em relação a si mesmo, ao mundo, aos outros e ao futuro.

Isso pode resultar na instalação e na manutenção de quadros de abuso e dependência. Portanto, podemos propor que esses quadros não são necessariamente o reflexo de um transtorno primário, mas sintomas de transtornos secundários do desenvolvimento de uma estrutura cognitiva anterior à exposição às drogas. Com o uso frequente, essas crenças tornam-se mais arraigadas, visíveis e acessíveis, por fim, automáticas. Como consequência, o dependente instala um círculo vicioso de uso de substâncias psicoativas e crenças reforçadoras, de forma ascendente em termos de gravidade e cronicidade de tais comportamentos aditivos (LARANJEIRA, 2004).

Variadas são as intervenções que hoje se utilizam para a solução de problemas envolvendo o álcool e as outras drogas. Entre os settings terapêuticos de intervenção e reabilitação podemos citar: Unidade Básica de Saúde e atenção primária, Pronto-socorro, Tratamento ambulatorial, Centro de Atenção Psicossocial – Álcool e Drogas (CAPS-AD), Hospital Geral, Residências Terapêuticas (sober houses), Hospital-dia, Visita Domiciliar Motivacional, Hospital Psiquiátrico, Clínicas de Recuperação, Consultório de Rua e Comunidades Terapêuticas (CT). Por ser o objeto de estudo desse trabalho, nos ateremos à contextualização das Comunidades Terapêuticas.

Sobre as comunidades terapêuticas

Desde os anos 60 as Comunidades Terapêuticas se desenvolvem com a participação de líderes cívicos, religiosos, políticos e profissionais da saúde e da assistência social. Inicialmente formulada e organizada apenas entre os dependentes químicos, como uma comunidade de auto e mútua ajuda. cada vez mais se percebe a necessidade do conhecimento e da prática técnica para a valorização e a recuperação do indivíduo. Fracasso (2018), nos descreve as características de uma Comunidade Terapêutica (CT):

- Tem caráter obrigatoriamente voluntário;

- Não se destina a qualquer dependente, sendo esse um ser individual, com suas particularidades e consequentemente, com suas necessidades próprias;

- Da melhor forma possível, reproduz a realidade exterior, de forma a facilitar a reinserção social;

- Tem um modelo de tratamento residencial estruturado;

- Atua por meio de tensões sociais intencionais;

- Proporciona explicações sobre as condições físicas e mentais do indivíduo diante dos pares;

- Os pares são tidos como espelhos das consequências sociais dos próprios atos do dependente;

- Oferecem um estado de tensão afetiva;

- Estimulam a auto responsabilidade do dependente diante do seu tratamento. Toda a equipe apenas oferece apoio.

Conforme Fracasso (2018,) nos orienta, a maior diferença entre a abordagem da CT e de outras modalidades terapêuticas é seu método, que tem como função principal a ajuda na mudança do indivíduo em sua totalidade. Isso significa que em uma CT cada dependente é tratado como único, com um tratamento individual, apesar da estrutura coletiva. Tanto as estruturas, como os funcionários e até mesmo as atividades desenvolvidas, direcionam-se para o tratamento e para a mudança da pessoa inteira. Para De-Leon (2003), cada indivíduo pode ser observado em sua totalidade e complexidade, tanto emocionalmente como socialmente, na vida comunitária.

No método da CT é fundamental a participação do indivíduo como ser ativo nas relações interpessoais e em seu próprio tratamento, voltado a uma mudança na vida e na identidade (FRACASSO, 2018). Toda essa mudança só é possível devido a voluntariedade da participação nesse formato de tratamento. O fato de "ir embora" ser uma opção, desenvolve a auto responsabilidade do indivíduo, por este se encontrar residente por livre e espontânea vontade.

Ainda segundo Fracasso (2018), o trabalho na CT volta-se em primeiro lugar para os comportamentos, atitudes, valores e estilo de vida, por entender que o uso da substância é um sintoma, não a essência do transtorno. O público residente em uma comunidade terapêutica é bem distinto entre si. Pessoas com bom desenvolvimento educacional e com fortes vínculos familiares convivem com pessoas com padrões de vida extremamente opostos. Por isso é necessária a individualização de cada tratamento, para que haja o desenvolvimento das pessoas com disfunções biopsicossociais e espirituais. Para haver um equilíbrio nos relacionamentos dos indivíduos, cinco áreas são abordadas: família, amigos, trabalho ou estudos, leis e regras sociais, e espiritualidade.

Ferramentas terapêuticas utilizadas na CT

A Comunidade Terapêutica em questão possui uma metodologia própria, com grupos e atividades chamadas de "ferramentas". A seguir, descreveremos as ferramentas terapêuticas de maior relevância para o presente trabalho.

Diário Pessoal: O diário pessoal é uma ferramenta individual, utilizada ao longo de todo o processo interno e externo. Tem como proposta a consciência e atenção ao que se passa, em primeiro lugar, no interior da pessoa (sentimentos e pensamentos), em segundo lugar suas atitudes e, em terceiro lugar, o que acontece exteriormente (ambiente). Apresenta um roteiro semiestruturado para guiar na percepção dos sentimentos, pensamentos e comportamentos, mas permite inserções de situações e relatos, conforme a necessidade.

Atendimento Psicológico: A Psicoterapia é realizada por um profissional da psicologia pela abordagem da terapia Cognitivo-Comportamental, semanalmente nas dependências da CT.

Atendimento Psiquiátrico: O atendimento psiquiátrico é feito por um profissional da psiquiatria, mensalmente e nas dependências da CT. Percebe-se que há diversas comorbidades à dependência química que atrapalham o processo de recuperação, como transtorno afetivo bipolar, depressão ou transtornos ansiosos. O uso de medicamentos vem para auxiliar nessa regulação e estabilização, visando otimizar o processo.

Grupos de apoio (Pastoral da Sobriedade, Amor Exigente e Grupo dos 12 Passos – NA): Grupos semanais com temas desenvolvidos de forma cíclica, com objetivo de proporcionar a cada pessoa uma análise de seus comportamentos e a percepção dos malefícios que a dependência trouxe para sua vida individual e social. A partir da vivência empírica, os grupos buscam apresentar modelos práticos para a busca da sobriedade, através da partilha da própria história e da vida dos outros participantes.

Grupo de Meditação/Mindfulness: O grupo de meditação e mindfulness é realizado junto aos acolhidos semanalmente. Em cada grupo o acolhido é levado, por meio de um áudio ou pela condução do moderador, a refletir sobre o seu "aqui e agora", chamado também na CT com o jargão "só por hoje". Nesse "aqui e agora" compreende-se as realidades físicas e sociais, as emoções e os pensamentos do momento presente, buscando sair do "piloto automático" e voltando a atenção para o estado atual. Nesse exercício de atenção plena, os indivíduos são convidados a fazer uma partilha da experiência vivida, para reforçar a participação do grupo.

Grupo de Sentimentos: O grupo é desenvolvido semanalmente e busca, a partir da partilha (exposição em voz alta), identificar os sentimentos que surgiram ao longo de sua semana, para então entender como eles se manifestam interiormente e quais as reações que eles geram em cada indivíduo. Tendo ciência dessa dinâmica, o residente é conduzido a perceber como alguns sentimentos de valência negativa podem conduzir a pensamentos e comportamentos inadequados. Essa ferramenta também tem como objetivo, o resgate e o desenvolvimento da sensibilidade em cada pessoa, o aumento do repertório e a auto percepção.

Grupo de Auto e Mútua ajuda: O grupo de auto e mútua ajuda tem como objetivo mostrar ao residente como suas atitudes e comportamentos estão repercutindo aos olhos dos pares e da equipe terapêutica. A proposta é inicialmente expor os próprios comportamentos inadequados de forma individual e, em seguida, ouvir dos outros participantes do grupo suas percepções.

Formação de Efeitos e Consequências: A formação "Efeitos e Consequências" é semanal, realizada em ciclos de 6 semanas. O objetivo é apresentar os aspectos biológicos, psicológicos e sociais das principais drogas e as devidas consequências do uso para a pessoa dependente.

Grupo de Autoconhecimento: Esse grupo tem como objetivo apresentar aos residentes características de si mesmo, trabalhando seus aspectos psicossociais em encontros semanais e cíclicos. Nesse grupo são trabalhados temas como habilidades sociais, emoções, pensamentos automáticos, assertividade na resolução de conflitos, etc. São realizadas exposições dos conteúdos, dramatizações (role play), exemplos e a participação ativa de cada residente.

Processo Autobiográfico: O processo autobiográfico é composto pelas ferramentas "Jogo Autobiográfico", "Grupo Autobiográfico" e "Autobiografia". É uma ferramenta que possibilita à pessoa a percepção de si mesma em sua história, seus padrões de comportamento e seu repertório. O "Jogo Autobiográfico" é um grupo terapêutico composto por um dado, peças, um tabuleiro com temas específicos em cada casa e fichas com temas aleatórios, em que cada participante conta uma lembrança correspondente à casa onde sua peça caiu ou sobre o tema presente na ficha. No "Grupo Autobiográfico" cada participante escreve um relato sobre as lembranças correspondentes a um tema específico (alegrias, medos, conquistas, etc). Semanalmente é feita a leitura desse relato aos demais e, por fim, há uma rodada de perguntas e comentários sobre seu relato feita pelos demais participantes. A "Autobiografia" é voltada para a história individual do acolhido, sem a partilha em grupo. É realizada a escrita sistemática de sua história de vida de uma forma cronológica e apresentada individualmente para o psicólogo. Tem o intuito de perceber os padrões disfuncionais de comportamento em sua vida, localizar possíveis origens de tais comportamentos e as razões pelas quais eles se mantiveram ao longo do tempo. Em todos os grupos do processo autobiográfico é exigido dos participantes o sigilo e o respeito pela partilha dos demais.

Prevenção a Recaídas: O grupo é desenvolvido ao longo de três semanas com atividades reflexivas e escritas, e acompanhamento personalizado pelo educador social responsável pelo grupo. O principal objetivo do grupo é estimular o residente à auto responsabilidade; aos comportamentos de autocontrole; a identificar e desenvolver as motivações que o conduzam à recuperação e à sobriedade; a desenvolver estratégias assertivas e um enfrentamento resiliente; a desenvolver meios para mudança no estilo de vida e a gerar auto eficácia nas situações de risco e na tomada de decisão. Visa auxiliar a pessoa a identificar e a lidar com situações de risco que poderão levá-lo a recaída.

Terapia de grupo: Para a terapia cognitivo-comportamental, conforme nos aponta Neufeld e Rangé (2017), podemos categorizar os grupos em quatro modalidades:

1. **Grupos de Apoio** voltam-se para indivíduos com sintomas crônicos, geralmente abertos. O apoio entre os membros é o principal fator terapêutico nessa modalidade de grupos.

2. **Grupos de Psicoeducação** tem um caráter informativo e de autoconhecimento sobre sintomas, demandas ou transtornos dos membros. Possui sessões mais estruturadas pautadas na psicoeducação e resolução de problemas.

3. **Grupos de Treinamento e Orientação** tem como intuito orientar e treinar os membros para mudanças no âmbito cognitivo, emocional e comportamental. Semelhante ao grupo de psicoeducação, porém com utilização mais expressiva de técnicas, aprofundando-se no modelo cognitivo e na reestruturação cognitiva.

4. **Grupos Terapêuticos** voltam-se para ações mais estruturadas diante de demandas específicas. Tem uma configuração fechada e com menos integrantes. A maior parte dos estudos em TCC de grupos debruçam-se sobre esse modelo.

Um grupo, para que se atinja seus objetivos de forma mais eficaz, necessita ser homogêneo em sua demanda, características dos indivíduos, cultura, entre outros. Isso permite que seus membros experimentem certo grau de pertencimento a esse grupo (NEUFELD; RANGÉ, 2017).

A utilização desses grupos requer o desenvolvimento de um ambiente onde os integrantes do grupo possam compartilhar suas experiências e sentimentos de forma segura, tendo a certeza de que serão compreendidos pelos outros participantes e os mesmos resguardarão o sigilo sobre as narrativas compartilhadas. (NEUFELD; RANGÉ, 2017). Isso promove a melhor adesão do grupo, envolvimento e um modelo melhor estruturado.

Percebe-se que uma grande variedade de atividades terapêuticas pode ser descrita como sendo "terapia de grupo", incluindo grupos de autoajuda. Estas, inclusive, muito utilizadas com grupos de dependentes químicos. Porém há diferenças significativas entre esses grupos, sendo principalmente a necessidade de treinamento profissional necessária para grupos terapêuticos, enquanto que em grupos de autoajuda esse treinamento não é necessário (SOBELL; SOBELL, 2013).

Entrevista Motivacional: A Entrevista Motivacional é um método diretivo que busca promover a motivação para a mudança de um comportamento específico (PAYÁ; FIGLIE, 2004). Nesse método é substancial a colaboração, participação e autonomia por parte do paciente, que atua diretamente no próprio processo de mudança. Por parte do terapeuta, por outro lado, é fundamental uma posição de empatia, acolhimento não-possessivo e autenticidade (MILLER; ROLLNICK, 2001; PAYÁ; FIGLIE, 2004; LIZARRAGA; AYARRA, 2001).

Entendemos a motivação como sendo a chance de uma pessoa iniciar, continuar e permanecer em um processo específico de mudança, ou seja, expressa o quanto a pessoa está comprometida com o tratamento. É entendida como um estado interno momentâneo de prontidão para uma mudança específica, podendo ter variações com o tempo, com a situação e até mesmo com o vínculo com o terapeuta (PAYÁ; FIGLIE, 2004).

Na Entrevista Motivacional, utiliza-se um modelo de processo de mudança desenvolvido por James Prochaska e Carlo DiClemente. Nesse modelo compreendemos de forma didática que a motivação se encontra em determinados estágios distintos, que são eles: Pré-contemplação, Contemplação, Determinação, Ação, Manutenção e Recaída (MILLER; ROLLNICK, 2001; PAYÁ; FIGLIE, 2004).

Essas fases podem ser identificadas principalmente através do discurso do paciente, que pode transitar entre elas em um curto espaço de tempo. Na **pré-contemplação** o indivíduo não considera o problema e não percebe a necessidade de ajuda, portanto, não vê a necessidade de mudança de comportamento. Já a **contemplação** é marcada pela ambivalência no discurso, em que a pessoa já percebe a necessidade de mudar de comportamento, mas ainda valoriza os efeitos positivos do comportamento atual. A fase de **determinação ou decisão** é caracterizada pela tomada de atitude de buscar uma mudança propriamente dita. A ambivalência diminui e se inicia as estratégias de mudança e busca por ajuda. Na etapa de **ação** há o comprometimento com a mudança e o engajamento em ações para alcançá-la. O foco aos poucos deixa de ser no problema e passa a ser nos comportamentos que estão o levando à mudança. A fase de **manutenção** é caracterizada pela mudança do comportamento inicial. Nessa etapa, o novo comportamento consegue ser mantido, os riscos de recaída são identificados com mais facilidade e o sentimento de ambivalência é bastante reduzido. Por fim, podemos considerar a **recaída ou lapso** como sendo também uma etapa no processo de mudança. Acontece quando o indivíduo retorna ao comportamento inicial. É importante ressaltar que em todo o processo, o indivíduo pode regredir nas etapas e até mesmo, ter uma recaída ou lapso. Portanto, recair não é voltar da estaca zero, mas sim um retorno ao processo de mudança (MILLER; ROLLNICK, 2001; PAYÁ; FIGLIE, 2004).

De uma forma resumida, podemos identificar, segundo Miller e Rollnick (2001), oito estratégias de motivação que fundamentam a Entrevista Motivacional, que são:

- Oferecer orientação;
- Remover barreiras;
- Proporcionar escolhas;
- Diminuir o aspecto desejável do comportamento;
- Praticar a empatia;
- Proporcionar *feedback*;
- Esclarecer objetivos;
- Ajudar ativamente.

No presente trabalho será feita uma análise do plano terapêutico individual de um residente de uma Comunidade Terapêutica. Durante todo o processo de tratamento foram utilizados fundamentos e ferramentas da Terapia Cognitivo-Comportamental. Tais ferramentas auxiliaram no processo de desenvolvimento de habilidades, autoconhecimento e prevenção a recaídas.

Apresentação do caso clínico

Para o presente estudo, buscou-se um indivíduo do sexo masculino, com idade superior a 18 anos e inferior a 59 anos, que apresentasse diagnóstico de Transtornos Mentais e Comportamentais Decorrentes do Uso de Drogas (CID-10 F10 a F19) atestado por um médico, acolhido em uma comunidade terapêutica, que aceitasse participar da pesquisa e que se encontrasse na fase de reinserção social, última etapa do processo terapêutico. Pedro[7] é um jovem de 31 anos, empresário, com formação superior incompleta. É solteiro e não possui filhos. Dependente químico e usuário de cocaína há mais de 9 anos. Iniciou o uso de drogas aos 20 anos com álcool, maconha e nicotina. Relata que a busca por um tratamento foi devido à perda de controle com o uso da droga e a percepção dos comportamentos prejudiciais inerentes do estado de intoxicação pelas substâncias.

Pedro passou por um período de tratamento residindo em uma Comunidade Terapêutica no interior do Paraná por cerca de 9 meses. Durante esse processo, o residente passou por diversos grupos terapêuticos, buscando a reestruturação cognitiva e a reinserção social em seu núcleo familiar, emprego e círculo de amigos.

---

[7] Nome fictício

Métodos de avaliação

O paciente chegou para o tratamento na CT, já apresentando o diagnóstico de Transtornos Mentais e Comportamentais Decorrentes do Uso de Drogas (CID-10 F10 a F19) realizada por um psiquiatra. Esse diagnóstico foi corroborado diante dos critérios de avaliação do DSM-5 pelo psicólogo que o atendeu na CT.

Intervenções e técnicas utilizadas

Em todo o processo terapêutico perpassa a **Entrevista Motivacional**. Em todas as conversas com os monitores e outros profissionais atentou-se, por parte dos terapeutas, para o estado motivacional do residente. No início do processo, ele se demonstrava interessado, porém ambivalente, nitidamente na etapa de contemplação. Nesse momento buscou-se de forma empática, oferecer-lhe esclarecimentos e orientações para auxiliá-lo na sua escolha pela mudança de comportamento. Nesse início de processo o foco foi na adaptação à casa e às ferramentas. Na sequência, o paciente reduziu sua ambivalência e se apresentou motivado para seguir com o processo. Nessa etapa priorizou-se a reestruturação cognitiva, tento em vista que ele se encontrava no estágio de "ação" do processo motivacional. Por fim, quando o residente já se encontrava na etapa de "manutenção", iniciou-se o trabalho de prevenção à recaída.

As ferramentas utilizadas para a **psicoeducação** foram principalmente os grupos com conteúdo cíclicos, como por exemplo o grupo de "Efeitos e Consequências" e o grupo de "Autoconhecimento". Nesses grupos, foi apresentado ao residente informações a respeito dos efeitos físicos, psicológicos e sociais de cada substância psicoativa, bem como foi feita uma psicoeducação sobre o modelo cognitivo e habilidades sociais. Também no atendimento psicológico e psiquiátrico houveram intervenções envolvendo a psicoeducação, principalmente de conteúdos particulares e não comuns entre os outros residentes. Os grupos de apoio têm papel importante na psicoeducação, em especial para a retomada do convívio social. Nos grupos de psicoeducação ele se apresentava participativo e demonstrava compreensão em seu conteúdo. O paciente não apresentava comorbidades à dependência química, portanto frequentava o psiquiatra mensalmente apenas como um controle, sem necessidade de utilização de medicamentos. A psicoterapia individual foi, segundo ele, fundamental para a manutenção do seu processo, trabalhando as questões que surgiam na reflexão das outras ferramentas e na sua reflexão individual.

A principal ferramenta de **registro de pensamentos automáticos** foi o "Diário". O residente foi orientado a escrever um diário com as principais situações vivenciadas no dia, identificando os pensamentos eliciados, as emoções e as respostas comportamentais. Esse registro foi utilizado principalmente na psicoterapia individual para a reestruturação de tais pensamentos. No grupo de "Autoconhecimento" ele foi psicoeducando sobre o modelo cognitivo e sobre os pensamentos automáticos disfuncionais, dando maior subsídio para a confecção do diário. O paciente relatou que o registro dos pensamentos e sentimentos o ajudou a perceber a forma como lidou com os problemas enfrentados no dia-a-dia. Isso fez com que ele percebesse comportamentos inadequados e buscasse a devida correção em situações semelhantes posteriores.

Semanalmente os residentes tem um grupo de **Mindfulness e meditação**. Nesse grupo é apresentado de forma prática a meditação de atenção plena, incentivado seu uso durante os dias subsequentes e psicoeducando sobre os benefícios dessa prática. O desenvolvimento dessa técnica para o paciente refletiu em outros campos dentro do próprio tratamento, como na identificação de pensamentos automáticos disfuncionais e na percepção das emoções, desenvolvidos principalmente no "Grupo de Sentimentos" e na confecção do "Diário".

Para a **reestruturação cognitiva** podemos destacar duas ferramentas: "Grupo de Sentimentos" e "Processo Autobiográfico". No primeiro, o residente foi semanalmente convidado a refletir sobre as principais emoções sentidas durante a semana, os comportamentos e pensamentos eliciados por elas, emoções não percebidas e o desenvolvimento de um controle emocional. No "Processo Autobiográfico" o residente resgatou em sua memória as situações mais significativas vivenciadas em sua história. Ao falar sobre tais memórias, desenvolveu-se aí uma reflexão e identificação de crenças, regras e pensamentos automáticos presentes em cada situação. Após identificado, buscou-se ressignificar essa estrutura, mudar as respostas emocionais de cada lembrança e aumentar o repertório de enfrentamento para situações similares.

Depois de ter desenvolvido e praticado várias ferramentas, técnicas e vivências dentro da comunidade, o acolhido participou do grupo de **"Prevenção a recaída"**. De uma forma prática e objetiva, foram sistematizados os riscos que levariam a uma recaída e a forma de evitá-los. Foram apresentadas técnicas de manejo de estresse, motivação, desenvolvimento de autoeficácia e outras técnicas cognitivas e comportamentais. Nessa ferramenta, o residente fez um mapeamento da sua rede de apoio, previu possíveis situações de risco e alternativas comportamentais para evitá-las, fugir delas ou retornar ao processo de recuperação, caso haja uma recaída.

Os grupos de auto e mútua ajuda desenvolvidos dentro da comunidade são do mesmo formato dos grupos de apoio desenvolvidos fora do tratamento. Isso ajuda a desenvolver uma rede de apoio do residente pós tratamento, colaborando para a prevenção a recaída. Além do contato com outras pessoas na mesma condição e a troca de experiências, o conteúdo trabalhado pelos grupos de apoio incentivaram o paciente na manutenção da sua sobriedade. Com o passar do tempo, o residente foi tornando-se um exemplo a ser seguido pelos demais, que olhavam para o seu progresso como uma meta a ser atingida também por eles.

Resultados

Após o tratamento este residente relatou que se sentiu mais apto para reconhecer as emoções que sentia, aprendendo a fazer a autorregulação emocional o que ajudou na prevenção a recaída. Ele também aprendeu a identificar os gatilhos para o uso, os locais e horários de risco e a rota de fuga, ou seja, os comportamentos a serem utilizados caso o risco fosse eminente.

Relatou que a ferramenta mais significativa em seu tratamento foi o Grupo de Sentimentos, por auxiliar na percepção e identificação dos próprios sentimentos. Segundo ele, será um exercício praticado por ele diariamente. Falando brevemente sobre as ferramentas, Pedro confirmou os objetivos iniciais de cada ferramenta. Por exemplo, o processo autobiográfico o fez reconhecer a própria história para elaborar novos significados para as situações vividas, a prevenção de recaídas o fez desenvolver estratégias para evitar ou se afastar de situações de risco e buscar uma rede de apoio sólida. Pedro entendeu que o uso recorrente das ferramentas aprendidas em seu tratamento o levará a um melhor convívio com a sua condição, entendida como crônica.

Em relação a Entrevista Motivacional como suporte para a percepção da motivação do residente, pode-se modular as ferramentas de acordo com o seu estado motivacional. Diante do residente ambivalente, momentaneamente no estágio de "contemplação", percebeu-se uma menor adesão a algumas ferramentas, como por exemplo as que envolvem a reestruturação cognitiva. Nesse momento foi imprescindível a psicoterapia individual para reorganizar a motivação do residente. Quando em vez disso, o residente encontrou-se motivado em um estágio de "ação" ou "manutenção", a prevenção a recaídas foi muito melhor desenvolvida, por exemplo. O residente motivado também agiu como ferramenta de motivação para os demais, com a sua participação na rotina da comunidade.

Considerações finais

O programa referido nesse trabalho teve como base, técnicas atuais para o tratamento baseado em evidências para dependência química. Um fator de grande relevância para o bom desenvolvimento dessa estrutura teórica, é a prática feita por uma equipe multiprofissional. Algumas atividades tem as atribuições de cada profissional sobrepostas, por isso é necessário ter uma equipe terapêutica consciente e bem treinada para perceber o limite da própria atuação. Esse treinamento acontece na comunidade em questão, por meio de uma formação continuada feita pelos próprios profissionais de cada área e por formação externa, em cursos, palestras, congressos, etc.

Esse programa e estes profissionais ajudaram Pedro a compreender as diversas estratégias de enfrentamento que ele poderia utilizar após esta estadia na CT. Para Pedro essa não foi a primeira tentativa de manter-se sem utilizar drogas, mas dessa vez, encontrou motivação e determinação para alcançar a sobriedade.

Por fim, vale pontuar a necessidade de um olhar mais próximo e livre de conceitos pré-definidos da comunidade científica. A Comunidade Terapêutica é uma ferramenta eficaz como método de tratamento para a dependência química. Vale ressaltar que esse é apenas um dos modelos eficazes para o tratamento com dependentes químicos. A busca pela sobriedade não é a única forma eficaz de reduzir o problema social que as drogas exercem. Porém, aos que estão motivados para isso, a Comunidade Terapêutica desenvolvida a partir de um método baseado em evidências e com uso da terapia cognitivo comportamental é um modelo terapêutico de destaque e funcional.

Referências

ALMEIDA, P. P.; et al. **Neurobiologia e neuroimagem dos comportamentos relacionados ao uso de substâncias.** In: DIEHL, A., CORDEIRO, D. C., LARAN-

JEIRA, R. (org.). Dependência química: prevenção, tratamento e políticas públicas. Porto Alegre: Artmed, 2018.

ALVAREZ, S. Q.; et al. Grupo de apoio/suporte como estratégia de cuidado: importância para familiares de usuários de drogas. **Revista Gaúcha de Enfermagem**, v. 33, n. 2, p. 102-108, 2012.

AMERICAN PSYCHIATRIC ASSOCIATION. **Manual diagnóstico e estatístico de transtornos mentais** (DSM-5). Porto Alegre: Artmed Editora, 2014.

BECK, J. S. **Terapia cognitivo-comportamental**: Teoria e Prática. Porto Alegre: Artmed Editora, 2013.

DE LEON, G. **A Comunidade terapêutica**: teoria, modelo e método. São Paulo:. Edições Loyola, 2003.

DIEHL, A.; CORDEIRO, D. C.; LARANJEIRA, R. (org.). **Dependência química**: prevenção, tratamento e políticas públicas. Porto Alegre: Artmed, 2018.

DUARTE, P. C. A. V.; et al. **Relatório brasileiro sobre drogas. Brasília**: Secretaria Nacional de Políticas sobre Drogas, Ministério da Justiça, 2009. Disponível em [http://www.escs.edu.br/arquivos/DrogasResumoExecutivo.pdf].

FARINA, M.; et al. Importância da psicoeducação em grupos de dependentes químicos: relato de experiência. **Aletheia,** n. 42, p. 175-185, 2013.

FRACASSO, L. **Comunidades Terapêuticas**. In: DIEHL, A.; CORDEIRO, D. C.; LARANJEIRA, R. (org.). Dependência química: prevenção, tratamento e políticas públicas. Porto Alegre: Artmed, 2018.

LARANJEIRA, R. R.; FIGLIE, N. B.; BORDIN, S. **Aconselhamento em dependência química.** São Paulo: Editora Roca, 2004.

LIZARRAGA, S. D.; AYARRA, M. **Entrevista motivacional**. In: Anales del sistema sanitario de Navarra. 2001. p. 43-53.

MILLER, W. R.; ROLLNICK, S. **Entrevista motivacional**: preparando as pessoas para a mudança de comportamentos aditivos. Porto Alegre: Artmed, 2001.

NEUFELD, C. B.; RANGÉ, B. P. **Terapia cognitivo-comportamental em grupos**: Das evidências à prática. Porto Alegre: Artmed Editora, 2017.

NICASTRI, S. **Drogas: classificação e efeitos no organismo.** In: BRASIL. Gabinete de Segurança Institucional da Presidência da República. Secretaria

Nacional de Políticas sobre Drogas- SENAD. Prevenção ao uso indevido de drogas: Capacitação para Conselheiros e Lideranças Comunitárias. 3ª Ed. Brasília: SENAD, 2010. Disponível em [https://mppr.mp.br/arquivos/File/Projeto_Semear/Material_Capacitacao/Curso_Prevencao_ao_uso_indevido_de_Drogas_Capacitacao_para_Conselheiros_e_Liderancas_Comunitarias_2011_SENAD.pdf] Acesso em 21/03/2022

ORGANIZAÇÃO MUNDIAL DA SAÚDE. **CID-10**: Classificação Estatística Internacional de Doenças. Vol. 1. Edusp, 1994.

PAYÁ, R.; FIGLIE, N. B. IN: ABREU, C. N. de.; GUILHARDI, H. J. **Terapia Comportamental e cognitivo-comportamental** - Práticas Clínicas. São Paulo: Editora Roca, 2004.

RANGÉ, B. P.; MARLATT, G. A. Terapia cognitivo-comportamental de transtornos de abuso de álcool e drogas. **Brazilian Journal of Psychiatry**, v. 30, p. s88-s95, 2008.

SOBELL, L. C.; SOBELL, M. B. **Terapia de grupo para transtornos por abuso de substâncias**: abordagem cognitivo-comportamental motivacional. Porto Alegre: Artmed Editora, 2013.

UNITED NATIONS. **World Drug Report** 2021 (United Nations publication, Sales No. E.21.XI.8).

Disponível em [https://www.unodc.org/res/wdr2021/field/WDR21_Booklet_2.pdf]. Acessado em 18/03/2022.

VOLKOW, N. D.; KOOB, G. F.; MCLELLAN, A. T. Neurobiologic Advances from the Brain Disease Model of Addiction. **N Engl J Med**, v. 374, n. 4, p. 363-71. Jan 2016.

ZANELATTO, N. A.; LARANJEIRA, R. **O tratamento da dependência química e as terapias cognitivo-comportamentais:** um guia para terapeutas. Porto Alegre: Artmed Editora, 2013.

CAPÍTULO 17

INTERVENÇÃO DA TERAPIA COGNITIVA COMPORTAMENTAL EM UM CASO DE DISTORÇÃO DA IMAGEM CORPORAL NA BULIMIA NERVOSA

Jeniffer Gomes do Valle
Solange Regina Signori Iamin
Mauricio Wisniewski

Introdução

A imagem mental que cada um tem do seu próprio corpo é um dos elementos que contribuem para a construção da identidade, pois é a partir do corpo e da mente que a pessoa se identifica como sendo de fato uma pessoa. Porém, esta imagem corporal, que surge da relação biopsicossocial (corpo, mente e ambiente), pode sofrer distorções desencadeadas a partir de diferentes situações da vida, que podem gerar perda da identificação com o próprio corpo, sofrimento, baixa autoestima, desejo de ser diferente, entre outras consequências psicológicas.

Quando a imagem corporal está distorcida, a percepção que o sujeito tem sobre o seu próprio corpo é irreal e destoa da visão das outras pessoas. Segundo Saikali, et al. (2004), as distorções corporais podem estar presentes na depressão, em delírios, no transtorno dismórfico corporal, na obesidade e, principalmente, nos transtornos alimentares.

Segundo o DSM-5 (APA, 2014, p. 320), o que caracteriza os transtornos alimentares é a "perturbação persistente no comportamento relacionado à alimentação, que resulta no consumo ou na absorção alterada de alimentos e que compromete significativamente a saúde física ou o funcionamento psicossocial" da pessoa.

A bulimia nervosa, que é um dos principais transtornos alimentares, juntamente da anorexia nervosa, prevalece em mulheres com idade entre 12 e 28 anos (PIRES; LAPORT, 2019) e possui como um de seus principais sintomas a auto avaliação negativa elaborada a partir do peso e do formato do corpo, que é intensificada pela distorção da imagem corporal (APA, 2014).

Segundo Pires e Laport (2019), a Terapia Cognitivo-Comportamental é uma das terapias mais indicadas no tratamento da bulimia nervosa. Ela contribui com a diminuição das compulsões alimentares e purgações, bem como no desenvolvimento da autoestima, tendo como foco a modificação de pensamentos, emoções e comportamentos que dão base para que o transtorno continue se manifestando. Através de diferentes técnicas, a TCC favorece mudanças na visão que a pessoa tem de si e do seu corpo, auxilia no desenvolvimento de condutas mais assertivas e na diminuição do sofrimento causado pela distorção da autoimagem.

Para a melhor compreensão do assunto, a seguir será explicado o que é a bulimia nervosa, quais são seus critérios diagnósticos e o que é imagem corporal, o que servirá como base para a análise do caso clínico, que será apresentado sob a ótica da TCC e possibilitará a elucidação das técnicas utilizadas.

Bulimia nervosa

A bulimia nervosa foi descrita pela primeira vez em 1979 por Gerald Russell, porém, há relatos de diferentes casos na literatura psiquiátrica, como o caso Ellen West, descrito por Binswanger em 1944, que receberam diferentes diagnósticos, como "obsessão da vergonha do corpo", e que atualmente podem ser compreendidos como bulimia nervosa, já que atendem os critérios do diagnóstico do transtorno, como o medo de engordar, compulsões alimentares e comportamento compensatório com dietas restritivas (CORDAS; CLAUDINO, 2002).

Apesar da descrição do transtorno ter acontecido apenas no ultimo século, o comportamento bulímico está presente desde a antiguidade. Segundo Cordas e Claudino (2002), no Egito e Grécia Antiga a indução do vômito era um hábito comum, a fim de prevenir doenças oriundas dos alimentos e na Roma Antiga, o hábito também existia, porém, com a finalidade de aliviar-se após longos banquetes.

Atualmente, segundo a Associação Americana de Psiquiatria (2014), a bulimia pode se desenvolver a partir da influência de fatores genéticos, psicológicos e ambientais e possui como principais sintomas os episódios recorrentes de compulsão alimentar, comportamentos compensatórios para evitar o ganho de peso e a auto avaliação negativa elaborada a partir do peso e do formato corporal.

Entre a complexidade dos sintomas que surgem das vivências, crenças e pensamentos irreais de um paciente com bulimia nervosa, há a distorção da imagem corporal, que serve como base para a autoavaliação negativa e que contribui com a expressão do transtorno alimentar.

A construção da imagem corporal

A imagem corporal é a imagem mental que cada um elabora sobre si mesmo. Ela engloba os pensamentos, sentimentos e ações sobre o próprio corpo e é formada a partir da relação entre questões fisiológicas, psicológicas e sociais, que podem mudar durante a vida (SENA; et al., 2019). As diferentes experiências, a sociedade e a cultura, bem como a cognição e a subjetividade, contribuem para a formação e também para a transformação da imagem que cada um tem de si. Para Paul Schilder (1999), além de a imagem corporal ser uma construção cognitiva, também é reflexo de desejos e emoções.

Apesar de ser possível analisar os diferentes aspectos envolvidos na construção e modificação da imagem corporal, a natureza exata da distorção da imagem corporal ainda é obscura, pela dificuldade que há em definir e medir o desenvolvimento da autoimagem (PETERSON; et al., 2004).

Durante a história da humanidade, a relação com o corpo teve diferentes significados que, segundo Cassimiro, Galdino e Sá (2012), foram influenciados pela política, economia, religião e questões sociais das classes mais poderosas de cada época. Na Grécia antiga, por exemplo, acreditava-se que os corpos manifestavam características dos deuses, portanto, deveriam ser belos e admirados; já no século XVIII, o corpo era associado ao pecado pela Igreja e, sendo assim, deveria ser reprimido (SENA; et al., 2019).

Para Cassimiro, Galdino e Sá (2012), na contemporaneidade a busca das pessoas por um padrão de beleza está intimamente ligada ao capitalismo e à busca pela inclusão nos grupos da sociedade. Este padrão é disseminado diariamente na internet através de imagens de corpos que seguem as tendências da indústria da beleza e do que é consolidado como "belo".

Segundo Schilder (1999), a imagem corporal está em constante troca com a imagem corporal dos outros, ou seja, há comparações e construções de ideais baseados no corpo do outro. Em estudo realizado com mais de 200 adolescentes do sexo feminino, Lira (et al., 2017), observou que aquelas que acessam as redes sociais com mais frequência são mais propensas a se sentirem insatisfeitas com a própria imagem corporal e que mais de 80% das adolescentes que participaram da pesquisa estavam insatisfeitas com o próprio corpo.

Tal insatisfação, presente principalmente em mulheres, surge quando um ideal de corpo está muito distante da imagem corporal atual. E na tentativa de reconhecer a própria imagem e de buscar o "belo", podem ocorrer distorções. Na Terapia Cognitivo-Comportamental, estas distorções são abordadas a fim de compreender, questionar, analisar e reformular as percepções sobre o corpo, como será descrito no próximo tópico.

A terapia cognitivo-comportamental no tratamento da bulimia nervosa

Atualmente a Terapia Cognitivo-Comportamental é uma das abordagens mais indicadas para o tratamento da bulimia nervosa (PIRES; LAPORT, 2019), por favorecer a compreensão e a mudança de pensamentos, emoções e comportamentos que contribuem com a permanência dos sintomas da bulimia.

Diferente de algumas abordagens, Vaz, Conceição e Machado (2009), afirmam que a TCC se concentra na compreensão dos fatores que propiciam que o transtorno e as distorções de imagem continuem ocorrendo, ao invés de buscar incessantemente pelas causas que desencadearam a perturbação. Desta forma, é possível direcionar as intervenções para o melhor enfrentamento dos fatores que sustentam os comportamentos alimentares não saudáveis e a percepção distorcida de si.

Para Veras (2010), uma das principais crenças de uma pessoa com a autoimagem distorcida é a de que o seu valor está vinculado ao seu peso e formato corporal, desconsiderando as demais características pessoais e vinculando o sucesso e a competência ao corpo idealizado. Através da terapia cognitivo-comportamental, os pensamentos que sustentam tais crenças são questionados com o objetivo de torná-los mais adaptativos e saudáveis.

Apresentação do caso clínico

A.C. uma jovem do sexo feminino de 24 anos, buscou terapia por conta própria. Relata que esteve na escola desde os 4 meses de idade para que os pais pudessem trabalhar e refere que sempre gostou de ir, apesar de brincar frequentemente sozinha e ter desenvolvido um quadro de anemia aos 2 anos de idade causado pela baixa nutrição oferecida pela escola. Aos 4 anos consultou com uma psicóloga pela primeira vez porque apresentava mutismo seletivo e falava apenas com a mãe. Diz que sentia vergonha de falar com outras pessoas e que só passou a se comunicar melhor aos 8 anos. Aos 6 anos vivenciou as primeiras situações de bullying, sendo chamada de "gorda" por outras crianças da mesma idade. Relata que se sentia triste e que reproduzia os comentários, dizendo para a mãe que estava "muito gorda" (sic).

Aos 7 anos iniciou aulas de taekwondo (arte marcial destinada para a defesa pessoal) e treinou durante 12 anos. Quando parou com os treinos, aos 19 anos, engordou cerca de 30 kg, época em que iniciaram as compulsões alimentares. Segundo ela, desde os 6 anos de idade a preocupação com o corpo foi constante, apenas oscilando de intensidade. Sentia-se triste desde então, sempre que pensava sobre o seu corpo ou quando sentia a sua pele balançar durante alguma atividade física.

Aos 18 anos e aos 20 anos a paciente teve tentativas de suicídio motivadas pelos pensamentos e sentimentos negativos em relação ao próprio corpo. Diz que se sentia "insuficiente, burra, feia, gorda e triste". Na segunda tentativa passou 2 meses internada no Hospital Psiquiátrico de sua cidade.

A paciente possui fortes crenças de desvalorização que a acompanham há muitos anos, que ligam o seu valor à sua aparência e que refletem no seu sentimento de deslocamento diante das suas relações interpessoais. Comenta, "minha personalidade é uma droga, preciso ao menos ser bonita", "se eu for bonita, me sentirei incluída", "eu não seria minha amiga, não sou uma pessoa legal" (sic).

Ao buscar a terapia, a paciente apresentava pensamentos e sentimentos ansiosos, compulsão alimentar grave (pelo menos 3 vezes na semana) e comportamentos compensatórios frequentes (por vezes passava mais de 24 horas sem comer), motivados pelo medo de engordar.

Métodos de avaliação

Foram realizadas 20 sessões de psicoterapia com abordagem cognitivo-comportamental, com duração de 1 hora cada, acontecendo 1 vez por semana. Para embasar a hipótese diagnóstica de Bulimia Nervosa, formulada a partir da análise dos sintomas da paciente correlacionados com os critérios diagnósticos do Manual Diagnóstico e Estatístico de Transtornos Mentais – 5 (APA, 2014), foram realizadas as seguintes escalas, com seus respectivos resultados:

- Escala de Compulsão Alimentar Periódica – Binge Eating Scale (BES) (FREITAS; LOPES; COUTINHO; APPOLINARIO, 2001). Resultado: Compulsão Alimentar Grave.

- Questionário sobre a Imagem Corporal – Body Shape Questionnaire (BSQ) (COOPER; TAYLOR; COOPER; FAIRBURN, 1987). Resultado: Grave transtorno de imagem corporal.

Intervenção clínica e técnicas utilizadas

As sessões aconteceram semanalmente e foram estruturadas a fim de abordar a condição emocional da paciente durante a semana e a presença e enfrentamento dos sintomas manifestados, seguindo a estrutura da Terapia Cognitivo-Comportamental. Como intervenções foram realizadas as seguintes técnicas:

Psicoeducação: realizada desde as sessões iniciais. Consistiu em compartilhar conhecimentos com a paciente a respeito dos diferentes temas abordados, como o funcionamento da terapia cognitivo comportamental, como a ansiedade age no corpo, como os pensamentos influenciam nos sentimentos e, ao ser realizado o diagnóstico de Bulimia Nervosa, a psicoeducação foi a respeito do que são os transtornos alimentares, o que é bulimia, o que é imagem corporal, como ela é desenvolvida, entre outros temas.

Questionamento socrático: consiste em questionar as verbalizações dos pacientes com a intenção de encontrar suas crenças, foi possível observar pensamentos como "não tenho controle", "não consigo comer certo", "não sei quando estou com fome", "só percebo o quanto comi quando a comida acaba", "se eu fosse magra as coisas seriam mais fáceis", "seria mais fácil morrer" (sic). Para Wright, Basco e Thase (2008), o questionamento socrático favorece o reconhecimento e a modificação de esquemas e pensamentos disfuncionais. Tal técnica foi utilizada em todas as sessões a fim de encontrar crenças da paciente e questioná-las. Ao final do tratamento a paciente já verbalizava que estava vivenciando melhor as suas refeições, descobrindo os gostos dos alimentos e percebendo melhor a saciedade de sua fome, o que lhe proporcionou uma maior sensação de controle do seu comportamento alimentar.

Registro de pensamentos disfuncionais (RPD): A partir da orientação sobre como o pensamento influencia nos sentimentos e nas ações das pessoas, e sobre como é possível modificar tais pensamentos para que eles sejam mais adaptativos, foi apresentado para a paciente o Registro de Pensamentos Disfuncionais (RPD) (quadro 1), que foi utilizado frequentemente com a finalidade de identificar situações que geram compulsões na paciente, bem como para a compreensão dos gatilhos de pensamentos que a desvalorizam.

Quadro 1 - Registro de Pensamentos Disfuncionais

Situação	Pensamento	Sentimento	Ação	P. Alternativo:	Sentimento
Tempo ocioso	"Não tenho nada para fazer, vou comer"	Ansiedade	Compulsão alimentar	"Posso tocar um pouco de violão"	Tranquilidade
Ver fotos de mulheres magras	"Eu sou feia e gorda"	Tristeza	Crise de choro	"Tenho diferentes qualidades que vão além da minha aparência."	Neutralidade
Compulsão Alimentar	"Não tenho controle!"	Culpa	Privação alimentar	"Estou em tratamento para melhorar o meu comportamento alimentar, sei que me privar de comer irá me prejudicar."	Reflexiva

Fonte: elaborado pela autora com base nas sessões de psicoterapia (2020).

Técnica dos dois desenhos: Para Veras (2010), com pacientes com a imagem corporal distorcida "parte das dificuldades do processo psicoterapêutico se dá pela necessidade de colocar o indivíduo em contato com sua realidade, que é negada ou idealizada" e, partindo desta necessidade, surge a possibilidade de aplicação da técnica que consiste em fazer 2 desenhos: no primeiro a paciente desenha em um grande papel como percebe o seu corpo e, em seguida, deita-se sob o desenho para que terapeuta possa contornar o seu corpo real e comparar ambos os desenhos. Tal técnica foi um marco no processo terapêutico, por mostrar claramente que a paciente enxergava sua cintura em torno de 30 centímetros mais larga do que realmente era.

A grande diferença entre o que os pacientes imaginam sobre o próprio corpo e o contorno do corpo real pode gerar grande ansiedade e desconforto, portanto, o terapeuta deve estar preparado para acolher o seu paciente.

Atenção Plena: através da orientação sobre a contribuição da atenção plena, que consiste em concentrar-se no momento presente sem emitir julgamentos sobre as diferentes vivências (VANDENBERGHE; SOUSA, 2006), a paciente foi estimulada a buscar novas formas de conectar-se com o próprio corpo. Caminhadas, dança, envolvimento com instrumentos musicais e técnicas de relaxamento foram algumas das opções encontradas para que a paciente pudesse ter experiências positivas com o seu corpo de forma consciente. Isto possibilitou que a paciente construísse novos significados a respeito do próprio corpo, que perpassavam o nível da aparência. No fim das sessões a paciente tinha maior consciência do que sabia fazer, mostrando-se capaz de realizar muitas coisas, o que antes era esquecido.

Em todas as sessões o vínculo terapêutico foi reforçado através da compreensão e não julgamento da paciente por parte da terapeuta, o que enriqueceu a comunicação e colaboração da paciente, favorecendo a evolução do caso clínico.

Resultados

As 20 sessões de psicoterapia foram baseadas nos princípios e técnicas da Terapia Cognitivo-Comportamental. Segundo Beck (2014), há 10 princípios básicos que norteiam o processo terapêutico da TCC, que são: Desenvolver continuamente as formulações do caso e do tratamento; valorizar a aliança terapêutica; paciente e terapeuta devem colaborar ativamente no processo; a TCC é uma terapia focada na solução dos problemas e nos objetivos estabelecidos; sua ênfase é no momento presente; visa orientar o paciente para que ele mesmo possa avaliar as situações em que está envolvido e seus possíveis enfrentamentos; o tempo de terapia tende a ser limitado; as sessões seguem sempre a mesma estrutura; o terapeuta deve ensinar o paciente a monitorar, avaliar e modificar seus pensamentos e crenças e, por, fim, a TCC tem à disposição uma ampla variedade de técnicas a serem utilizadas para modificar pensamentos, sentimentos e ações.

Após as 20 sessões foi possível notar considerável diminuição nas privações alimentares da paciente, que aderiu também ao tratamento com uma nutricionista após perceber que necessitava reaprender os conceitos nutricionais.

A Escala de Compulsão Alimentar Periódica (BES) (FREITAS; LOPES, COUTINHO; APPOLINARIO, 2001), que foi aplicada no início da psicoterapia e reaplicada depois de 20 sessões, indicou a melhora da compulsão da paciente (figura 1.1 – BES antes e depois), que antes resultava em compulsão grave e depois resultou em compulsão moderada.

Figura 1.1 – Escala de compulsão alimentar periódica (BES), antes e depois da aplicação das técnicas da Terapia Cognitivo-Comportamental.

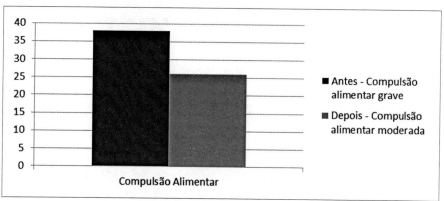

Fonte: elaborada pela autora com base na análise do BES aplicado na paciente (2020).

O Questionário sobre a imagem corporal (BSQ) (COOPER; TAYLOR; COOPER; FAIRBURN, 1987), também foi aplicado no início da psicoterapia e reaplicado após 20 sessões. No início resultou em grave transtorno de imagem corporal e, após a aplicação das técnicas, reduziu para leve/moderado transtorno de imagem corporal, como fica evidenciado na figura 1.2 – BSQ antes e depois.

Figura 1.2 – Questionário sobre a imagem corporal (BSQ), antes e depois da aplicação das técnicas da Terapia Cognitivo-Comportamental

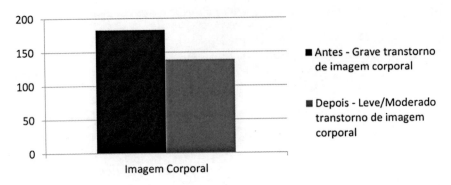

Fonte: elaborada pela autora com base na análise do BSQ aplicado na paciente (2020).

Além dos resultados quantitativos, observou-se considerável evolução da paciente em relação aos questionamentos e modificações de pensamentos distorcidos, que frequentemente expressavam grande preocupação com o formato corporal e peso, que, segundo Knapp (2004), é o que leva os pacientes com bulimia nervosa a desenvolver um comportamento alimentar de risco. Atualmente a paciente reflete a respeito da vinculação do próprio valor à imagem corporal e busca desconstruir tal idéia ativamente, através da visão crítica a respeito dos padrões de beleza impostos e valorização de outras áreas de sua vida.

Depois de 5 meses de psicoterapia, a paciente demonstra mudança na autoimagem através de verbalizações como "meu corpo não é tão grande" (sic), "vi uma foto minha e até que meu corpo está de boa" (sic) e "estou confortável usando as minhas saias, tudo bem se os outros virem que não sou tão magra" (sic).

Considerações finais

Por ser uma abordagem diretiva, a Terapia Cognitivo-Comportamental possibilitou que terapeuta e paciente focassem o trabalho nas questões necessárias para a evolução dos sintomas apresentados. Através de técnicas como o questionamento socrático e registro de pensamentos disfuncionais, padrões de comportamentos e gatilhos que desencadeavam pensamentos com crenças de desvalorização foram compreendidos e enfrentados.

Percebeu-se que a partir do momento que a paciente entrou em contato com o seu formato corporal real, através da técnica dos 2 desenhos, a psicoterapia ganhou um novo sentido, o que evidencia que talvez este seja um dos pontos mais cruciais na intervenção de um caso de distorção de imagem corporal. A partir desta técnica, a paciente compreendeu que ela realmente estava se imaginando maior do que era.

A psicoeducação a respeito dos diferentes processos enfrentados foi de suma importância por oferecer à paciente uma maior compreensão dos seus sintomas e possíveis formas de tratá-los. Porém, foi possível notar que grande parte do resultado alcançado na psicoterapia se deu por conta do vínculo terapêutico bem estabelecido. O não julgamento, o acolhimento e a autenticidade por parte de terapeuta e também da paciente, deram ao processo a base necessária para que houvesse confiança para enfrentar os pensamentos, sentimentos, comportamentos e sintomas.

Referências

AMERICAN PSYCHIATRY ASSOCIATION (APA). **Manual diagnóstico e estatístico de transtornos mentais**: DSM-5. Porto Alegre: Artmed, 2014.

BECK, J. S. **Terapia cognitivo-comportamental: teoria e prática**. Porto Alegre: Artmed, 2014.

CASSIMIRO, É.; GALDINO, F. F.; SÁ, G. M. de. As concepções de corpo construídas ao longo da história ocidental: da grecia antiga à contemporaneidade. Metavóia, São João Del-Rei, n. 14, p. 61-79, 2012.

COOPER, P.J.; TAYLOR, M.J.; COOPER, Z.; FAIRBURN, C.G. The development and validation of the body shape questionnaire. **Int J EatDisord**. v.6(4):485-94, 1987. Tradução de Di Pietro, Xavier e Silveira, 2003.

CORDAS, T.; CLAUDINO, A. de Medeiros. Transtornos alimentares: fundamentos históricos. **Revista Brasileira de Psiquiatria**, São Paulo, v. 24, supl. 3, p. 03 - 06, Dec. 2002.

FREITAS, S.; LOPES, C. S.; COUTINHO, W.; APPOLINARIO, J. C. Tradução e adaptação para o português da Escala de Compulsão Alimentar Periódica. **Rev. Bras. Psiquiatr.** [online]. 2001, vol.23, n.4, pp.215-220.

KNAPP, P. **Terapia cognitivo comportamental na prática psiquiátrica**. Porto Alegre: Artmed, 2004.

LIRA, A.; Galhardi., et al. Uso de redes sociais, influência da mídia e insatisfação com a imagem corporal de adolescentes brasileiras. **J. bras. psiquiatr.**, Rio de Janeiro, v. 66, n. 3, p. 164-171, set. 2017.

PETERSON, C. B.; et al. Changes in body image during cognitive-behavioral treatment in women with Bulimia Nervosa. **Elsevier**; 2004. p. 139-153, 2004.

PIRES, J. A.; LAPORT, T. J. Transtornos alimentares e as contribuições da Terapia Cognitivo-Comportamental para o tratamento. Revista Mosaico, [S.L.], v. 10, n. 2, p. 116-123, 11 mar. 2020.

SAIKALI, C. J.; et al. Imagem corporal nos transtornos alimentares. **Rev. psiquiatr. clín.**, São Paulo, v. 31, n. 4, p. 164-166, 2004.

SCHILDER, P. **A imagem do corpo**: as energias construtivas da psique. 3. ed. São Paulo: Martins Fontes, 1999.

SENA, R. M. de Castro.; et al. A construção social do corpo: como a perseguição do ideal do belo influenciou as concepções de saúde na sociedade brasileira contemporânea. **Mudanças – Psicologia da Saúde**, 27 (1) 53-61, Jan.-Jun., 2019

VANDENBERGHE, L.; SOUSA, A. C. A. Mindfulness nas terapias cognitivas e comportamentais. **Rev. bras.ter. cogn.**, Rio de Janeiro, v. 2, n. 1, p. 35-44, jun. 2006.

VAZ, A. R.; CONCEICAO, E. M.; MACHADO, P. P.P. A abordagem cognitivo-comportamental no tratamento das perturbações do comportamento alimentar. **Análise Psicológica**, Lisboa, v. 27, n. 2, p. 189-197, jun. 2009.

VERAS, A. L. L. Desenvolvimento e construção da imagem corporal na atualidade: um olhar cognitivo- comportamental. **Revista Brasileira de Terapia Cognitiva**, Rio de Janeiro, v. 6, n. 2, p. 94-117, dez. 2010.

WRIGHT, J. H.; BASCO, M. R.; THASE, M. E. **Aprendendo a terapia cognitivo-comportamental:** um guia ilustrado. Porto Alegre: Artmed, 2008.

CAPÍTULO 18

INTERVENÇÃO COGNITIVO-COMPORTAMENTAL EM TRANSTORNO ESQUIZOFRÊNICO: ESTUDO DE CASO

Simone Eurich
Kelly de Lara Soczek

Introdução

Este estudo traz o resultado de um processo terapêutico fundamentado na Terapia Cognitivo-Comportamental (TCC), aplicado a um caso de transtorno esquizofrênico.

A esquizofrenia é a doença paradigmática da Psiquiatria, sendo um distúrbio que afeta a capacidade do indivíduo de pensar, sentir e se comportar com clareza. A causa exata da esquizofrenia não é conhecida especificamente, sendo que uma combinação de fatores, como genética, ambiente, estrutura e químicas cerebrais alteradas, podem influenciar. Caracteriza-se por pensamentos ou experiências que parecem não ter contato com a realidade, fala ou comportamento desorganizado e participação reduzida nas atividades cotidianas. O tratamento costuma ser necessário por toda a vida e geralmente envolve uma combinação de medicamentos, psicoterapia e serviços de cuidados especializados. (GIRALDI; CAMPOLIM, 2014)

Sabe-se que a esquizofrenia representa um problema grave de saúde mental, com características incapacitantes em suas diferentes formas de apresentação. Além disso, há um estereótipo em relação ao diagnóstico, que faz com que muitas vezes, o indivíduo seja reconhecido/visto como "louco" e isso faz com que, além de lidar com os sintomas e as crises decorrentes do transtorno, o sujeito passe a enfrentar dificuldades em relação ao convívio social e familiar. Acarretando desta forma em um isolamento, onde as crises de ansiedade e a depressão, muitas vezes somam-se ao quadro já existente, agravando os sintomas, dificultando o tratamento medicamentoso e a tomada de decisão em buscar ajuda terapêutica.

Diante à cronicidade da esquizofrenia, surge à associação entre os tratamentos farmacológicos e psicológicos, sendo que dentre os recursos psicológicos está a Terapia Cognitivo-Comportamental (TCC), que tem se mostrado como um recurso terapêutico muito eficaz quando integrado ao tratamento farmacológico, para recuperação e reabilitação do paciente com esquizofrenia, no âmbito interpessoal e social. (FERREIRA JUNIOR; et al. 2010)

Estudos elencaram algumas das técnicas mais utilizadas na Terapia Cognitivo-Comportamental (TCC) para o trabalho eficaz com indivíduos diagnosticados com esquizofrenia, sendo citadas a psicoeducação, o questionamento socrático, técnicas de relaxamento e treinamento de habilidades que promovam e facilitem boas relações entre os indivíduos. (ZHANG; et al 2014 apud WANDERLEY.; NOGUEIRA, 2016).

Ainda de acordo com o autor citado, os estudos trazem a eficácia da TCC associada ao tratamento medicamentoso, favorecendo uma melhor adesão ao tratamento psicológico, diminuição dos sintomas iniciais (positivos, negativos e psicopatologia geral), diminuição da taxa de interrupção de tratamento, favorecimento da interação social, menor risco de recaída e readmissão.

A fim de corroborar aos estudos já citados, o objetivo deste capítulo é demonstrar as mudanças comportamentais obtidas a partir de intervenções cognitivo-comportamentais aplicadas a um caso de transtorno esquizofrênico e suas comorbidades.

Relato de caso

M. é uma paciente do sexo feminino, atualmente com 42 anos, que buscou atendimento psicológico através do acolhimento comunitário de uma igreja do bairro onde mora. A igreja proporciona atendimento psicológico por valor social, bem como atividades em artesanato, pintura, música e coral, todas voltadas e abertas à comunidade.

A paciente foi diagnosticada aos 18 anos com esquizofrenia, sendo que o tratamento ao longo desses anos foi apenas medicamentoso. Menciona que levou algum tempo para se adaptar à fórmula e dosagem adequadas, sendo que os diversos efeitos colaterais acarretaram prejuízos ao longo da sua vida. Dentre os efeitos colaterais mais relatados pela paciente estão a sonolência, falta de ânimo, falta de atenção e memória, labirintite e aumento de peso corporal. Entre outras comorbidades, a ansiedade e o estado depressivo foram as queixas principais.

Relata que no início do diagnóstico, frequentou o Centro de Atenção Psicossocial para Transtornos Mentais (CAPS-TM), mas que não gostava, pois, as reuniões eram em grupos e percebia que não se sentia à vontade ali. Desistiu dos encontros no CAPS e passou a estudar a doença por conta própria. Relata que buscava informações sobre a esquizofrenia na *internet* e em grupos de ajuda pelas redes sociais, dos quais ainda participa.

A paciente refere ainda, que teve vários episódios decorrentes da esquizofrenia, que afetaram drasticamente a sua vida. As alucinações, delírios, discurso desorganizado, embotamento, etc, trouxeram prejuízos tanto afetivos/emocionais como físicos. Cita o momento da perda do emprego, do casamento, do convívio social, anulação de sonhos, entre outros.

No trabalho, devido às crises da esquizofrenia que ocorriam durante o expediente, foi afastada da função até ser aposentada por incapacidade. Sente muito por estar fora do mercado de trabalho e alega sentir falta das amizades, da rotina e dos cursos que realizava na empresa. Decorrente disso, seu estado depressivo se agravou bem mais, ficando isolada do convívio social por muitos meses, sentia vergonha ao precisar explicar às pessoas sua ocupação, pois devido a sua idade as pessoas não compreendiam sua aposentadoria, devido a isso, evitava sair de casa para não precisar se explicar sobre o seu diagnóstico de esquizofrenia e suas comorbidades.

M. é filha única por parte de mãe e, segundo informações desta, há histórico de esquizofrenia na família materna. Em relação ao pai, relata que não tem proximidade com o mesmo e nem convívio com a família paterna, incluindo as duas filhas dele, suas irmãs. Acredita ser excluída e rejeitada por eles.

Foi casada por dez anos, hoje está divorciada e tem um filho desse relacionamento. Atualmente mora em casa própria com seu filho e há pouco tempo a sua mãe passou a morar com ela. A mãe tem diagnóstico de depressão, o qual se agravou após o falecimento do companheiro (seu padrasto), não aceita os medicamentos antidepressivos e apresenta déficits em relação às atividades da vida diária, incluindo hábitos de higiene pessoal, chegando a tomar banho apenas duas vezes ao mês.

Paciente expressa dificuldade em relação aos cuidados com a mãe, sentindo-se sobrecarregada pelos afazeres que desempenha com a mesma e também com seu filho de 12 anos que, segundo ela, não auxilia nas atividades diárias da casa. A situação a deixa desanimada e desmotivada em realizar até mesmo as atividades de rotina doméstica e também atividades de cuidados pessoais consigo. Afirma que algumas vezes prefere fechar a casa e dormir por horas durante o dia.

Ao comparecer para o primeiro atendimento, apresenta-se com uma respiração bastante ofegante, pesada, parecendo lhe faltar o ar, inquietude com as pernas, veste cores pretas e tem um olhar de desconfiança. Mantém um discurso coerente e apresenta um bom vocábulo. Diz que buscou a terapia para efetivar mudanças de atitudes com ela, sendo que seu estado depressivo foi o fator principal que a fez procurar ajuda através do apoio da igreja que frequenta. Consequentemente deseja atingir melhorias no ambiente de casa, com novas e melhores atitudes com sua mãe e seu filho.

Métodos de avaliação

Foram realizadas 15 sessões individuais, com frequência semanal e duração de 50 minutos cada. Inicialmente foi realizada uma avaliação em formato de questionário, a fim de coletar dados do histórico familiar e o percurso da doença (esquizofrenia), bem como relacionamentos sociais, afetivos, sintomas fisiológicos, cognitivos e comportamentais, avaliação psiquiátrica e o uso de medicações. Foram abordadas situações desencadeantes de sintomas e grau de interferência e prejuízo na vida, bem como a observação de sintomas depressivos comórbidos à esquizofrenia.

Ao final do acompanhamento, foi aplicada a Escala Calgary para Depressão em Esquizofrênicos (ECDE), tratando-se de uma escala semiestruturada composta por nove itens, todos definidos de acordo com um critério operacional que vai de zero a três, sendo sua mensuração ausente, leve, moderado e grave. A escala abrange o período das últimas duas semanas. A aplicação se deu em formato de entrevista diretiva, a fim de avaliar o grau de sua depressão.

Intervenção clínica e técnicas utilizadas

A partir dos dados coletados na primeira entrevista tidos como avaliação, foi possível traçar um plano para o tratamento em psicoterapia baseada na terapia cognitivo-comportamental, priorizando os sintomas que lhe traziam prejuízo e a mudança comportamental desejada.

Para o esclarecimento de todas as informações sobre a abordagem terapêutica, utilizou-se da psicoeducação já que a paciente mantinha um olhar de desconfiança e insegurança em relação ao tratamento. Entende-se que boa parte do processo terapêutico está diretamente vinculada ao processo de ensinar o modelo cognitivo ao paciente e permitir que ele se sinta participativo e ativo no seu processo.

Técnicas de relaxamento *Mindfulness* foram utilizadas, juntamente com suas observações e anotações acerca dos pensamentos e sentimentos decorrentes dessas práticas, a fim de trabalhar queixas trazidas por ela, tais como pensamentos negativos de si decorrentes da depressão, a tomada e resolução de problemas, relacionamento com a mãe e com o filho e melhora nas habilidades sociais para volta ao convívio social da igreja que frequentava. Todos esses temas foram abordados nas primeiras sessões.

O Questionamento Socrático, processo básico da TCC, foi utilizado no transcorrer de todo processo, tanto com o objetivo de identificar, examinar e modificar as distorções cognitivas, como também, a fim de tornar os pensamentos mais flexíveis. Foi possível observar erros lógicos apresentados pela paciente, tanto em relação a si própria quando em relação aos outros.

De acordo com a literatura, os erros de pensamentos mais comuns associados à esquizofrenia são: leitura mental, adivinhação, catastrofização e personalização. No processo terapêutico questiona-se o paciente a respeito do significado dos pensamentos por ele identificados e assim, proporciona-se a ele, o reconhecimento da relação entre seus pensamentos e seus sintomas. Além disso, essa aprendizagem capacita o paciente a reduzir a interferência negativa dos pensamentos sobre as emoções, aumentando assim seu controle e autoconfiança. (BARRETO; ELKIS, 2007).

O Registro de Pensamentos Automáticos (RPA) foi outro método utilizado com a paciente e que permitiu obter mais informações do que simplesmente respostas prontas e aleatórias. Ao preencher e avaliar seus pensamentos automáticos ou imagens que lhe vinham à mente quando se sentia angustiada, foi possível coletar material importante para discussões em sessão e também, para planejamento de futuras intervenções.

Outra técnica utilizada foi o treino de habilidades e solução de problemas, onde as mesmas são definidas por um processo metacognitivo que envolve a compreensão da natureza do problema e a identificação de soluções. As habilidades de solução de problemas consistem em um processo de aprendizagem que promove uma tomada de decisão cautelosa e reflexiva, pois facilitam a análise das consequências de cada comportamento emitido e permitem a escolha e implantação da alternativa mais adequada ao conflito, evitando a emissão de respostas agressivas e fortalecendo o autocontrole. (ELIAS; MARTURANO; MOTTA-OLIVEIRA, 2012)

Ao utilizar a técnica de *mindfulness*, ensina-se o paciente a trabalhar a aceitação sem julgamento, seja dos pensamentos, sentimentos, emoções e/ou sensações corporais. De acordo com Vandenberghe e Sousa (2006), tais técnicas variam desde concentrar a atenção de forma deliberada em algo que está sendo percebido no momento presente através dos sentidos (tato, olfato, visão, audição, paladar), até deixar que a atenção absorva qualquer evento que surja na mente ou corpo, sejam pensamentos, imagens mentais, emoções ou sensações. O objetivo foi proporcionar à paciente relaxamento a partir da respiração e clareza das comorbidades que esquizofrenia apresenta.

Resultados

Observou-se ao longo das sessões que os principais objetivos elencados pela paciente, foram alcançados e resultaram positivamente em seu comportamento diário. Entretanto, ainda haviam outras preocupações a serem sanadas e desejos a serem atingidos por ela.

Percebeu-se o efeito positivo das técnicas de relaxamento aliadas ao *mindfulness* para o controle da respiração, que eram realizadas no início de cada sessão, por alguns minutos. A partir disso, notou-se uma melhora gradativa, deixando de ser uma respiração curta e sufocante que atrapalhava sua comunicação e favorecia sintomas ansiosos, e passando a ser uma respiração mais leve.

Com a psicoeducação, a paciente passou a compreender melhor o quadro depressivo que sentia, compreendendo ser este, decorrente da esquizofrenia. A partir de então, foi possível notar maior aceitação nas propostas de atividades oferecidas ao longo das sessões. Dessa forma a paciente conseguiu discutir sobre a sua queixa e encarar da melhor forma seu tratamento.

A partir da técnica do RPA listaram-se alguns incômodos identificados pela paciente, que possibilitou controlar melhor os sentimentos expressos por ela, bem como, contestar pensamentos negativos e alterar comportamentos improdutivos que ela vinha mantendo.

A partir da terceira sessão foi possível notar mudanças no visual da paciente, que passou a apresentar-se com roupas coloridas (como blusas, calças e vestidos com estampas), com o cabelo mais arrumado, usando adornos como brincos e pulseiras e demonstrando claramente uma melhora em sua auto-estima. Tal mudança deu-se de forma espontânea no decorrer do processo e não havia sido elencada como uma de suas prioridades.

No fator estratégias de soluções de problemas e treinamento de habilidades onde alegava como maior dificuldade, conseguir a colaboração de sua mãe em relação aos hábitos da higiene, conseguiu através do diálogo, a colaboração da mesma, que passou a tomar banho em dias alternados e, apesar de não ser a forma idealizada por M., inicialmente foi o que conseguiram acordar e seguem mantendo.

Outro resultado obtido refere-se ao comportamento do filho que não participava das atividades corriqueiras da casa, permanecendo conectado ao *vídeo-game*. Foram elaboradas atividades a combinar com o filho para melhor participação dele nas tarefas diárias de casa. Em formato de coluna, ela listou alguns objetivos como ajudar a secar a louça, arrumar o quarto, preparar seu próprio lanche da tarde e disciplinar horários para os jogos. O resultado teve pouco efeito quanto às mudanças dos horários do *vídeo-game*, já que ele participa de jogos *on-line*. Porém, houveram pequenos progressos na participação das atividades diárias, onde ele passou a ajudá-la com a secagem da louça e arrumar a cama/quarto, porém, não todos os dias como planejou, mas vêm mantendo a insistência para a mudança de hábito.

O retorno ao convívio social (especialmente ao culto dominical) foi outro objetivo alcançado. Relatou que deixou de frequentar esse local porque sentia que os outros a julgavam e que era observada o tempo todo pelas pessoas, o que lhe causava uma elevação do grau de ansiedade, uma vez que aliado a este pensamento mantinha a leitura mental onde imaginava as pessoas falando: "ela é uma louca, doente/esquizofrênica, não se aproximem dela".

Trabalhou-se a lista de distorções cognitivas, interpretando-se cada situação com o auxílio do questionamento socrático. Para cada distorção identificada, foram três sessões de análise de pensamentos, em que se utilizou em conjunto, o processo de visualização, onde ela passava a descrever o ambiente da igreja e as pessoas que lá frequentavam e como ela sentia-se em estar ali. Progressivamente ela foi compreendendo seus pensamentos e sentimentos e dando nota ao seu grau de ansiedade, o qual foi rebaixando gradativamente e foi quando então, ela relatou que já se sentia mais à vontade para participar do culto dominical, porém inicialmente, no período da manhã, onde há um número menor de pessoas em relação ao culto noturno.

Nas sessões seguintes trouxe em seu relato que foi muito bom voltar a participar do culto mesmo sendo pela manhã, que não sentiu taquicardia e nem ansiedade, pois haviam poucas pessoas no local e que conseguiu, inclusive, participar de uma leitura bíblica a pedido do pastor. Foi sugerido que refletisse na possibilidade de frequentar o culto noturno se fosse da sua vontade, e que esse seria um desafio para os próximos meses.

Ao concluir as 15 sessões estruturadas dos atendimentos com a paciente, utilizou-se a Escala Calgary para mensurar o nível de depressão que a paciente apresentava. Foi possível identificar através da escala, que ainda apresentava um nível depressivo leve a moderado, porém a mesma percebeu que seu estado depressivo e ansioso teve uma melhora significativa com a psicoterapia, dizendo nem se comparar ao início do tratamento psicoterápico.

Importante salientar que o processo terapêutico presencial foi interrompido pelo período de dois meses em decorrência da Pandemia do COVID-19[8] e retomado em formato *on-line* posteriormente. No período de afastamento a paciente relatou que manteve os exercícios e atividades acordados em terapia, assim como tem buscado ser mais assertiva nas suas relações. Tal postura demonstra seu engajamento e protagonismo no processo terapêutico, corroborando a eficácia da abordagem.

Considerações finais

A esquizofrenia é um fator de saúde pública, e precisa ser tratado como tal, porém, um olhar de atenção para esses indivíduos requer humanização e não somente sua patologização.

---

[8] Doença infecciosa causada por um novo coronavírus, identificado pela primeira vez em dezembro de 2019, em Wuhan, na China. (OPAS, 2020)

A Terapia Cognitivo-Comportamental vem destacando-se entre as diversas abordagens teóricas, principalmente pela sua objetividade e eficácia terapêutica, apoiada às diversas técnicas de intervenções que contribuem significativamente para a mudança ou reestruturação do comportamento, o que pode ser considerado uma vantagem em diversos tratamentos psicológicos, bem como de alguns transtornos psiquiátricos incluindo a esquizofrenia.

O trabalho da psicologia em conjunto com a farmacologia e as técnicas da TCC que alicerçaram este estudo, proporcionaram resultados satisfatórios, beneficiando a paciente e contribuindo com a melhoria e mudança da estrutura psíquica e comportamental da mesma. Com efeito, o processo de psicoterapia precisa ser contínuo para que o indivíduo se sinta amparado nas suas fragilidades psíquicas diante da doença e suas comorbidades.

O processo terapêutico em TCC mostrou significativas mudanças nos pensamentos disfuncionais, além de uma transformação emocional e comportamental da paciente. No mesmo sentido, pode-se observar através da análise da escala Calgary a redução do estado depressivo.

Diante disso, fica a importância de ressaltar o aprofundamento em estudos e análise do comportamento para melhor compreensão e manejo das técnicas voltadas ao tratamento esquizofrênico.

Foi um caminho desafiador e ao mesmo tempo gratificante, ao trabalhar com um indivíduo diagnosticado há tanto tempo com esquizofrenia, poder perceber os avanços obtidos e ouvir o relato da paciente reconhecendo o seu autoconhecimento e autonomia diante dos desafios.

Por fim, acredita-se que este estudo vem contribuir para a ampliação do conhecimento acadêmico, de forma que possibilite cada vez mais novos estudos nesta área.

Referências

BARRETO, E. M. de Paiva; ELKIS, H. Evidências de eficácia da terapia cognitiva comportamental na esquizofrenia. **Revista de Psiquiatria Clínica**, São Paulo, v. 34(2), p. 204-207, 2007.

ELIAS, L. C. dos Santos.; MARTURANO, E. M.; MOTTA-OLIVEIRA, A. M. de Almeida. Eu posso resolver problemas: Um programa para o desenvolvimento de habilidades de solução de problemas interpessoais. **Temas em psicologia**, v. 20, n. 2, p. 521-535, 2012.

FERREIRA JUNIOR, B. de Castro.; et al. Alterações cognitivas na esquizofrenia: atualização. **Revista de Psiquiatria do Rio Grande do Sul**, v. 32, n. 2, p. 57-63, 2010.

GIRALDI, A.; CAMPOLIM, S. Novas abordagens para esquizofrenia. **Cienc. Cult**. [online]. São Paulo, vol.66, n.2, pp. 6- 8, jun. 2014. Disponível em<http://cienciaecultura.bvs.br/pdf/cic/v66n2/v66n2a03.pdf> Acesso em: 16 Abr. 2020.

OPAS - **Organização Pan-Americana da Saúde. Folha informativa COVID-19** - Escritório da OPAS e da OMS no Brasil. Brasília (DF); 2020.Disponível em <https://www.paho.org/pt/covid19>. Acesso em 10 Abr. 2020.

VANDENBERGHE, L.; SOUSA, A. C. Aquino de. Mindfulness nas terapias cognitivas e comportamentais. **Revista brasileira de terapias cognitivas**, v. 2, n. 1, p. 35-44, 2006.Acesso em 17 ago. 2020.

WANDERLEY, D. l; NOGUEIRA, K. M. Oliveira. Benefícios da Terapia Cognitivo-Comportamental no Tratamento Farmacológico da Esquizofrenia: Revisão Sistemática.2016. **Trabalho de Conclusão de Curso** (Bacharelado em Psicologia) – Faculdade São Francisco de Barreiras, Barreiras, 2016.

CAPÍTULO 19

MINDFULNESS E SUA RELAÇÃO COM AS EMOÇÕES NA PRÁTICA CLÍNICA

Paola Colleone Costa
Kelly de Lara Soczek

Introdução

A Terapia Cognitivo-Comportamental foi desenvolvida por Aaron Beck no início da década de 1960. Beck era professor assistente de Psiquiatria da Universidade da Pensilvânia, psicanalista de formação e fundamentou conceitos revolucionários para a época. Desenvolveu teorias sobre o comportamento humano, pensamentos e crenças inerentes a cada pessoa, especialmente relacionadas a depressão e acreditava ser necessário à validação destas teorias, de forma empírica.

No final da década de 1960 e início de 1970, ele dedicou-se a uma série de experimentos através dos quais acreditava que validaria suas teorias e, ao contrário disto, os resultados obtidos o levaram a busca de outras explicações para a depressão. Ele identificou cognições negativas e distorcidas (principalmente pensamentos e crenças), como características primárias da depressão e desenvolveu um tratamento de curta duração, no qual um dos objetivos principais era o teste de realidade do pensamento depressivo do paciente (BECK, 2014).

Segundo Beck (2014), a terapia cognitiva na metade da década de 1980 havia alcançado o status de "sistema de psicoterapia" que consistia em: (1) uma teoria da personalidade e da psicopatologia, com achados empíricos consistentes para apoiar seus postulados básicos, (2) um modelo de psicoterapia com um conjunto de princípios e estratégias que se combinavam com a teoria da psicopatologia, e (3) achados empíricos consistentes baseados em estudos clínicos científicos para apoiar a eficácia desta abordagem. Nesta evolução da terapia cognitiva, como um sistema de psicoterapia, o *Mindfulness* faz parte deste contexto, sendo utilizado na prática clínica como técnica, auxiliando os pacientes na conquista do equilíbrio do corpo e da mente.

Com o transcorrer do tempo a TCC percorre um processo de evolução e segundo Germer, Siegel e Fulton (2016) encontra-se atualmente em sua "terceira onda", sendo que a primeira onda se refere ao condicionamento pavloviano e reforço das contingências. A segunda onda focaliza-se em alterar padrões de comportamentos disfuncionais e a terceira onda engloba a psicoterapia baseada em *Mindfulness*, aceitação e compaixão.

Sobre a Psicoterapia baseada em *Mindfulness*, os mesmos autores mencionam os quatro programas de treinamento pioneiros nesta técnica, sendo eles: redução de estresse baseada em mindfulness (KABAT-ZINN, 1990), terapia cognitiva baseada em mindfulness (Segal., et al, 2012), terapia comportamental dialética (Linehan, 1993) e terapia de aceitação e compromisso (Hayes; et al, 1999).

Sendo assim, Mindfulness pode ser utilizado na prática clínica de várias formas, porém, antes de dar início a este método, deve-se compreender seu conceito, seus princípios fundamentais e elementos essenciais para a sua utilização, bem como sobre a atitude *Mindful*, que deve acompanhar as práticas, tanto para o paciente quanto para o terapeuta, proporcionado aos mesmos, todos os benefícios no contexto clínico.

Conceito de mindfulness e atitude *mindful*

O conceito de *Mindfulness* foi descrito inicialmente por Jon Kabat-Zinn, psiquiatra e professor emérito da Universidade de Massachusetts, como sendo a "prática da atenção plena" e de acordo com ele, esta é definida como "a consciência que emerge ao colocarmos a atenção intencional no momento presente, de maneira não julgadora no fluxo da experiência, momento a momento". (KABAT-ZINN, 2003, p.24)

Em uma outra definição, Brown e Ryan (2003) descrevem também sobre o conceito de *Mindfulness*, utilizando o conceito mencionado por Kabat-Zinn, e definem a percepção e a atenção envolvidos neste processo e a relação destes com o método.

> Consciência envolve tanto estar atento como atenção. Estar atento (awareness) é o "radar" de segundo plano da consciência, continuamente monitorando os ambientes interno e externo. Pode-se ter a percepção de estímulos, sem que eles estejam no centro da atenção. (BROWN; RAYAN, 2003, p.822)

Portanto, trata-se de um método de meditação, que utiliza a atenção intencional com foco interno e externo. Quando o foco é interno, a atenção volta-se para as práticas com foco na respiração, sensações internas e maior percepção corporal. Quando o foco é externo, volta-se a atenção aos sons, movimentos do corpo, ambiente e imagens que possam ser usadas para as práticas meditativas. De acordo com Germer (2005), alguns elementos são essenciais para a prática da atenção plena, sendo eles:

- Consciência: parar – observar – voltar. A prática sugere um estar consciente, uma contemplação dos pensamentos e convida o praticante a prestar atenção aos seus pensamentos, sem julgamentos e sem tentar controlá-los.

- Momento presente: este segundo elemento, é essencial e fundamenta as práticas de *Mindfulness* e se refere a estar verdadeiramente no momento presente, no aqui e agora.

- Aceitação: a capacidade de enxergar as coisas tais como são, aceitando as experiências prazerosas e dolorosas, tais como surgem.

Portanto, esses três elementos têm uma relevância fundamental para que as práticas possam acontecer, fazendo com que a atenção plena seja realmente utilizada de uma forma consciente, benéfica e correta para seus praticantes.

Ainda no que se refere aos três elementos e principalmente sobre a prática de *Mindfulness* de forma consciente, percebe-se uma necessidade de seus praticantes em ter, cultivar e desenvolver uma atitude *mindful*. Esta atitude proporciona uma curiosidade, uma "abertura" a experiência para as práticas do método. Desta forma, é possível conseguir um melhor aproveitamento das práticas e seus benefícios.

A atitude *Mindful* também possui um aspecto afetivo, sendo que de acordo com Símon (2010) é necessário que a observação se encontre acompanhada de uma atitude de amor ou de carinho para com o objeto que está sendo observado, pois sem esta atitude de afeto não se pode considera-la como uma atitude *Mindful*. Portanto, *Mindfulness* não é apenas um fenômeno cognitivo relacionado com a atenção, mas sim um método onde este aspecto afetivo possui uma relevância fundamental.

Tal atitude é necessária para as práticas de *Mindfulness* e, dentro deste contexto, pode-se estender este conceito para todas as áreas da vida de seus praticantes, incluindo os relacionamentos e outras situações da vida presentes no cotidiano, possibilitando uma nova percepção de si mesmo e do outro, com gentileza, bondade, amor, compaixão e carinho.

Sua prática tem se demonstrado extremamente eficaz para fornecer estratégias de enfrentamento para seus praticantes em situações de estresse e ansiedade, bem como ajudar na busca do autoconhecimento, diminuindo pensamentos e emoções consideradas negativas e auxiliando na diminuição de tensões físicas relacionadas ao estresse.

Estudos na área também apontam para uma melhor qualidade nas relações com o desenvolvimento da empatia, fornecendo habilidades ou um repertório de comportamentos para responder de modo mais efetivo em um relacionamento. Outro benefício citado é o desenvolvimento da capacidade de atenção da mente, melhorando o funcionamento cerebral.

Os autores Dermarzo e Campayo (2016) também relatam sobre estes inúmeros benefícios, citando na área da saúde, o tratamento de doenças fisiológicas, como dor crônica, doenças cardiovasculares, câncer e tratamento para portadores do Vírus da imunodeficiência. Nas doenças psiquiátricas citam depressão, ansiedade, dependência química, transtornos de conduta alimentar, obsessivos e de personalidade. Citam ainda seu uso na prevenção do estresse e do mal-estar psicológico e no desenvolvimento do bem-estar psicológico.

Os autores ainda relatam que no contexto educacional, é possível observar o aumento da capacidade de concentração e do rendimento acadêmico, aprimoramento das relações interpessoais e consequentemente melhorias no ambiente das salas de aula. Já na área empresarial ou Laboral, citam o favorecimento da redução e prevenção do estresse relacionado ao trabalho e a outros riscos psicossociais, como por exemplo esgotamento laboral ou Burnout ou assédio moral.

Portanto, *Mindfulness* apresenta inúmeros benefícios aos seus praticantes, podendo ser utilizado de várias formas, como treinamento formal e informal e em diferentes áreas de atuação no contexto clínico, tendo como foco as emoções, pensamentos e sentimentos do paciente dependendo da demanda apresentada em Terapia.

A prática de mindfulness em suas diferentes formas de atuação

A prática de *Mindfulness* pode se dar por meio de treinamento formal e informal. A prática formal utiliza a meditação e uma introspecção profunda mantendo a atenção em um objeto determinado, como a respiração, movimentos e sensações corporais. Segundo Demarzo e Campayo (2015), pode-se escolher onde depositar a atenção durante a prática através da ancoragem, que é o processo de desenvolvimento da atenção plena, tendo a respiração como âncora, por exemplo, durante uma prática. Ainda para os autores, os diferentes tipos de âncora permitem que os praticantes entrem em contato com diferentes tipos de experiências.

Quando a respiração é usada como âncora, pode auxiliar a manter a percepção no momento presente. Enquanto ela em geral opera no plano de fundo da percepção, como parte do sistema nervoso autônomo, também pode-se levar a percepção consciente a ela com relativa facilidade, ajudando a congregar corpo e mente (BIEN, 2006). Quando seus praticantes aprendem a respirar corretamente e estão atentos ao corpo e a mente enquanto respiram, podem perceber os inúmeros benefícios que ela poderá trazer à sua saúde.

Durante as práticas de *Mindfulness* a respiração torna a pessoa mais consciente do momento presente e a conecta com o seu interior, facilitando a identificação das sensações corporais e mentais. Ainda a partir da prática com foco na respiração pode-se aprender a lidar com os sintomas que desencadeiam estresse, ansiedade, pensamentos considerados negativos, comportamentos disfuncionais a respeito de si mesmo e dos relacionamentos.

As práticas informais, por sua vez, consistem na aplicação da atenção a qualquer aspecto da vida cotidiana, como comer atentamente, por exemplo. Sugere uma atenção às atividades realizadas durante o dia, no cotidiano, trazendo realmente uma nova percepção da tarefa realizada, saindo do "piloto automático", e percebendo o corpo e a mente durante a atividade. De acordo com Germer, Siegel e Fulton (2016), qualquer evento mental pode ser objeto de alerta, como por exemplo, direcionar a atenção à respiração, escutar os sons do ambiente, rotular emoções ou perceber sensações corporais enquanto escova-se os dentes.

Tanto as práticas formais quanto as informais podem ser realizadas em posição sentada ou mesmo caminhando. A meditação sentada pode ser realizada em uma cadeira ou no solo e observando-se alguns pontos relevantes em relação a postura: coluna ereta, devendo manter cabeça, pescoço e coluna alinhados e as mãos devem estar repousadas sobre as pernas, evitando tensões no rosto e ombros.

É possível que no início dos exercícios, os praticantes sintam e tenham que lidar com algum desconforto decorrente do posicionamento correto da coluna. Também pode ocorrer da mente estar inquieta durante a prática e o corpo responder da mesma forma.

Diante do desconforto, *Mindfulness* convida seus praticantes a resistir ao impulso de parar a prática, desistir ou se deixar levar por pensamentos que possam desviar o foco da atenção naquele momento, devolvendo o foco da atenção à respiração e percebendo o desconforto e o que está acontecendo com a mente e o corpo naquele momento.

A atitude orientada a seus praticantes é aceitar o incômodo, permanecer com ele, buscar auxílio na respiração para regulação da ansiedade e pensamentos durante a prática. Acredita-se que ao fazer isso, treina-se a mente para tornar-se menos reativa e estabilizar-se.

Uma outra estratégia diz respeito ao *Mindfulness* praticado com a atenção plena focada nos movimentos corporais, o *Mindfulness em Movimento*, que é definido como uma forma de meditação formal, onde a atenção é focada nos movimentos do corpo e na respiração, usando ambos como âncora. A prática também sugestiona, um estar atento a todas as sensações físicas e mentais à medida em que elas se desenvolvem ao longo da prática, que é conduzida com uma postura de aceitação compassiva no que diz respeito a cada sensação – seja um pensamento, sentimento, memória, emoção ou sensação corporal. (RUSSEL, 2018)

Russel (2018) desenvolveu o *Body in Mind Training* - BMT (Treinamento do Corpo e da Mente) que é um treinamento que utiliza o corpo em movimento como principal ferramenta de aprendizagem. Esta prática combina meditação com artes marciais e neurociência e de acordo com a autora, cada movimento da BMT é conduzido, ajustado e explorado com total consciência e intenção. Também se observa os movimentos, as sensações resultantes de cada execução assim como a percepção de sensações mentais, pensamentos, sentimentos, memórias e imagens, à medida em que vão surgindo. O programa BMT apresenta cinco componentes, sendo eles: Pausa, Intenção, Atenção, Auto compreensão e Compaixão e, segundo a autora, esses cinco componentes são baseados na definição padrão de Jon Kabat-Zinn, que declara que a atenção plena é a consciência que surge ao prestar atenção, propositadamente, momento a momento, sem julgamentos. A prática focada nos movimentos corporais, sugere esta percepção de cada movimento, das sensações e não a busca da perfeição dos mesmos durante a prática.

Mindfulness ensina a praticar sem julgamento e sugestiona a seus praticantes em ter uma intenção de curiosidade e abertura para as práticas, voltando a atenção ao corpo, mente, respiração e possibilitando maior bem-estar e equilíbrio de ambos. Para que a prática da meditação em movimento possa proporcionar todos os seus benefícios, primeiramente seus praticantes devem respeitar as suas próprias limitações ao efetuar os movimentos, respeitando o seu tempo para a realização das práticas, podendo começar com práticas mais curtas, com pouca duração de tempo e gradativamente passar às práticas mais longas.

Com relação a intenção para a prática da atenção plena, ela só poderá "ficar nos trilhos" se os praticantes se concentrarem na intenção de seu treinamento. Sempre que possível, sugere-se que a pessoa declare uma intenção específica para a atividade que estiver fazendo ou para a próxima, algo como "vou estar atento ao meu corpo ao caminhar até o ponto de ônibus". E em seguida complete sua intenção em seu treinamento (RUSSEL, 2018).

Ainda para a mesma autora, com a BMT a intenção em realizar um movimento também treina o cérebro a reconhecer suas próprias intenções fazendo-o a reconhecer mais facilmente as intenções de outras pessoas. Ela relata este processo de reconhecimento do cérebro, onde a partir do momento em que o cérebro coloca a intenção em se mover, cria um modelo que a pessoa pode comparar o que realmente acontece.

A autora afirma que ao estabelecer um modelo explícito do que a pessoa pretende com a prática da atenção plena, ela poderá perceber quando está se desviando ou o que facilita "permanecer nos trilhos" em todas as áreas de sua vida. Sobre a atenção investida na prática dos movimentos da BMT, Russel ainda descreve esta possibilidade de treinar a atenção, usando o corpo em movimento como nossa principal ferramenta de aprendizagem.

Ela sugere inicialmente, um estar atento trabalhando a atenção plena com os movimentos do rosto, pelo fato deste estar conectado a uma região cerebral complexa, onde grandes faixas do córtex somatossensorial codificam a informação facial. Esta região cerebral é particularmente grande porque nosso controle sobre os músculos faciais precisa ser regulado para nos permitir falar e também, para comunicar nossas emoções usando as expressões faciais. A autora enfatiza que uma inundação constante de informações flui entre nosso rosto e essa região do cérebro.

Após este treinamento da atenção com os movimentos do rosto, é sugestionado a prática em outros lugares do corpo, estando-se atento aos movimentos e às sensações que estes proporcionam. Sugere-se aos praticantes uma série de movimentos em todas as áreas do corpo (cabeça, tronco, braços, mãos, pernas e pés), orientando-se para que as pessoas façam os movimentos durante as práticas, porém o programa fornece aos seus praticantes a liberdade em explorar os movimentos ao longo do dia e não somente com a prática formal. Portanto, a BMT permite uma estrutura multifacetada e de fluxo livre, permitindo que a pessoa explore a prática da atenção plena da maneira que achar melhor para que ela possa realmente sentir seus benefícios.

A prática de *Mindfulness* portanto, pode ocorrer de várias formas, utilizando uma variação no foco da atenção depositada durante as práticas, sensações internas, respiração, movimentos corporais, pensamentos e emoções. Quando o método é praticado no contexto clínico, principalmente no que se refere às emoções, auxilia o paciente na identificação das emoções consideradas negativas, ensinando-o a lidar com as mesmas, possibilitando uma melhora na sua percepção de sensações internas.

A utilização de mindfulness na prática clínica e sua relação com as emoções

Conforme já exposto anteriormente, sabe-se que o *Mindfulness* pode ser utilizado como técnica em psicoterapia, porém essa utilização não está restrita somente a Terapia Cognitivo-Comportamental e alguns autores, refletem sobre como *Mindfulness* pode ter se tornado um modelo de terapia por seus próprios méritos. Chirstopher K. Germer; Ronald D.Siegel e Paul R. Fulton em seu livro *"Mindfulness e Psicoterapia"* (2016), fazendo uma reflexão sobre este fato mencionam que assim como as abordagens cognitivo-comportamentais, psicodinâmica, humanista e de sistemas, a prática da atenção plena pode ser reconhecida como um mecanismo de ação na psicoterapia em geral. Tanto na abordagem cognitivo-comportamental, quanto sendo um mecanismo de ação em outras abordagens da psicoterapia, *Mindfulness* auxilia na busca do autoconhecimento podendo proporcionar aos seus praticantes uma nova maneira de ver e lidar com seu sofrimento.

Os autores ainda mencionam e fazem uma relação entre o trabalho do Psicoterapeuta, o sofrimento humano e o *Mindfulness:*

> O trabalho dos psicoterapeutas é amenizar o sofrimento emocional. Este sofrimento chega sob inúmeros disfarces: como estresse, ansiedade, depressão, problemas de comportamento, conflito interpessoal, confusão, desespero. Ele é denominador comum de todos os diagnósticos clínicos e é endêmico à condição humana. Uma parte de nosso sofrimento é existencial, e ocorre na forma de doença, velhice e morte. Outra, tem um sabor mais pessoal. A causa de nossas dificuldades individuais pode incluir condicionamento passado, circunstâncias presentes, predisposição genética, ou qualquer outro conjunto de fatores. O mindfulness, uma forma enganosamente simples de se relacionar com a experiência, tem sido usado há muito tempo para diminuir as estocadas das dificuldades da vida, especialmente aquelas que são impostas por nós mesmos.
> (Germer., Siegel., e Fulton, 2016, p.2)

E ainda desta inter-relação já citada, os autores continuam essa importante reflexão, principalmente ao que se refere ao estado emocional da maioria das pessoas que estão em psicoterapia. Segundo eles, estas pessoas podem estar deprimidas, com sentimento frequente de remorso, tristeza ou culpa em relação ao passado ou podem estar ansiosas, temendo o futuro. E quando não conseguem estar no aqui e agora, vivendo o seu presente, o sofrimento parece aumentar. Encontram dificuldades em estar buscando estratégias para lidar melhor com estes sentimentos, com seus pensamentos e suas emoções.

Mindfulness então, pode ajudar a sair deste condicionamento, auxiliando estas pessoas em psicoterapia, possibilitando ao paciente ver a si mesmo e às situações de uma forma diferente, ensinando-o a lidar da melhor forma com seu sofrimento. Este sofrimento pode estar diretamente relacionado com a dificuldade desta pessoa em identificar e saber lidar com as suas emoções, principalmente aquelas consideradas negativas, sintomas de estresse e ansiedade no corpo e na mente, por exemplo.

De acordo com Beck (2014) as emoções são de importância fundamental na Terapia Cognitivo-comportamental sendo que as emoções intensas são consideradas negativas e podem ser disfuncionais, interferindo na capacidade do paciente pensar, resolver problemas ou obter satisfação.

> O objetivo da terapia cognitivo comportamental não é se livrar de todo sofrimento; emoções negativas fazem parte da riqueza da vida, tanto quanto as emoções positivas e servem

> a uma função importante, da mesma forma que a dor física geralmente nos alerta para problemas potenciais que poderão precisar ser abordados. (Beck; 2014, p.181)

Continuando com a sua reflexão, Beck se refere a atitude do terapeuta em trazer para discussão em terapia eventos positivos que ocorreram durante a semana e lembranças positivas do paciente. Neste sentido, o terapeuta poderá auxiliar seu paciente a aumentar as emoções positivas, por meio da discussão terapêutica.

No que se refere as emoções, não somente as positivas anteriormente citadas, mas do funcionamento do cérebro e da relação deste com a emoção, a autora Tamara Russel, em seu livro *Mindfulness: a Atenção Plena no Movimento"* (2018), descreve:

> Nossos cérebros são capazes de toda sorte de coisas incríveis – planejamento, análise, monitoramento e manipulação de informações. Muitas dessas chamadas de "funções executivas", são gerenciadas pelos lobos frontais. Quando estamos calmos e relaxados, podemos usar esses lobos frontais em toda a sua plenitude. Nossas emoções surgem da ativação no sistema límbico. Quando estamos estressados ou emocionados usamos esta parte primitiva do nosso cérebro. Quando o sistema límbico é ativado o cérebro trabalha no modo de congelamento, luta ou fuga. O resultado é que nosso pensamento sofisticado e habilidades estratégicas ficam comprometidos à medida que os recursos cerebrais ficam ocupados gerenciando as emoções. Nós nos envolvemos completamente com a tentativa de controlar nosso estado emocional, em vez de focar no presente. (Russel, 2018; p.136-137)

Portanto, nesta tentativa de controle das emoções, a pessoa não consegue focar e verdadeiramente estar no presente, podendo desenvolver um comportamento disfuncional de luta ou esquiva das emoções consideradas negativas. *Mindfulness* auxilia a trazer a mente para o presente e pode ser usado na prática clínica para identificar e trabalhar emoções negativas no corpo e na mente.

Pode ainda ser usado como método na prática clínica com crianças, auxiliando-as a identificar as emoções no corpo e na mente, ensinando-as a lidar principalmente com emoções consideradas negativas. Segundo o autor Vitor Friary, em seu livro *"Mindfulness para crianças:estratégias da Terapia Cognitiva baseada em Mindfulness"* (2018), a prática ajuda as crianças a aumentarem a percepção de como suas emoções, pensamentos e sensações corporais estão em constante interação. De acordo com o autor, esta nova percepção tende a reduzir o comportamento da criança em agir no automático, bem como pensamentos relacionados a uma preocupação excessiva com o futuro ou em ficar remoendo o passado.

Outro benefício citado pelo autor, é a possibilidade de a criança desenvolver atitudes psicológicas como compaixão, aceitação, confiança, paciência e curiosidade consigo mesma, com sua família e com as outras pessoas, reduzindo sintomas de estresse e dificuldades interpessoais. Na prática clínica, cita que o objetivo é o de ensinar as crianças a terem maior abertura e aceitação às experiências que surgem no presente momento, sejam elas desagradáveis ou agradáveis, de tal modo que quando a criança se encontrar em algum momento ou situação difícil para ela, suas reações interfiram menos em seu comportamento com relação as pessoas e ao ambiente.

Em seu livro, o autor reúne diversas práticas e estratégias adaptadas do protocolo *Mindfulness - Based Cognitive Therapy ou MBCT*, para Terapeutas, pais e educadores, ensinando a desenvolver habilidades de *Mindfulness* e de compaixão em crianças em idade escolar. O autor descreve sobre como este método pode auxiliar a criança na identificação das emoções, reconhecendo sua utilidade ao invés de reprimir estas emoções. Ensina a criança a estabelecer uma conexão com sua intenção em que ela possa realmente vivenciar a experiência e estar no momento presente. Desta forma a prática possibilita à criança resgatar um valor e dar uma direção para seus sentimentos.

> Ensiná-la a reconhecer que as emoções podem sinalizar uma conexão com valores e intenção é muito valioso, porque então a tristeza torna-se uma lembrança de algo maior e valioso e assim acontece com a ansiedade, a raiva, etc., portanto, ao invés de reprimir as emoções que as crianças experimentam, estamos reforçando o prestar atenção na utilidade desta emoção, e, portanto, embarcamos através desse inquérito na descoberta do que pode ser esse valor. Na prática de Mindfulness com fins terapêuticos, esse desvendar de valores por trás das emoções negativas é extremamente útil, porque traz a criança para fora daquele estado emocional desgastante e a convida a ter uma perspectiva alternativa daquela experiência emocional, assim como permite que a criança perceba suas necessidades reais. A ausência deste reconhecimento do que

está por trás das emoções significa apenas funcionar no piloto automático, o que nem sempre leva a criança para um lugar de vitalidade. (Friary, 2018, p.70-71)

Sobre este reconhecimento e compreensão da utilidade das emoções, as autoras Lizabeth Roemer e Susan M. Orsillo em seu livro *"A Prática da Terapia Cognitiva Comportamental baseada em Mindfulness e Aceitação"* (2010), relatam que os clientes podem praticar *Mindfulness de emoções e pensamentos e exercícios de defusão* para perceber e aceitar pensamentos e sentimentos durante a prática e viver esta experiência com compaixão. Em relação à emoção, a prática auxilia o paciente a compreender a utilidade de perceber e entender as emoções, ao invés de se esquivar ou lutar contra elas.

De acordo com as autoras, pode-se sugerir ao paciente um exercício em que o mesmo recorde um evento emocional recente e pratique uma consciência expansiva de suas respostas emocionais a esse evento. Portanto, na prática clínica o terapeuta e o paciente podem juntos, selecionar um evento antes do exercício e então o terapeuta o guie para que este tome consciência de si mesmo na sala onde está sendo realizada a psicoterapia, como por exemplo a forma como está sentado e como está a sua respiração, levando a atenção às sensações no corpo, percebendo pensamentos, sentimentos e depois expandindo e relacionando com o evento selecionado por ambos.

De acordo com Romer e Orsillo (2010), os pacientes também podem praticar *Mindfulness das emoções* utilizando o material intitulado *"Soltando o Sofrimento Emocional"*, da TDC da autora Linehan (1993). Esse material instrui o paciente a observar a emoção percebendo a sua presença, recuando e se desgrudando desta emoção. A autora afirma que ele pode *experenciar* a emoção (1) como uma onda, chegando e se afastando; (2) tentando não *bloquear* a emoção; (3) não tentando suprimir a emoção; (4) não tentando se livrar da emoção; (5) não tentando rechaçá-la; (6) não tentando manter a emoção; (7) não se agarrando a emoção; (8) não intensificando a emoção. Ele será instruído a lembrar que não vai agir, necessariamente, em função da emoção e a recordar momentos em que sentiu de outro modo. Por fim, ele pode praticar amar a sua emoção não a julgando, praticando a disposição e aceitando radicalmente a emoção (ROMER; ORSILLO, 2010).

Mindfulness também pode ser utilizado no contexto clínico relacionando e identificando a emoção no corpo. É o que descrevem os autores Germer, Siegel e Fulton (2016) com o *Mindfulness das emoções*. Primeiramente, é sugerido ao paciente, que encontre uma posição confortável para realizar a prática, iniciando a mesma com três respirações profundas e levando o foco da atenção à respiração, percebendo o movimento da respiração no próprio corpo. Após alguns minutos, o paciente é orientado a perceber as sensações físicas de estresse e emoções difíceis que pode estar conservando em seu corpo, talvez nos ombros, pescoço, maxilar. Seguindo a prática, o terapeuta sugere que nomeie a emoção no seu corpo, dando um rótulo para a emoção como por exemplo, um sentimento de tristeza, raiva ou solidão.

Após este primeiro momento, o paciente poderá escolher um único lugar no seu corpo onde este sentimento de estresse pode estar se expressando de uma forma mais intensa, que pode ser uma dor lombar, tensão nos ombros ou no estômago e assim por diante. Na sequência é solicitado que em sua mente incline-se suavemente na direção daquele ponto escolhido, fazendo a relação ao paciente, como se "você estivesse se inclinando a uma criança recém-nascida". Este pode então mentalizar o movimento juntamente com a respiração, permitindo que esta mentalização suavize e acalme seu corpo. O terapeuta também pode orientá-lo a colocar a mão sobre seu coração enquanto continua a respirar.

Russel (2018), também relata sobre a importância de nomear e identificar as emoções, pois segundo ela diferentes emoções têm "assinaturas corporais distintas". De acordo com a autora, permanecer conectado às sensações puras pode auxiliar a pessoa a experimentar um aumento de sua inteligência emocional, aumentando consequentemente a sua confiança e sua capacidade em lidar com emoções difíceis. Desta forma, reconhecendo as emoções, a pessoa consegue detectar mudanças em seu estado emocional, não permitindo assim que estas o dominem.

> A exploração consciente de suas próprias sensações, o ensina a acolher suas respostas emocionais por nomes e a rotulá-las – "Ah, aqui estão a raiva, o aperto, a constrição." Rotular verbalmente nossa experiência emocional é uma forma de desacelerar o cérebro, ativando o córtex pré-frontal ventrolateral direito, ajudando-nos a regular nossa experiência emocional. Pesquisas em neurociências mostram que colocar sentimentos em palavras reduz a resposta do sistema límbico emocional e recruta um circuito no lobo frontal do cérebro. Isso inclui o córtex pré-frontal ventrolateral, a região exigida quando rotulamos abertamente uma emoção. Ela funciona em conjunto com o córtex pré-frontal medial, ajudando-nos a moderar nossas reações emocionais. Simplificando, usamos o lobo frontal para se encarregar de nossas emoções.

> Fazer isso com atenção, exige que sejamos complacentes em relação à emoção, dar-lhe espaço para ser vista e ouvida, mas não deixar que assuma o controle. É mais responder do que reagir. (Russel, 2018; p. 151-152)

Seguindo com a sua reflexão sobre as emoções, a autora ainda menciona sobre a importância do acolhimento das emoções na prática clínica. Ela explica que cada vez que o paciente se sentir pronto em acolher, "abraçar" suas experiências mentais ou físicas difíceis, estará cuidando de suas emoções, aceitando tanto o lado bom quanto ruim. Algumas pesquisas feitas na área, sobre os benefícios da atenção plena, relacionam o aumento da autocompaixão com a melhora no controle da ansiedade e da depressão. Também relacionam a redução do estresse a atitude do paciente em aprender a ser mais gentil consigo mesmo, usando sua autocrítica com parcimônia.

De acordo com Germer, Siegel e Fulton (2016), pesquisas demonstram que a autocompaixão está associada a uma forma positiva de bem-estar emocional e a baixos níveis de ansiedade e depressão. Os autores mencionam que compaixão é uma atitude de *Mindfulness* - benevolência em face do sofrimento - e fazem uma relação da compaixão com atendimento clínico.

> Quando mindfulness está em pleno desabrochar na Terapia, a sensação é de compaixão. Entretanto, quando somos sobrecarregados com emoções intensas e perturbadoras, nos tornamos autocríticos ("Sou imperfeito (a)", 'Sou detestável"), e nosso mindfulness se torna um pouco limitado. Essa é a situação que muitos pacientes trazem para a terapia. Eles não apenas se sentem mal; eles acreditam que estão mal. Eles necessitam ser resgatados da vergonha, da autocrítica e da autodúvida. (Germer; Siegel; Fulton, 2016, p.89)

Na prática de *Mindfulness* existem práticas específicas sobre este sentimento de autocompaixão e que podem ser utilizadas no contexto clínico. É o que demonstram os mesmos autores com a prática *"amor- bondade com meditação de autocompaixão"* que inicia com a atenção focada na respiração, passando em um segundo momento a um estar atento as sensações corporais e áreas de tensão no corpo e relacionar estas tensões com possíveis emoções difíceis retidas no corpo, como preocupações sobre o futuro ou inquietações sobre o passado. Em seguida sugere-se que a pessoa se ofereça a benevolência por "aquilo" que está retendo em seu corpo, dizendo frases de amor e bondade para si mesma durante a meditação. Esta atitude de autocompaixão auxilia na redução de pensamentos negativos com relação a si mesmo possibilitando uma nova percepção de si, com mais bondade e generosidade.

Sobre esta relação dos pensamentos, principalmente negativos, *e de Mindfulness* com as emoções, a autora Russel (2018) descreve que a prática de *Mindfulness* promove a autorreflexão e lembra ao paciente que pensamentos não são fatos, são somente pensamentos. E que estes pensamentos podem acabar sendo prejudiciais, se o paciente facultar muita "importância" a eles, alimentando-os, sem fazer esta distinção entre pensamentos e fatos,

Portanto as emoções, principalmente aquelas consideradas negativas, podem estar diretamente relacionadas com os pensamentos automáticos do paciente em relação a si mesmo, às pessoas e às situações de sua vida. Sobre estes pensamentos automáticos, Beck (2014) relata que na prática clínica o terapeuta deve estar atento a ele e perceber se este pensamento pode estar causando algum tipo de sofrimento, se é disfuncional. Se o pensamento é recorrente do passado, por exemplo, o terapeuta deve investigar em qual situação houve este pensamento, o que se sentiu naquela determinada situação, com qual intensidade sentiu e então trazer esta relação para o presente, questionando sobre como se sente agora, no momento presente.

Segundo a autora, deve-se levar o paciente a avaliar o pensamento automático, questionando-o sobre as "evidências" deste pensamento, sobre como o paciente o percebe e se este encontra alguma evidência que apoie sua veracidade. Desta forma, questionando e abrindo para a reflexão e discussão em terapia, o terapeuta também pode auxiliar seu paciente a encontrar explicações alternativas para determinadas situações onde estes pensamentos estão envolvidos. Seguindo com os questionamentos na prática clínica, Beck também sugere que se abra para discussão, perguntas para "descatastrofização" de situações que estão relacionadas a tais pensamentos.

> [...] muitos pacientes preveem os piores cenários possíveis. Se um pensamento automático de um paciente não contiver uma catástrofe, geralmente será útil perguntar-lhe sobre seus piores temores. Em ambos os casos, você (Terapeuta) deverá continuar perguntando o que ele deverá fazer se o pior realmente acontecer. (Beck, 2014, p.196)

Ainda para a mesma autora, perguntas sobre a possibilidade de o paciente avaliar as consequências de responder ou não responder ao seu pensamento distorcido também são válidas, pois o auxilia a refletir sobre como se sente nestas condições possibilitando-o a reflexão de que poderia ter um pensamento diferente, ajustando melhor seu comportamento. Beck (2014) termina estes questionamentos em relação aos pensamentos automáticos, sugerindo perguntas em que o paciente possa se "distanciar" de seus pensamentos, imaginando o que diria a um amigo ou pessoa próxima em uma situação parecida. Finalizando, a autora sugere perguntas ao paciente direcionadas a "solução de problemas" de uma determinada situação, ajudando-o a pensar e agir de forma diferente.

Em uma outra abordagem sobre a relação dos pensamentos com as emoções, Germer, Siegel e Fulton (2016) apontam semelhanças e diferenças entre a TCC e o *Mindfulness* e sobre como o terapeuta pode lidar com os pensamentos de seu paciente na prática clínica. Com relação as semelhanças, os autores apontam que em ambas, a adesão a pensamentos fixos, equivocados e inúteis é identificada como fonte de sofrimento para o paciente. Apesar destas semelhanças, para os autores, a importância do pensamento, bem como o papel que este ocupa na prática clínica são diferentes.

> Na TCC, o pensamento errôneo é visto como uma causa de sofrimento e corrigir ideias equivocadas é o mecanismo de alívio. Ou seja, pensamentos e ideias mantidos de forma rígida causam sofrimento na medida que eles são irrealistas (...). Como método, a meditação Mindfulness, diferencia-se pelo esforço continuo de abandonar o pensamento - ou pelo menos evitar ser pego por ele - em favor de prestar a atenção ao surgimento e a extinção de todos os eventos sensoriais, perceptuais e cognitivos. Nesta postura, não é concedido aos pensamentos nenhum status especial, e eles são observados em seu surgimento e extinção exatamente como se poderia notar uma coceira ou um som passageiro. (Germer; Siegel; Fulton; 2016, p. 46)

Portanto, a prática de *Mindfulness* sugere um reconhecimento dos pensamentos, porém sem reformular a experiência por meio da interpretação como no discurso terapêutico da TCC. Para que o processo da meditação ocorra, é necessário que a pessoa reconheça seus pensamentos durante a prática, observe seu ciclo natural na mente (quando surgem e quando desaparecem) e volte a mente para o momento presente, usando a respiração como âncora, por exemplo para voltar ao foco da meditação. A meditação direciona aos praticantes, para que ao reconhecerem pensamentos durante a prática, que estes não tentem segui-lo, detê-lo, ou evitá-lo, mas sim, observá-lo, entendendo seu ciclo natural e sempre que possível, voltando o foco da mente para a meditação, deixando estes pensamentos simplesmente "passarem" pela mente.

Mindfulness pode ser utilizado como método para auxiliar o paciente na prática da TCC, gerando inúmeros benefícios, porém, não visa "modificar" e reformular pensamentos como a TCC sugere em sua prática clínica. Mesmo não tendo esta finalidade, proporciona a seus praticantes uma autorreflexão e através da meditação ajuda a pessoa a desenvolver o *"pensamento divergente"*.

De acordo com a Psicóloga e Antropóloga Susan Andrews (2018), meditadores tem melhor desempenho em *pensamento divergente* - que é a capacidade de pensar tantas soluções quanto forem possíveis para um determinado problema. Segundo a autora, cientistas da Universidade de Leiden, nos Países Baixos exploraram os estilos de pensamentos de meditadores e de novatos, e constataram que pessoas que praticavam uma forma de meditação aberta, receptiva e não julgadora conseguiam desenvolver da melhor forma seu pensamento divergente, diferente do *"pensamento convergente"* que foca somente uma única possível solução diante de um problema ou de uma situação em particular. Para a autora, não é somente o desenvolvimento dos pensamentos divergentes que a meditação proporciona, ela cita inúmeros benefícios:

> "Através da meditação, podemos desenvolver: sensibilidade refinada em relação ao mundo e a nossa volta, e a realização de ações eficazes e bem- direcionadas. Um aguçado e focado intelecto com potente atenção e memória. A capacidade para pensamento divergente e insights criativos. A sabedoria do claro discernimento entre aquilo que é transiente e o que é eterno, e o desapego que surge como consequência" (ANDREWS, 2018, p. 12).

Portanto, é possível perceber que quando a meditação é praticada de forma consciente e quando seus praticantes a executam de uma forma não julgadora, *Mindfulness* pode proporcionar inúmeros benefícios, inclusive auxiliá-los no desenvolvimento do pensamento divergente citado anteriormente, que poderá ajuda-los em todas as áreas de suas vidas, proporcionando pensar várias soluções para um determinado problema e assim, tomar uma decisão mais assertiva, por exemplo, no trabalho, em suas vidas pessoais e relacionamentos.

Considerações finais

Comprovando a eficácia de *Mindfulness* na prática clínica, bem como sua relação com as emoções, utilizando reflexões e conceitos de diferentes autores, observa-se que este método demonstra ser eficaz para a utilização na prática clínica em TCC (Terapia Cognitiva Comportamental) principalmente no que se refere as emoções consideradas negativas, ensinando e auxiliando aos pacientes em como lidar com estas emoções. Proporciona inúmeros benefícios quando utilizado como método auxiliando aos pacientes em uma nova forma de identificar emoções e lidar com seu sofrimento, possibilitando uma melhor qualidade de vida, auxiliando a conquistar e manter o equilíbrio do corpo e da mente.

O terapeuta também pode se beneficiar de *Mindfulness* na prática clínica, utilizando-o como método, adquirindo assim uma nova estratégia para a ação terapêutica. Ele pode ser trabalhado de diversas formas pelo terapeuta no contexto clínico, principalmente no que se refere as emoções e pode fornecer ao terapeuta o embasamento necessário e prático para melhor andamento dos atendimentos, auxiliando no estabelecimento do vínculo terapêutico e sendo uma estratégia de ação efetiva na Psicoterapia.

Referências

ANDREWS, S. **Meditação: o que dizem os cientistas e sábios.** São Paulo: Tradução: Niels Nikolaj Gudme. Visão do Futuro. pg 123, 2018.

BECK, J. S. **Teoria Cognitiva - Comportamental: Teoria e Prática.** 2. ed. Tradução Sandra Mallmam da Rosa. São Paulo: Artmed. 9:181; 10:196, 2014.

BIEN, T. **Mindful Therapy: A Guide for Therapist and helping professionals.** Somerville, MA: Wisdom, 2006.

BROW, K.W.; RAYAN, R.M. The benefits of being present: Mindfulnessand its rolein psychological well – being. **Journal of Personality and Social Psychology,** 2003. 84, 822 – 848.

DERMARZO, M.; CAMPAYO, J. G. **Manual Prático de Mindfulness: Curiosidade e aceitação.** 1 ed. São Paulo: Palas Athena, 2015.

FRIARY, V. **Mindfulness para crianças: estratégias da Terapia Cognitiva Baseada em Mindfulness.** Novo Hamburgo: Sinopsys. 12: 70-71, 2018.

GERMER, C. K; SIEGEL, R. D.; FULTON. P. R. **Mindfulness e Psicoterapia.**2ed. Tradução: Maria Cristina Gularte Monteiro. Porto Alegre: Artmed. 1: 2; 2:46; 3: 89, 2016.

ABREU, C. N.; GUILHARD, H. J. **Teoria Comportamental e Cognitivo Comportamental: Práticas Clínicas.** São Paulo: Roca, 2004.

LINEHAN, M. M. **Cognitive-Behavioral Treament of Boderline Personality Disorder.** New York: Guilford Press,1993

ROEMER, L.; ORSILLO. S. M. **A Prática da Terapia Cognitivo – Comportamental Baseada em Mindfulness e Aceitação.** Tradução: Maria Adriana Veríssimo Veronesse. Porto Alegre: Artmed, 2010.

RUSSEL, T. **Mindfulness Atenção Plena no Movimento.** São Paulo: Madras. 4:136-137; 151-152, 2018.

SÍMON, D. **Cerebro y Mindfulness.** Barcelona: Paidós, 2010.

KABAT-ZINN, J. **Vivir com plenitude las crises.** Barcelona: Kairós, 2003.

ÍNDICE REMISSIVO

A

Análise das distorções cognitivas	23, 37, 55, 214, 285
Ansiedade	15, 17-19, 21-23, 25-29, 31-43, 45-51, 55, 57, 58, 60, 62, 67-71, 75-79, 81, 83-85, 87, 89, 92, 93, 95, 98, 103, 109, 111-119, 121-125, 127-129, 135, 136, 139-141, 143-148, 153, 165, 170, 175, 183, 190, 194, 196, 197, 199, 201, 203-205, 212, 213, 217, 218, 220, 225, 248, 250, 256, 257, 261, 262, 268-270, 273, 275, 278, 285-287, 291
Ansiedade generalizada	31, 32, 40, 43, 45-47, 58, 60, 148, 285
Ansiedade infantil	127, 129, 135, 285, 286
Afetivograma	52, 55, 285
Ativação comportamental	285
Auto regulação emocional	285
Auto modelagem	89, 95, 285
APA	18-20, 29, 31, 34, 46, 50, 63, 66, 71, 76, 77, 84, 87, 88, 98, 102, 111, 130, 137, 153, 154, 156, 167, 170, 176, 180, 182, 190, 210, 212, 221, 226, 227, 243, 244, 248, 253, 285

B

Bulimia nervosa	243-246, 248, 252, 254, 285
Biblioterapia	50, 163, 285
Balança decisional	217, 285

C

Comunidade terapêutica	225, 229-231, 236, 240, 241, 285, 290
Cartão de enfrentamento	26, 158, 163, 285
CID-10	128, 196, 226, 236, 237, 242, 285

Critérios diagnósticos	19, 46, 66, 76, 88, 105, 156, 180, 182, 221, 226, 227, 244, 248, 285
Cogni	52, 55, 60, 285
Comorbidade	77, 285
Child Behavior Ckecklist	105, 285
COVID-19	96, 110, 117, 165, 181, 262, 264, 285
Crenças	23-25, 32, 38, 45, 47, 48, 56, 63, 64, 67, 75, 88, 89, 96, 105, 130-132, 136, 144, 147, 154, 155, 159, 171-173, 176, 186, 187, 193, 194, 198, 199, 201, 203, 204, 211, 215, 227-229, 238, 245-249, 251, 253, 265, 285

D

DASS- 21	21, 70, 212, 285
Depressão	32, 34, 46, 50, 57, 62, 64, 69-71, 113, 116, 140, 153-157, 159, 160, 162-173, 175-177, 179, 180, 183, 190, 191, 193-195, 197, 202-205, 212, 219, 225, 231, 243, 256-259, 262, 265, 268, 273, 278, 285-287
Dependência química	221, 225-227, 231, 237, 240-242, 268, 285, 289
Distorção da imagem corporal	243-245, 285
Distorção cognitiva	188, 285
Distimia	180, 182, 184, 190, 286
Diário pessoal	231, 286
Dessensibilização sistemática	23, 25-27, 78, 82, 83, 89, 95, 286
DSM-5	18-22, 31, 34, 46, 50, 63, 66, 76, 77, 87, 88, 90, 98, 103, 137, 153, 156, 165, 167, 170, 180, 182, 190, 210, 212, 221, 226, 227, 237, 241, 243, 253, 286

E

Ensaio Comportamental	144, 162, 163
Entrevista Motivacional	234, 235, 237, 239, 241
Estados depressivos	153

Exame de custo benefício	56
Escala PCL-C	66, 70
Escala de Avaliação de Ansiedade de Hamilton	119
Escala de Transtornos Relacionados a Ansiedade Infantil	129, 135
Escala de Compulsão Alimentar Periódica	248, 251, 254
Escala Calgary para Depressão em Esquizofrênicos	258
Estabelecimento do vínculo terapêutico	91, 282
Esvanecimento de estímulos	79, 81, 89, 94
Estratégias terapêuticas	107, 108
Estratégias de enfrentamento	145, 159, 164, 174, 221, 240, 268
Exposição com prevenção de respostas	68

F

Fobias	17-20, 28, 29

G

Gatilhos	39, 57, 146, 147, 163, 195, 220, 239, 249, 253
Gerenciamento de Contingências	81, 89, 93
Grupos de apoio	231, 233, 237, 239
Grupo de mindfulness	238
Grupo de auto e mútua ajuda	232
Grupo de autoconhecimento	232

H
Habilidades sociais	78, 81, 83, 85, 89, 95, 112, 144, 169, 171, 174, 177, 205, 232, 237, 259, 292
Hipersonia	168, 180

I
Ideação suicida	140, 154, 168, 193, 195, 196, 198, 204
Identidade de gênero	139, 141-143, 146, 147
Intervenção clinica	35
Intervenções	20, 31, 50, 56, 58, 64, 89, 91, 95-97, 104, 108-110, 135, 136, 140, 143, 165, 180, 183, 186, 188, 189, 194, 198, 199, 202, 225, 229, 237, 246, 248, 256, 260, 263
Inventário breve de sintomas	34, 43
Imagens mentais positivas	37
Inventário de Ansiedade de Hamilton	118
Inventário de Ansiedade (BAI)	197
Inventário de depressão (BDI)	197
Inventário de desesperança (BHS)	197
Insônia	48, 153, 154, 168, 169, 180, 181

J
Jellinek	209, 222

K
Kabat-Zinn	114, 115, 124, 125, 266, 271, 283

L
Ludodiagnósticos	130
Ludoterapia	79, 82, 85, 99, 130, 134

M

Medo	18-23, 26-28, 31-33, 35, 36, 38-42, 48-52, 57, 61-63, 65, 69, 76, 88, 114, 128, 130, 131, 134, 136, 140, 141, 145, 147, 153, 154, 159, 168, 181, 183, 202, 220, 244, 247
Mutismo seletivo	75-78, 80, 85-90, 92, 98, 99, 101-105, 107, 109-112, 247
Mindfulness	25, 26, 55, 60, 85, 113-120, 123-125, 157, 158, 166, 213, 223, 232, 238, 254, 259, 260, 264-276, 278-283
Métodos de avaliação	21, 34, 50, 66, 81, 90, 118, 143, 156, 182, 196, 212, 237, 248, 258
Monitoramento das emoções	172, 173

N

Normalização	162

O

Objetivos	102, 110, 119, 127, 143, 144, 183, 195-197, 203, 204, 234, 236, 239, 251, 260, 261, 265
Organização Mundial da saúde	73, 242
OMS	61, 73, 209, 264

P

Parada do pensamento	51
Pensamentos disfuncionais	24, 38, 56, 58, 67, 71, 78, 89, 96, 141, 144, 146, 147, 160, 161, 171, 172, 185, 186, 198, 221, 227, 249, 253, 263
Perturbação	34, 46, 47, 76, 77, 88, 243, 246
Prevenção a recaída	39, 57, 218, 238, 239
Psicoeducação	23, 29, 35, 42, 50, 66, 78, 91, 130, 132, 134, 144, 146, 156, 171, 185, 198, 213, 233, 234, 237, 241, 248, 253, 256, 259, 260
Pressupostos	48, 104, 154, 176, 186, 187

Q

Questionário das distorções cognitivas	34
Questionamento socrático	24, 38, 40, 56, 67, 78, 131, 144, 146, 147, 158, 160, 184-186, 199, 214, 221, 248, 253, 256, 259, 262
Questionário sobre a Imagem Corporal	248, 251, 252

R

Reestruturação cognitiva	23-26, 32, 47, 51, 67, 71, 158, 164, 171, 172, 185, 187, 189, 199, 202, 204, 215, 234, 236-239
Respiração e relaxamento	23, 35, 39, 55, 67-69, 92, 95, 140, 213
Respiração	23, 25, 26, 35, 37, 39, 51, 55, 67-69, 73, 81, 92, 93, 95, 106, 115, 119, 140, 145, 146, 158, 159, 161, 199, 213, 258, 260, 267, 269-272, 276-278, 280
Relaxamento	23, 25, 26, 35, 37, 39, 40, 48, 51, 55, 67-69, 78, 81, 82, 92, 95, 97, 106, 121, 140, 213, 220, 221, 250, 256, 259, 260
Registro de pensamentos disfuncionais	24, 144, 146, 172, 185, 249, 253
Reforço de modelagem	81, 89, 94

S

Seta descendente	159, 160, 185
Sintomas físicos	18, 23, 26, 28, 31, 32, 35, 40, 47, 48, 64, 113, 116, 118
Sintomas cognitivos	225
Sintomas comportamentais	32
Solução de problemas	32, 48, 51, 67, 165, 221, 229, 260, 263, 280

T

Tarefas de casa	131, 158, 173, 185, 199

Terapia cognitivo-comportamental	17, 20, 22, 23, 28, 29, 31, 32, 42, 43, 45, 48, 57-60, 64, 72, 73, 75, 79, 85, 102, 104, 111, 115, 127, 128, 137-140, 148, 149, 154, 155, 165, 166, 176, 177, 179, 190, 191, 193, 204, 205, 209, 210, 222, 231, 233, 236, 241, 242, 244, 246, 248, 250-256, 259, 263-265, 272, 273, 293
Técnicas	17, 22, 25, 28, 29, 32, 34, 35, 37, 40-42, 48, 50, 56-59, 66, 71-73, 78, 79, 81, 82, 85, 89, 91, 97, 106, 118, 119, 122, 123, 127, 130, 132, 134, 136, 140, 141, 144-147, 154, 156, 169-171, 176, 184, 185, 187, 190, 193, 197-199, 203, 204, 213, 221, 234, 237-240, 244, 248, 250-252, 256, 259, 260, 263
Teacher's Report Form	105
Tratamento	17, 18, 20, 22, 23, 28, 32, 34-36, 39, 42, 43, 45-50, 55, 58, 60, 64-67, 71, 72, 77, 79-83, 85, 86, 88-90, 96-98, 101, 103-111, 114, 116, 130-132, 136, 140, 142, 147, 148, 154, 156, 165, 167-169, 171, 176, 177, 179, 184, 194, 195, 205, 210-214, 220-222, 225, 229-231, 235-242, 244, 246, 249-251, 254-256, 259, 261-265, 268
Transtorno	19, 20, 23, 28, 31, 32, 37, 43, 45-47, 50, 60, 61, 63, 66, 71, 72, 76-79, 85, 87, 88, 91, 92, 102, 103, 105, 112, 128, 136, 140, 148, 153, 165, 167-171, 175, 180, 182, 184, 190, 195, 196, 205, 209-212, 225, 228-231, 243-246, 248, 251, 252, 255, 256
Transtorno depressivo maior	167, 169, 170
Transtorno Esquizofrênico	255, 256
Transgênero	139, 141, 146, 148, 149
Transexualizador	139, 148
Treino do controle das emoções	39, 40
Treino do controle da raiva	55
Treino de habilidades sociais	89, 95, 144, 169, 174

U
Uso de álcool	209, 210, 212-214, 220
Uso de drogas	211, 225, 236, 237

V
Verificação do humor	35, 36, 52, 292
Vantagens e desvantagens	56, 160, 216, 217, 292

ORGANIZADORES

Maurício Wisniewski – Doutor em Educação pela Universidade Federal do Paraná. Mestre em Educação pela Universidade Estadual de Ponta Grossa-PR. Especialista em Neuropsicologia pela Universidade Internacional de Curitiba (UNINTER). Especialista em Terapia Cognitivo Comportamental pela UNINTER. Psicólogo clínico. Coordenador pedagógico do curso de Psicologia da Faculdade Sant'Ana- Ponta Grossa-PR. Coordenador da Pós-Graduação em Psicologia Clínica na abordagem da Terapia Cognitivo-Comportamental na mesma faculdade. Professor na graduação, pós-graduação e supervisão de estágio profissional. Professor colaborador da Universidade Estadual de Ponta Grossa vinculado ao Departamento de Educação (DEED). Terapeuta na Abordagem da Psicologia Cognitivo-Comportamental e Terapeuta EMDR.

Solange Regina Signori Iamin. Mestre em Biotecnologia da Saúde da Criança e do Adolescente-Faculdades Pequeno Príncipe-Curitiba-PR. Especialista em Atendimento Clínico pela UFRGS (Universidade Federal do Rio Grande do Sul). Especialista em Terapia Cognitivo-comportamental pela Faculdade Unyleya-RJ. Aprimoramento em Terapia cognitivo-comportamental pelo AMBAN-IPqHCFMUSP/CISAME-POA. Certificação em Psicologia Positiva Aplicada pelo CEPPA (Centro de Certificação em Psicologia Positiva Aplicada-Manaus-AM). Formação em Terapia Cognitivo Processual com o professor Irismar Oliveira- Salvador- Bahia. Formação em Terapia dos Esquemas pelo Instituto Cognitivo - Santa Maria-RS. Professora do Curso de Pós-graduação em Terapia Cognitivo-Comportamental da Faculdade Sant'Ana- Ponta Grossa- PR. Escritora, possui 7 livros publicados.

Colaboradores

Alberto Luiz Chemin - Graduado em Psicologia pela Universidade Estadual do Centro-Oeste (UNICENTRO)-Irati-PR. Especialista em Psicopatologia e Dependência Química pela Faculdade Unyleya. Especialista em Terapia Cognitivo-Comportamental pela PUC/Artmed-Porto Alegre- RS. Especialista em Terapia Cognitivo-Comportamental pela Faculdade Sant'Ana (IESSA)- Ponta

Grossa- PR. Psicólogo na Comunidade Terapêutica Padre Wilton, em Ponta Grossa-PR. Psicólogo clínico em consultório particular em Ponta Grossa-PR.

Andréa do Carmo Bueno – Graduada em Psicologia pela Faculdade Sant'Ana em Ponta Grossa-PR. Especialista em Terapia Cognitiva Comportamental pela Faculdade Sant'Ana Ponta Grossa- PR. Psicóloga no Creas POP de Ponta Grossa-Servidora Pública. Co-autora do Capítulo: Cultura de Paz como Tecnologia Social 4º Edição 2016, do Livro: Cultura de Paz e Sustentabilidade. Co-autora do trabalho apresentado no 15º Conex 2017 – UEPG "Os benefícios do grupo terapêutico no cumprimento de medidas alternativas referente ao uso de drogas"

Andressa Maliski - Graduada em Psicologia pela Faculdade Sant'Ana - Ponta Grossa - PR. Pós-graduação em Terapia Cognitivo-Comportamental pela Faculdade Sant'Ana - Ponta Grossa - PR.

Bianca Keibre Auer - Graduada em Psicologia pela Faculdade Sant'Ana - Ponta Grossa - PR. Pós-graduada em Terapia Cognitivo-Comportamental pela Faculdade Sant'Ana - Ponta Grossa - PR.

Edivaldo Cordeiro dos Santos - Graduado em Psicologia pela Faculdade Sant'Ana - Ponta Grossa-PR. Pós-graduação em Terapia Cognitivo-Comportamental pela Faculdade Sant'Ana- Ponta Grossa- PR.

Jeniffer Gomes do Valle - Graduada em Psicologia pela Faculdade Sant'Ana - Ponta Grossa - PR. Pós-graduação em Terapia Cognitivo-Comportamental pela Faculdade Sant'Ana - Ponta Grossa - PR.

Jessica Regean Garcia da Luz - Graduada em Psicologia pela pela Faculdade Sant'Ana Ponta Grossa-PR. Pós-graduação em Terapia Cognitivo-Comportamental pela Faculdade Sant'Ana- Ponta Grossa- PR.

Jocerlei Fátima Ribeiro Mendes-- Graduada em.Psicologia pé l a Faculdade Santa'Ana Ponta Grossa_ PR. Pós graduação em TCC pela Faculdade Santa'Ana em Ponta Grossa Pr. Pós graduanda em.psicologia pisitiva pela PUC de minas gerais.

Kelly de Lara Soczek - Psicóloga graduada pela Faculdade Sant'Ana, Especialista em Terapias Cognitivas (IPTC-PR), Especialista em Psicologia, Habilidades Sociais e Desenvolvimento Humano (Uniara-SP). Afiliada ao Programa RAFCAL (Reeducação Afeto-Cognitiva do Comportamento Alimentar).

Habilitada em Diagnóstico, Controle e Prevenção do Estresse pelo Centro de Estudos Avançados de Psicologia; Habilitada em Equoterapia pela Ande Brasil. Docente e supervisora de estágio curricular no curso de Bacharelado em Psicologia da Faculdade Sant'Ana. Docente do Curso de Pós-graduação em Terapia Cognitivo-Comportamental da Faculdade Sant'Ana. Psicóloga colaboradora na empresa EMANCIPAR Assessoria e Consultoria.

Kristy Evelin Augustynczk Samways- Graduada em Pedagogia pela UEPG (Universidade Estadual de Ponta Grossa), Graduada em Psicologia pela Faculdade Santana-Ponta Grossa –PR. Especialista em Terapia Cognitiva Comportamental pela Faculdade Santana -Ponta Grossa -PR.

Léia da Rosa dos Santos – Graduada em Psicologia pela Faculdade Sant'Ana. Especialista em Terapia Cognitivo Comportamental pela Faculdade Sant' Ana. Pós Graduanda em Terapia Cognitivo Comportamental na Infância e Adolescência pelo Instituto Paranaense de Terapia Cognitivo do Paraná (IPTC). Psicóloga Clínica Infanto Juvenil. Coautora do livro: Desvendando a Ansiedade: 100 exercícios descomplicados para usar no dia dia/ Organização: Caroline Settani, Renata Gomes Simões - São Paulo: Editora: Mundo Psi, 2021. Coautora do baralho terapêutico: Cultivando a autoestima / Organização : Caroline Settani, Renata Gomes Simões – São Paulo: Editora: Mundo Psi, 2021.

Lílian Yara de Oliveira Gomes -Mestre em Serviço Social- PUC- SP. Assistente Social docente da UEPG- Universidade Estadual de Ponta Grossa. Graduação em Psicologia- IESSA. Pós graduação em Neuropsicologia- IBPEX- grupo UNINTER. Pós graduação em Capacitação para Perito Examinador e Responsável pela Avaliação Psicológica de Condutores- Trânsito. Especialização em Práticas Interdisciplinares junto a famílias. Curso de formação em Gerontologia- IPEMIG.Pós graduação em Terapia Cognitiva Comportamental – IESSA. Escritora no Blog "Psicologia em Pauta" do Jornal Diário dos Campos- Ponta Grossa -Pr. Colaboradora da Escola de Pais do Brasil – artigos.

Lucas Henrique Bueno Grandini - Graduado em Psicologia pela Faculdade Sant'Ana Ponta Grossa - PR. Pós graduado em Terapia Cognitivo Comportamental pela Faculdade Sant'Ana - Ponta Grossa- PR.

Milena Raquel Dombrowski - Psicóloga graduada pela Instituição de Ensino Superior Santana. Especialista em Psicologia Clínica na Abordagem

Cognitivo Comportamental pela Instituição de Ensino Superior Santana. Pós-graduanda em Terapia Familiar - FARESE, Terapia do Esquema - IPTC, Transtornos Neurocognitivos (Demências) - FARESE e Gerontologia – UEPG. Mestre em Engenharia de Produção pela Universidade Tecnológica Federal do Paraná. Especialista em Marketing Empresarial pela Universidade Federal do Paraná. Graduada em Administração pela Universidade Estadual de Ponta Grossa. Atualmente trabalha como psicóloga em ILPIs e como professora do curso de Psicologia e Administração, e também como supervisora clínica da Instituição de Ensino Superior Santana.

Mireily de Freitas Colman- Graduada em Psicologia pela Faculdade Santana_ Ponta Grossa-PR. Pós-Graduada em Terapia Cognitiva Comportamental pela Faculdade Santana Ponta Grossa-PR. Atendimento Infanto-Juvenil.

Nicole Lemos dos Santos. Graduada em Psicologia pela Faculdade Santana – Ponta Grossa- PR. Pós-graduada em Terapia Cognitivo-Comportamental pela Faculdade Santana – Ponta Grossa-PR. Capacitação em Avaliação Psicológica para Cirurgia Bariátrica e cursa atualmente Capacitação em Saúde Mental Perinatal.

Paola Colleone Costa - Graduação em Psicologia pela UTP Universidade Tuiuti do Paraná, Pós Graduação em Terapia Cognitiva Comportamental IESSA- Ponta Grossa-PR, Formação em Mindfulness Psychology no CPPMP Centro de Psicologia Positiva e Mindfulness do Paraná, Capacitação em Orientação Profissional e Planejamento de Carreira pelo Portal Vocacional, Formação em Técnicas e Recursos para Psicoterapia pelo INTERCEF Paraná.

Simone Eurich Harms - Graduada em Psicologia pela faculdade Sant'Ana Ponta-Grossa-Pr. Pós graduada em Terapia Cognitivo-comportamental pela Faculdade Santa'Ana Ponta-Grossa PR. Especialista em Saúde Mental Perinatal e Desenvolvimento da Primeira Infância pelo Instituto Mater On-line Bauru-SP. Pós graduanda em Psicologia Perinatal pela Faculdade Unyleya Brasília-DF

Taline Ienk- Pedagoga e Mestranda em Educação pela Universidade Estadual de Ponta Grossa (UEPG), Psicóloga pela Faculdade Sant'Ana (IESSA). Neuropsicopedagoga é especialista em Terapia Cognitivo Comportamental pela Faculdade Sant'Ana (IESSA). Professora dos cursos de Bacharelado em Psicologia e Licenciatura em Pedagogia na Faculdade Sant'Ana, professora do curso de formação de docentes a nível médio em uma escola da rede privada de Ponta Grossa, Paraná, psicóloga clínica infanto-juvenil. Compõe a equipe técnica da Revista Olhar de professor. Integrante do GEPEEDI - Grupo de Estudos, Pesquisa e Extensão em Educação Infantil (UEPG – CNPq).

Vilma Aparecida Prestes Soares - Graduada em Psicologia pelo IESSA - Instituto de Ensino Superior Sant'ana. Pós-graduada em Psicopedagogia Clínica e Institucional pela FAMEESP - Faculdade Metropolitana do Estado de São Paulo. Pós-graduada em Psicologia Clínica na Abordagem Cognitivo-comportamental pelo Instituto de Ensino Superior Sant'ana.